KB021342

굿바이 일본

굿바이 일본

일본에 대한 편견이 아닌 편견 같은 진실

롯본기 김교수

GREEN
HOUSE

굿바이 일본

초판 1쇄   2019년 11월 8일
초판 5쇄   2020년 7월 30일

지은이   김교수
펴낸이   이혜숙
펴낸곳   (주)그린하우스

본문편집   한산규
디자인   이승욱

등록   2019년 1월 1일 (110111-6989086)
주소   서울시 강남구 강남대로62길 3 한진빌딩 8층
전화   02-6969-8955
팩스   02-556-8477

ⓒ 김교수 2019
값 16,000원
ISBN 979-11-90419-01-7 03300

- 이 책의 어느 부분도 저작권자나 (주)그린하우스 발행인의 승인 없이 일부 또는 전부를 사용할 수 없습니다.
- 잘못된 책은 구입하신 서점에서 바꾸어 드립니다.

저를 키워주신 부모님과 사랑하는 가족에게 이 책을 바칩니다.

차례

일러두기

이 책에 나온 모든 외래어는 국립국어원 외래어 표기법의 원칙에 따라 표기하였습니다. 단 '롯본기'는 외래어 표기법으로 '롯폰기'가 맞는 표현이지만 저자의 유튜브 채널명과 동일하게 '롯본기'로 표기하였습니다.

지금, 롯본기에서는

뜨겁고 습한 열기가 맹렬한 기세를 뿜어내고 있는 2019년 한여름, 도쿄 롯본기 5정목丁目(5번지)에 있는 회사 집무실에서 지금의 한일관계를 무거운 마음으로 바라보며 첫 글을 시작한다. 광복 이래 이토록 한일관계가 심각하게 악화된 것은 아마도 처음인 것 같다. 요즘처럼 험한 분위기가 일본 사회 전반에 팽배해 있는 것도 일본에 거주하면서 처음 경험해보는 것 같다.

나는 일본에서 대학교수도 하고 사업체도 경영하면서 금전적으로 아무 문제없이 평화롭게 살아가고 있던 사람이었다. 하지만 딸아이가 한국말을 눈치 봐가며 써야 하고 한국인이라는 이유 하나만으로 멸시와

차별을 겪어야 하는 작금의 비정상적인 일본을 바라보며 잠자코 내 돈벌이만 하고 있을 수는 없었다. 그것은 비겁하고 정의롭지 못한 일이라는 나름의 사명감을 느꼈기 때문에 일본의 현실과 아베 정권의 폭거를 알려야 되겠다는 일념으로 유튜브 방송을 시작했고 시청자 분들의 호응에 힘입어 이 책의 집필도 시작할 수 있게 되었다.

우선 내가 처한 입장과 상황부터 설명해야 할 것 같다. 지금까지 나는 일본 현지('적지'라고 해야 할 듯싶다)에서 아베 정권과 일본의 어두운 면에 대해 가감 없이 폭로하고 있는 현실을 고려해 모든 SNS를 탈퇴하고 유튜브 채널에서 내 신상에 대해 아무것도 밝히지 않으려 애썼다. 한국에서는 친일 매국세력들의 공격, 일본에서는 넷우익ネットウヨ들의 공격이 있을 것이라고 예상했기에 정보가 흘러나가지 않도록 철저하게 노력했다. 하지만 한국의 뛰어난 실력자 네티즌들의 신상털이로 대학교 교수 프로필과 회사정보가 누출되기에 이르렀다. 이 정보는 일본 넷우익에게까지 전달되어 회사 홈페이지가 폭파되고 각종 협박전화 등에 회사를 접어야 하는 상황에 내몰렸다. '사기꾼 교수 선동가'라는 달갑지 않은 닉네임도 받아들여가며 모든 것을 감내했지만, 내 이력과 회사정보는 이미 일본의 우익 성향 조직에까지 전달되어 일본을 떠나야 하는 처참한 상황에까지 이르게 되었다. 나는 부끄러운 이력을 가졌다든지 거짓 이력으로 시청자들을 선동하기 위해 신상을 숨긴 것이 아니다. 가족과 회사를 지키기 위해 신상을 숨겨온 것뿐이다. 하지만 이제 내가 어떤 인생을 살아온 사람인지 여러분에게 소개하고자 한다.

나의 집안 내력을 듣는다면 무척이나 보수적인 분위기의 집안이라는 것을 알 수 있을 것이다. 할아버지는 평생을 법조계에 몸담으신 분이고 누나는 현재 일본에 있는 대학교에서 국제법을 가르치고 있다. 나는 박정희 정권 시절 사관학교를 나온 경상도 출신의 아버지와 서울 출신의 어머니를 두었으며 서울에서 태어나고 자라 군복무와 대학까지 마치고 늦은 나이에 미국으로 가족이민을 떠났다. 1990년대 후반 한국은 성공과 돈을 위해서는 서로를 속이고 밟고 올라가야 하는 불신과 혼돈의 사회 분위기였고 친일 보수정권과 민주 진보세력이 대립하여 혼란스런 정치 분위기가 팽배해 있었다. 물론 오늘날 한국은 세계 어느 나라보다도 살기 편하고 여러 방면에서 민주화·선진화되어 과거 이민을 떠날 때와는 확연히 다르게 살기 좋은 나라가 되었지만, 이민을 떠날 당시는 요즘 젊은이들이 사용하는 '헬조선'이라는 말이 그대로 어울릴 정도로 혼란스러운 사회였다.

　미국에서 대학원을 나오고 현지 경영컨설팅 업체에서 근무하면서 워싱턴DC 흑인 지역에서는 리커 스토어Liquor Store(주류를 판매하는 업소)와 식품점을, 볼티모어시에 있는 '이너하버'라는 관광지에서는 레스토랑을 부업으로 경영하면서 '워싱턴DC·버지니아·메릴랜드 한인청년 모임(DMV 클럽)'을 창설하여 초기 이민자와 유학생을 위해 정착 지원, 친목 모임, 봉사 모금 활동 등을 벌였다. 한국인 커뮤니티의 결속력을 강화하고 미국 사회에 한국인의 긍정적 이미지를 고취하는 활동을 주로 하는 단체의 대표로서 일했다.

미국 생활은 평화롭고 좋은 부분도 많았지만 성인이 되어 이주한 한국인에게는 그야말로 '재미없는 천국'이었다. 아무런 변화가 없어 보이는 사회 분위기, 딱히 재미를 찾을 수 없는 유흥 문화, 쳇바퀴 돌 듯 뻔하기만 한 일상…… 그렇게 무료한 일상을 보내고 있는 나에게 구세주 같은 운명의 여인이 나타났다. 미국에 유학생으로 와 있던 현재의 일본인 아내를 만나게 된 것이다. 나는 원래 여자에 대한 환상이 없어서 첫눈에 반했다는 둥 만나는 순간 전기가 통했다는 둥 하는 말에, 단지 눈에 콩깍지가 씐 사람들이 과장해서 말하는 거라고 생각해왔다. 하지만 정말로 그런 일이 나에게도 일어났다. 나는 아내를 만나던 순간을 평생 잊지 못할 것이다. 처음 만나는 순간 나 또한 전기충격을 받은 듯 몇 초만에 '난 이 여자와 결혼할 거야'라는 비이성적인 생각을 하고 만 것이다. 사랑의 힘이라는 건 참 대단한 것이다. 나는 직장과 사업체, 투자용 부동산 등 미국에 벌려놓은 일이 많았지만 모든 것을 재빨리 정리하고 귀신에 홀린 듯 일본으로 이주했다.

처음에 신혼살림을 시작한 곳은 도쿄타워에서 가까운 '롯본기六本木'라는 동네였다. 내 유튜브 채널명으로 '롯본기'라는 지역명을 사용하게 된 것도 롯본기와 인연이 많아서 그렇다. 장인어른이 사는 곳도, 딸아이가 태어난 곳도, 장인어른의 회사도, 내 회사도 모두 롯본기에 있었기 때문에 왜색倭色이 강한 이름이지만 추억이 많이 담겨 있는 소중한 장소라서 계속 사용하고 있다.

일본에서의 첫 직장생활은 사이타마현에 있는 '세이부 문리대학'이라는 작은 대학교에서 교양영어 강사로 시작하게 되었다. 원래부터 술 마시며 사람들과 친교 맺는 것을 좋아했던 나는 정치인과 기업체 대표가 애용하는 도쿄의 유명 유흥가 '아카사카赤坂'에 조그만 '바bar'를 개업하고 느긋하게 직장을 알아보는 중이었는데, 우연히 인터넷에서 '교양영어' 과목을 가르칠 강사를 모집하는 채용공고를 접하게 되었다. 대학에서 학생들을 가르친다는 것은 누구에게나 로망이 될 정도로 매력 있는 직업이었기에 곧바로 이력서를 보냈다. 당시 일본어는 떠듬떠듬 말하는 정도였지만 현지인 뺨치는 영어실력을 무기로 면접에 합격할 수 있었다. 그리하여 일본인 학생들에게 영어를 가르치는 한국인 대학 강사가 되었다.

이후 내 영어 수업이 재미있고 도움이 되었다는 학생들의 좋은 평가가 줄을 이으면서 수업평가 교내 1위를 기록하고 학자의 길을 걸어온 사람이 아닌데도 정말 운이 좋게 시간강사에서 서비스 경영학부의 전임강사로 특진하는 영광을 누리게 된다. 이후 3년 연속 수강생 수업평가 전체 1위를 기록하고 부교수准教授로 승진하여 일본 학생들에게 기초 경영학, 소비자행동론, 조직행동론, 경영전략론 등의 경영학 과목을 가르치며 대학 내에서의 입지를 굳히게 된다. 대외적으로는 각종 강연 활동과 TV 출연 등을 꾸준히 해서 2016년 한 월간지에서 뽑은 올해를 대표하는 각계 전문가 여덟 명 중 한국인으로서 유일하게 교육 분야 전문가로 선정되었다. 그리하여 지방 소규모 대학교수로서는 분에 넘치는 전국적인 활동을 하는 나름 스타교수로 성장해나가게 된다. 하지만 성공가도도 잠시, 불행의 암운이 드리워지게 된다. 이러한 눈에 튀는 외부활동이 교내 일본인 교수들의 미움을 살 줄이야 상상도 하지 못했다.

내가 한 잘못이라고는 사이타마현에 있는 전혀 알려지지 않은 지방의 비명문대학을 전국에 알린 것밖에 없는데 교수들과 교원들의 집단적인 '이지메'와 인종차별이 있었고 크나큰 고통을 겪어야만 했다. 만약 일본인 교수가 대학을 홍보하고 외부활동에 부각을 나타냈다면 아낌없는 칭찬을 받았을 것이다. 청년인구 감소로 입학정원을 채우는 일이 급선무인 지방대학은 전국 방송과 미디어에 대학 이름을 홍보하는 것만으로도 큰 도움이 되기 때문이다. 하지만 일본인 교수들은 단지 한국인이라는 이유 하나만으로 나를 시기하고 미워했으며 집단적으로 따돌렸다. 외부활동을 못하도록 신학기 수업에 전공과목 9개를 한꺼번에 배정한다든지, 교직원이 해야 할 입학생 영업활동을 교수인 나에게 강요하여 도쿄 시내 일본어 학교 수십 곳에 홍보하라고 보내게 한다든지, 방학 중에 갑자기 회의가 있다고 불러놓고선 취소됐다고 한다든지(일본인 교수들은 한 명도 오지 않았다), 중요한 회의가 있었는데 일부러 통지를 안 해줘서 참석하지 못했더니 승진심사에서 누락시키고 시말서를 쓰게 한다든지(나는 승진심사에서 이유 없이 6번이나 탈락했다), 그들이 벌인 모든 만행을 다 쓰려면 책 한 권을 써도 모자를 지경이다.

결국 나는 대학 조직 내 인종차별과 집단적인 험한 분위기에 정신적으로 어려움을 느끼게 되었고 대인공포증과 공황장애 판정을 받고 긴 병가를 낸 후 정신과 치료를 받게 되었다. 아직까지도 그 트라우마가

잊히지 않아 모르는 사람을 만나는 것이 두려운 상태이다. 얼마 전 정년이 보장된 대학교수직을 제 발로 때려치우고 현재는 도쿄 롯본기에 있는 작은 회사의 대표로 재직하고 있다(속은 정말 편하다).

나는 약 20년 가깝게 미국, 중국, 일본에서 생활해오고 있는 방랑자 같은 신세이다. 어디에 가도 이방인일 뿐이지만 마지막으로 나를 기다려주는 조국이 있다는 생각에 외롭지는 않다. 이제는 경제든 민주주의든 선진국 대열에 진입한 조국으로 돌아가려고 한다. 일본의 험한 분위기가 충격적인 수준에 이르렀기 때문이다. 이런 군국주의의 광기에 미쳐 돌아가는 나라에서 내 아이를 키울 수는 없다. 물론 어느 나라에 가든 인종차별은 존재하기 마련이다. 하지만 현재 일본의 상황은 도를 넘어섰다. 한국말도 자유롭게 하지 못하고 한국인이라는 이유 하나만으로 비열한 차별을 가하는 이 기괴하고 비상식적인 나라를 더 이상 참고 있을 수가 없다. '외국에 나오면 애국자가 된다'는 말이 있듯이 나는 어디에 가더라도 항상 한국을 걱정하고 한국이 발전하는 것을 응원해왔다. 때문에 현재 아베 정권의 심각한 우경화 정책과 일본의 비참한 현실을 많은 동포에게 알리고 싶다.

2019년 7월 1일, 일본 아베 정권이 강제 징용 피해자에 대한 한국 대법원의 배상명령에 반발하여 북한 핵미사일 개발에 전용될 수 있다는 어이없는 명목으로 반도체 소재 부품에 대한 경제보복 조치를 감행했다. 이날은 법적으로 일본에서 독립한 1945년 8월 15일 광복절만큼이나 역사적 의미가 담긴 중대한 날로 추후 기억될 것이다. 우리나라는 오랫동안 일제에 충성하고 한민족을 고통받게 한 친일파가 숙청되지 않고 국가의 요직을 담당해왔으며 친일정권 또한 수년 전까지 집권해오며 친일을 국민에게 세뇌해왔다. 친일이 세뇌되지 않고서야 그 처절한 식민지배를 겪고도 그토록 많은 한국 관광객이 매년 일본을 방문하고 일본 상품을 무분별하게 사들일 수 있겠는가. 그런 행태를 설명할 방법은 친일 세뇌밖에 없다. 지금까지 한국은 산업 전반에서 국산 중소기업 제품보다 일본제 기계, 부품, 소재를 압도적으로 많이 사용해왔다. 아직 완전한 기술 독립을 이루지 못했기 때문이다. 그런 의미에서 2019년 7월 1일은 일본으로부터 진정한 정치 독립, 경제 독립을 시작하게 된 역사적인 날이다. 수년이 지나 부품 국산화 정책이 완전히 자리를 잡고 친일 매국세력을 청산하게 된다면 아베 정권이 이날 저지른 어리석은 결정에 고마워할 날이 반드시 올 것이다.

롯본기 김교수

사라져가는 나라, 일본의 실체

지금까지 우리가 알던 일본은 없다

수많은 노벨상 수상자, 세계적인 기술력과 품질, 친절하고 예의 바르며 공공질서를 잘 지키는 선진 국민, 상대방을 배려하는 국민성, 깨끗한 거리, 선진 민주주의 제도, 전통과 기술을 존중하는 사회적 분위기……
여기에 열거한 긍정적 표현들은 보통 한국 사람이 떠올리는 일본에 대한 일반적인 이미지라고 할 수 있다. 우리는 왜 일본에 대해 이토록 아름답게 생각해왔던 것일까? 일본에 대해서 자세히 알지 못했다는 이유도 있을 것이고 친일정권의 친일 프레임 공작에 세뇌되어 그렇게 된 것일 수도 있다.

앞으로 설명할 진짜 일본의 실상에 대해 알게 된다면 지금까지 생각하고 있던 일본의 신화는 산산이 깨져버리고 말 것이다. 일본과 일본인의 본래 모습은 우리가 생각해온 긍정적인 이미지와는 상당히 다르다는 것을 느끼게 될 것이다. 물론 과거 미국과 세계 경제패권의 자리를 놓고 경쟁했던 대단한 시절의 일본은 우리가 생각해왔던 긍정적인 이미지를 지닌 일본과 흡사하다고 볼 수 있지만, 수십 년간 경제 침체와 국내외적인 심각한 문제에 봉착한 아베 독재정권 하에서 변질된 현재 일본의 현실은 과거의 아름다웠던 일본과 전혀 다르다고 볼 수 있다. 지금은 과거의 일본이 아니다.

깨져버린 일본 신화

경기가 좋았던 시절 연구개발에 대한 막대한 투자와 일본인의 한곳만 파고드는 외골수 정신이 수많은 노벨상 수상자를 배출할 수 있게 한 원동력이 되었지만 현재는 연구개발에 막대한 투자를 할 여력도 없고 과학 논문의 질과 양에서도 한국, 중국에 미치지 못하고 있다. 미래를 이끌어갈 젊은 연구자들의 전체적인 지식수준도 한국, 중국에 비해 상당히 떨어지고 있는 것이 현실이다.

물론 과거 일제강점기 당시 731부대(일명 마루타 부대)에서 한국인, 중국인에게 자행한 생체실험을 통해 취득한 방대한 데이터를 도쿄대학, 교토대학 등에 전수해 노벨상을 여러 차례 받은 일본 의학 및 과학 기술을 생각한다면 수많은 노벨상 수상자를 배출한 일본을 찬양할 수도 찬양해서도 안 될 것이지만, 제4차 산업혁명 시대의 도래와 함께 IT 산업에서 여러 선진국이 앞다투어 경쟁하는 이 시기에 자국산 메신저 하나 제대로 만들지 못하고 한국의 '라인LINE'을 일본 기업이 만든 것처럼 속여 국민 메신저로 사용하고, 도쿄 올림픽 보안도 한국 업체의 기술력에 의지하고 있을 정도로 뒤처지고 있는 일본을 볼 때 격세지감이 아닐 수 없다.

전통을 중시하는 일본의 강점은 오히려 IT 4차 산업혁명 시대에 역행하는 비효율성으로 작용하여 변화를 두려워하게 되었고 일본이 시대적 흐름에 따라가지 못하는 단점으로 작용하고 있다. 이제 일본의 기술력은 우리가 못 넘을 수준이 아니다. 예전의 일본이 아니고 한국 또한 예전의 허약한 산업경쟁력을 가졌던 한국이 아니다. 최근 수년간 일본 기업이 자사 제품의 품질검사 기준과 결과를 조작하는 등 일본제 품질 신화가 붕괴되는 사건들이 수없이 불거져 나오고 있다.

또 일본은 지난 20여 년 동안 최악의 불경기를 맞고 있다. 급여소득자의 연봉은 하락했으며 일본 기업의 강력한 경쟁력의 원천이었던 종신고용제도가 폐지된 뒤에는 파견직·계약직이 등장해 불안한 고용 환경이 조성되었다. 이에 기업경쟁력은 약화되고 세계를 호령하던 가전업체들이 붕괴했다. 게다가 세계에서 가장 빠른 초고령 사회로 접어든 일본은(65세 이상 인구가 25퍼센트 이상을 차지한다) 연금 고갈과 젊은 층의 증세 부담이 더해져 국가부채 세계 1위를 기록하며 재정파탄 직전의 상황에 처해 있다.

갈수록 살기 어려워지는 일본에서 젊은이들은 의욕도 꿈도 잃어가고 있다. 동일본 대지진과 방사능 유출 문제도 전 세계적인 근심거리가 된 지 오래이다. 경제적인 측면에서는 발끝에 있다고 생각한 중국에 역전되고 한국에 턱밑까지 따라잡힌 상황이다. 외교적인 측면에서도 미국 트럼프에게는 이용만 당하고 대북문제에 있어서는 철저히 '왕따'를 당하고 있는 상황이다. 열거하기 힘들 정도로 많은 대내외적 심각한 문제점들에 봉착한 일본은 국민들의 불만이 폭발하기 일보 직전에 있다. 이에 아베 정권은 언제 폭발할지 모르는 국민들의 불만을 한국에 돌려 해소하려 하고 있다. 이런 아베 정권의 혐한 전략을 우리는 어떻게 받아들이고 대응해야 할 것인가.

> 아베의 집권 이후 수많은 혐한 서적이 서점의 한 코너를 장식하고 베스트셀러가 되고 있다. 아베 정권의 혐한 정책에 동조하는 각종 방송, 언론, 서적 등에 국민들이 세뇌되어 한국을 싫어하고 아베 정권을 지지하는 일본인들이 증가하고 있다.

아베 정권의 혐한 전략

아베 정권 집권 이후 수많은 혐한 서적이 서점의 한 코너를 장식하고 베스트셀러가 되고 있다. TV에서는 연일 한국과 문재인 정권을 혐오하고 멸시하는 내용이 방송되고 있으며 극악무도한 인종차별 혐한 시위가 대도시 한복판을 점거하고 있다. 아베 정권의 혐한 정책에 동조하는 각종 방송, 언론, 서적 등에 국민들이 세뇌되어 한국을 싫어하고 아베 정권을 지지하는 우민화된 일본인들이 증가하고 있다. 사회적으로도 예의가 없고 배려하지 않는 사람들이 증가하고 있는 것도 실감한다. 아베 독재정권 아래에서 민주주의와 언론의 자유는 급속도로 무너지고 있다.

일본인은 천년 이상 '사무라이의 칼'에 언제든지 목이 잘려나갈 수 있는 살벌한 사회 분위기 속에서 살아왔다. 이들은 오로지 생존하기 위해서 자기에게 주어진 위치를 벗어나지 않아야 하며 야망을 가지지 않고 복종하도록 길들여진 민족이다. 그래서 가게를 창업하여 사장이 되거나 스스로 한 회사의 대표가 되려는 사람이 한국과는 상대가 되지 않을 정도로 적다. 우리나라 사람들은 회사생활을 하다가도 좋은 아이템이 생기면 창업을 하거나 스스로 회사를 차려 밑바닥부터 도전하는 사람들이 많다. 그러나 일본에서는 한 회사의 리더가 되려는 사람이 현저히 적다.

일본에서는 아무리 작은 가게를 경영하는 사람이라고 하더라도 한 가게의 사장이라고 하면 우리의 상식을 뛰어넘는 존중을 해준다. 한 예로 내가 아는 지인은 다른 사람에게 나를 소개할 때 "대학교수를 하고 있는 김상"이라고 소개하지 않고 "아카사카에서 가게를 경영하는 김상"이라고 소개한다. 대학교수보다 가게 사장을 더 높게 생각하는 것이다. 그 이외에도 내가 만난 대다수 일본인은 대학교수라는 사실보다 가게를 경영하고 있다는 사실에 더 놀라고 존중해줬다. 한국에서는 누구라도 맘만 먹으면 쉽게 창업하지만 일본인에게 창업한다는 것은 아무나 하는 것이 아닌 주어진 틀을 깨버리는 '야망가野望家'만 할 수 있는 일이라고 여겨지는 것이다.

이와 같이 자신에게 주어진 위치를 벗어나지 않으려는 국민성과 윗사람에게 전혀 불만을 표현하지 않고 내색하지 않는 노예 같은 민족성, 그리고 극도로 책임을 회피하기 위해 습관적으로 사용하는 애매한 표현 등은 일본의 사무라이 문화가 만들어낸 기형적인 일본인의 '종족적 특성(종특)'이 되어버렸다. 이는 신속한 의사결정과 강한 자기주장을 우선시하는 IT 시대에 역행하는 것으로 점차 일본 경제 발전을 저해하는 요소로 작용할 테고 손쉽게 정치인과 미디어에 세뇌당하고 우민화되어 잘못된 정권에 대한 목소리조차 내지 못하는 로봇만을 양산하게 될 것이다.

자기 의견을 말하지 못하는 일본인

일본인은 오랫동안 무사 사회에서 살아남기 위해 그들만의 생존술을 익혀왔다고 할 수 있다. 일본에서 직장생활을 해본 경험이 있는 사람이라면 쉽게 이해될 것이다. 무엇을 말하고자 하는 것인지 정확하게 판단할 수 없는 애매모호한 표현이 즐비한 이메일과 언어습관, 딱 봐도 뻔한 결론이 나올 수밖에 없는 의미 없는 회의의 연속, 즉답을 회피하고 "검토해보겠다"는 말만 거듭하는 거래처 직원, 지시한 것만 이행하고 극도로 책임을 회피하는 업무방식 등 일반적인 한국 사람이라면 짜증이 나서 차라리 "내가 책임지고 할게!"라고 외치고 싶어지는 상황을 수도 없이 경험한다.

또한 일본인은 직장상사에게 업무의 비효율성에 대해 반론하기는커녕 건의조차 하지 않고 지시와 명령에 따라 로봇처럼 일한다. 부조리한 것, 비능률적인 것에 대해 어떤 불만도 내색하지 않고 군대처럼 상명하복에 따르는 일본인을 보면 과연 인간성이라는 것이 조직에 존재하는지 의구심이 들곤 한다. "일본 조직 안에서는 눈에 뛰는 행동만 하지 않으면 출세할 수 있다"는 말까지 있을 정도이니 얼마나 비효율적이고 분통이 터지는 사회인지 이해될 것이다.

구체적으로 지시해야 행동하는 일본인

나는 '아카사카赤坂'라고 하는 도쿄의 중심지에 위치한 유흥가에서 조그만 '바bar'를 부업으로 경영하고 있다. 오픈한 지 8년째 문제없이 경영하고 있으니 일본에서 업소를 경영하고 일본인 직원을 다루는 데 어느 정도 일가견이 있다고 해도 과언은 아니다. 하지만 아직도 일본인의 속마음은 당최 알 수가 없다. 아마도 평생 가게를 경영하고 일본인 직원을 고용한다 해도 외국인으로서는 100퍼센트 이해하지 못할 것 같다. 세계에서 가장 속마음을 알기 힘든 민족이 일본인이 아닐까 싶다.

나는 대학교수 이외에도 조그만 기업체도 경영하고 있었기 때문에 자주 가게에 들르지는 못하고 모든 것을 일본인 점장에게 일임하고 있었다. 성격상 사소한 것을 꼬치꼬치 따지고 지적하는 게 아닌 인간적인 신뢰를 바탕으로 모든 것을 맡기는 스타일이지만 한 번씩 갈 때마다 오너로서 문제점들이 눈에 들어오기 때문에 지적을 하곤 한다. 가게에 설치된 가라오케 음향이 좋지 않으니 잘 세팅해놓으라거나 주방청소 좀 깨끗하게 해놓으라거나 하는 식인데, 내가 지적한 사항들이 별로 개선되지 않는 것처럼 보였다. 일본인들은 로봇처럼 윗사람의 명령과 지시에 잘 복종하는 것으로 알고 있었는데 그게 아닌가 싶어 곰곰이 생각해보게 되었다. 여러 차례 겪어보면서 내린 일본인에 대한 결론은 명령과 지시에 잘 복종하는 건 맞는데 두루뭉술한 명령이 아니라 세세하고 명확한 지시에만 복종한다는 사실이었다. 예를 들어 마이크 음량은 올리고 에코와 음악볼륨은 좀 줄여서 편하게 목소리가 나오게 하라고 지시하거나 화장실 거울에 지문 하나 남지 않게 닦고 변기는 윤이 나게 닦으라고 명확하게 지시를 내려야 아주 완벽하게 이행한다는 것이다.

비슷한 예가 또 있다. 대학교에서 담당하고 있는 학생들 수십 명을 데리고 MT를 가게 되었는데 캠핑장에서 각자 해야 할 일들이 있어서 조별로 나눠 업무분담을 시켰다. 쓰레기 담당, 바비큐 담당, 식사준비 담당 등 나름대로 업무를 세세하게 분리해서 지시했다고 생각했는데 이것도 일본 학생들에게는 혼란스러운 지시였던 것 같다. "분리수거는 각각 어떤 봉지에 담아야 하나요?", "밥은 몇 인분을 해야 하나요?", "고기는 얼마나 구울까요?" 질문이 수십 개도 더 나왔다. 학생들도 당황스러웠겠지만 나 또한 아무것도 자신들의 의사에 따라 결정하지 못하는 일본 학생들의 태도를 보고 패닉 상태에 빠졌다.

일본인이 의미 없는 회의를 수없이 진행하고 철저하게 계획을 세우며 매뉴얼 작성에 큰 공을 들이는 이유를 알게 되는 순간이었다. 우리나라 대학의 MT 같았으면 예비역 학생들이 주도하여 별다른 지시를 하지 않아도 알아서 모든 일을 신속하게 처리했을 텐데 아무것도 결정하지 못하는 일본인이 과연 이 치열한 글로벌 경쟁 시대에서 살아남을 수 있을까 하는 걱정이 든다.

항상 허락을 받도록 교육하는 일본의 유치원

일본인은 어려서부터 절제하고 참는 교육을 훈련받는다. 딸아이 또한 일본의 유치원에서 그러한 절제 교육을 받았는지 항상 무슨 일을 하

일본인은 어려서부터 절제하고 참는 교육을 훈련받는다. 딸아이 또한 일본의 유치원에서 그러한 절제 교육을 받았는지 항상 무슨 일을 하기 전에 부모에게 물어본다. 마치 교도소에서 모든 일에 매번 허락을 받고 행동하는 죄수처럼……

기 전에 부모에게 물어본다. "아빠, 이거 먹어도 돼요?", "엄마, 화장실 가도 돼요?"라고 말이다. 〈쇼생크 탈출〉이라는 영화에서 '레드' 역으로 출연한 모건 프리먼이 교도소를 출소한 후에 슈퍼마켓 계산대에서 일하다가 항상 점장에게 "화장실 다녀와도 되나요?"라고 물어보는 장면이 떠오른다. 교도소에서 모든 일에 항상 허락을 받고 행동하던 죄수의 삶이 일본인의 유아기 교육에서부터 시작되는 것이다. 나는 아이가 노예로 길들여지는 일본의 교육 시스템에 크나큰 위화감을 느끼며 초등학교부터는 반드시 한국에서 다니게 하겠다고 다짐했다.

　과거 일본의 경제성장기에는 불평 없이 묵묵히 일만 하고 조직에 충성하는 이러한 일본인의 민족성이 미국과 경제패권을 두고 경쟁할 정도로 강력한 제조업의 일본을 건설케 한 원동력이었지만 지금의 글로벌 경제에서는 완벽함보다는 스피드, 경직된 조직보다는 유연한 조직,

아무 표현도 안 하는 것보다는 강하게 자기 의견을 피력하는 것이 그 성패를 좌우하기 때문에 일본 경제의 장래는 밝지 않다고 봐야 할 것 같다. 이러한 일본인의 민족성을 갑자기 변화시킬 수도 없는 노릇이기에 꽤 장기간 일본 경제의 암흑기는 지속될 것이라고 생각한다.

왜 일본인은 회의를 많이 하는가

일본인의 외모는 우리와 가장 닮은 얼굴을 하고 있지만 그들의 사고방식은 한국인과 비교해 무척이나 다른 모습을 보여준다. 한국인은 매사에 복잡한 사안을 간단하게 정리하고 가장 중요한 포인트가 무엇인지 찾아내 대응하는 데 타의 추종을 불허하는 천부적인 전략가의 자질을 가진 민족이다. 한때 유행어였던 "뭣이 중헌디!"를 잘 파악하고 신속하게 대응하는 민족성을 가지고 있다. 그에 반해 일본인은 간단한 일조차도 복잡하게 만들어놓고 자신들이 만들어놓은 복잡함에 자신들이 고통받는 '자승자박'의 행태를 여러 분야에서 보여주고 있다. 이것은 어떤 일이든 무엇이 가장 중요한 포인트인지 파악하지 못하는 성향이 강하다는 것인데, 이렇게 되면 어떤 문제도 해결할 수 없다.

일본인 대다수가 결정 장애자?

일본인의 회의 문화에 대해 좀 더 구체적으로 알아보자. 일본 회사의 조직 문화에서는 회의가 가장 중요한 업무라고 할 수 있다. 최고경영자 이외에는 그 어느 누구도 독단적으로 사안에 대해 결정을 내리지 않고 내릴 수도 없다. 대부분의 사안을 회의를 통해서 결정해야 한다는 이야기이다. 그러다 보니 진행하는 회의 수와 시간이 상상을 초월한다. 내가 경영하는 회사에서는 되도록이면 회의를 적게 하려고 하지만 사원들이 오히려 스스로 결정하지 못한 사안들을 쌓아놓고 "회의 안 하십니까?"라고 물어보기에 어쩔 수 없이 회의를 진행할 정도이다. "뭐 이런 걸 회의해야 됩니까? 답은 뻔히 나온 거 아니에요! 그 정도 일은 알아서 판단하고 결정하지 그래요?"라는 말을 몇 번이나 해봤지만 일본인의 국민성 자체가 스스로 결정하지 못하는 '결정 장애'를 대부분 가지고 있는 것이 아닐까 하는 생각이 들 정도로 사소한 안건도 자기 혼자 결정하지 못한다.

아내 또한 '결정 장애' 기질을 가지고 있어서 집안에서 일어나는 대부분의 일을 나에게 보고하고 상담한다. "여보, 이 회사랑 계약하면 전기세가 저렴해진다고 하던데 변경할까?", "아이 식재료를 전화로 주문해서 구입하고 있는데 우유가 너무 좋은 게 있더라고. 그런데 문제가 이바라키현 생산이란 말이야. 이바라키는 토양에 방사능이 쌓여 있다고 하더라고. 역시 홋카이도 우유를 주문하는 게 안전하겠지?"라는 등 하루에 일어난 크고 작은 가정사를 꼼꼼하게 보고한다. 결정이 필요한 모든 안건에 대해 가장인 나에게 매일매일 상담하는 것을 보면 '열심히 가정을 꾸리고 있구나' 하는 생각에 고마운 마음이 들다가도 한편으로는 아이 엄마로서 충분히 결정할 수 있는 사안까지 힘들게 일하고 들어온 남편의 허락을 맡아야 결정할 수 있다는 것에 좀 귀찮게 느껴질 때도 있다.

일본에는 오래 전부터 회사 조직 내에서 자주 하는 캠페인으로 '호렌소 운동'이라는 것이 있다. '호렌소ほうれん草'란 '시금치'라는 뜻으로 '보고報告(호코쿠), 연락連絡(렌라쿠), 상담相談(소당)'의 앞 글자를 따서 만든 신조어이다. 연혁이 꽤 있는 회사 조직에는 이와 같은 호렌소 운동을 철저히 실행하자는 표어가 붙어 있는 경우가 많다. 내가 근무했던 대학 강의실에도 사진과 같은 캐치프레이즈가 각 강의실마다 부착되어 있다. '보고, 연락, 상담'이라는 것은 자기 혼자 결정하지 말고 항상 조직과 상사에게 알리고 함께 결정해야 한다는 의미이다.

일본인은 어려서부터 철저하게 자기 혼자서 결정하지 않도록 교육받는다. 딸아이에 대한 사례도 앞에서 소개했지만 일본의 유치원은 기본적으로 '남에게 폐를 끼치지 않는 것'과 '자기 스스로 결정하지 않고 허락을 맡는 것'에 중심을 두고 교육을 한다. 어떻게 보면 전체주의, 군국주의적 성격이 강한 교육이념이라고도 볼 수 있다. 그래서 아무리 사

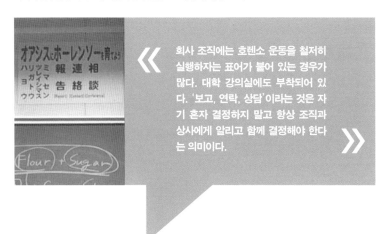

> 회사 조직에는 호렌소 운동을 철저히 실행하자는 표어가 붙어 있는 경우가 많다. 대학 강의실에도 부착되어 있다. '보고, 연락, 상담'이라는 것은 자기 혼자 결정하지 말고 항상 조직과 상사에게 알리고 함께 결정해야 한다는 의미이다.

소한 일이라도 항상 주위 사람들에게 물어보고 허락을 받은 뒤에 행동한다. "엄마, 애니메이션 봐도 돼요?", "과자 먹어도 돼요?", "아빠 방에 있는 책 봐도 돼요?" 등등. 항상 "～해도 돼요?～してもいい?"라는 말을 하고 허락을 받아야 한다.

나는 본능에 따르는 어린아이들의 성향을 존중해줘야 하고 아이들이 본능에 따르는 것을 당연하다고 생각하는 사람이다. 물론 본능에 따르다가 잘못된 일을 하는 경우에는 지적을 해줘야 원만한 사회생활을 할 수 있지만, 아예 어린아이 때부터 본능을 억누르도록 가르치는 일본의 교육에 대해서는 큰 위화감을 느낀다. 한국인이라면 누구라도 모든 것을 허락받게 하는 교육보다 모든 것을 스스로 결정하도록 하는 교육이 아이를 창의력 넘치게 키워나갈 수 있다고 생각하지 않는가. 하지만 일본인은 다르다. 한겨울에 어린아이를 반바지만 입혀 내보내는 모습을 접해본 이들이 있을 것이다. 면역력이 강해지도록 강하게 키운다는 게 그 이유인데, 어른이 된 일본인이 별로 춥지도 않은 도쿄의 겨울 날씨에 목도리를 칭칭 둘러 싸매고 마스크에 두꺼운 코트까지 입고도 감기에 걸려 콜록대는 걸 보면 강하게 키운답시고 한겨울에 반바지를 입혀 고생시킨다고 해서 면역력이 강해지는 건 아닌 것 같다.

이와 같은 일본인의 특성은 어른이 되어서도 계속된다. 나는 도쿄돔에서 열린 '요미우리 자이언츠'와 당시 스즈키 이치로 선수의 소속팀이었던 '시애틀 마리너스'의 시즌 개막 기념 경기장에서 무릎 꿇고 아내에게 프러포즈를 했다. 당시 백스크린에 구애 문구를 내보냈기 때문에 유명 잡지사의 기사에까지 나올 정도로 화제가 되었다. 평생 행복하게 해줄 테니 결혼해달라는 나의 프러포즈에 아내는 "이런 나랑 결혼해도 되겠어요? 괜찮겠어요?こんな私と結婚してもいい？大丈夫？"라고 답했던 걸 떠올려보면 항상 허락을 받아야 하는 일본 교육이념이 어른이 되어서도, 심지어 프러포즈 답변에서도 나타나는구나 싶어 실소했던 기억이 있다.

결론이 나지 않는 회의를 계속하는 이유

일본 조직에는 형식적인 회의도 많고 '뭘 그렇게 복잡하게 생각할까?', '중요한 게 뭔지 왜 파악을 못하는 거지?'라고 느끼는 속 터지는 회의도 셀 수 없이 많다. 한국이었다면 말단사원도 혼자 처리할 만한 복사용지나 생수 구매 같은 사소한 사안도 회의 안건으로 올라오곤 한 형식적인 회의라도 회의 소집자의 기획안은 여러 사람이 모여 회의를 거친 기획안이 되기 때문에 실패해도 그 책임을 자기 혼자 지게 되는 일은 피할 수 있다. 일본인에게 회의는 사소한 책임조차 나 혼자 지지 않겠다는 의지 표명이다.

다. 이렇게 회의만 하다간 언제 일을 할까, 걱정이 될 정도로 회의를 많이 하지만 일본 회사원들은 회의도 중요한 일이라고 생각하기에 온종일 회의만 하고 퇴근하는 날도 꽤 있다. 물론 회의라는 것은 회사라는 조직체가 나아가야 할 방향을 결정하기 위해 조직원의 의견을 종합하고 결정짓는 데 없어서는 안 될 중요한 업무의 일부분이다. 하지만 한국 기업체의 회의가 참석자 모두 최적의 결론을 내는 것에 그 목표를 두고 회의하는 데 반해 일본 기업체 회의는 과연 이 사람들이 결론을 내려고 모여 있는 게 맞나 싶을 정도로 여유만만이고 결론이 나지 않은 채 끝나는 경우도 많다.

그렇다면 결론이 나지 않는 회의, 의미 없는 회의를 일본인은 왜 하는 것일까? 설명했다시피 일본인은 어려서부터 무슨 일을 하든지 허락받는 교육을 강요당한다. 그러한 교육이념 하에서 자라온 일본인은 자기 혼자 결정을 내리지 못해 항상 회의를 하고 '보고, 연락, 상담'을 생활화하는 것이다. 그에 더해 일본인은 책임지는 것을 극도로 꺼린다.

기업체의 부장, 과장 등 간부사원조차 자신의 의사로 독단적인 결정을 내리려고 하지 않는다. 책임을 혼자서 뒤집어쓰고 싶지 않아서이다. 일본 조직에서는 눈에 띄는 실적을 내지 않더라도 문제만 안 일으키면 자동으로 승진할 수 있다. 이는 마치 대단한 업적을 세우지 않더라도 탈영병이나 구타사고 등의 문제만 일으키지 않으면 중령까지는 무리 없이 승진할 수 있는 한국의 군대조직과 유사하다고 할 수 있다(한국의 군대조직이라는 것이 창설 초기 친일파가 심어놓은 일본식 군대 문화를 그대로 답습한 체계이기 때문에 닮아 있다고 할 수 있다).

일본의 기업 문화는 우리의 군대 문화와 무척 닮아 있다. 우리나라 예비역이라면 일본의 기업을 경험하지 않아도 일본 기업을 이해할 수 있다. 구타만 없을 뿐이지 조직과 상관의 가혹행위(파와하라パワ—ハラ, 이지메いじめ), 극히 비효율적인 사고방식과 업무처리 방식, 왜 하는지 이해할 수 없는 작업들, 무슨 일이든 최선을 다하기보다 중간만 하면 되는 분위기, 눈에 튀는 실수만 피하자는 안일한 생각 등등. 일본 기업은 놀라울 정도로 한국 군대와 닮아 있다.

'회의'와 '책임'의 관계에 대해 좀 더 살펴보자. 개인적으로 일본에서 회의를 많이 하는 이유 중 가장 중요한 목적은 '책임을 회피하려는 것'이라고 생각한다. 자신이 아무리 옳다고 생각하는 기획안에 대해서도 그 기획이 실패했을 경우에는 누구든 모든 책임을 져야 한다. 일본의 조직 문화는 실패를 용납하지 못하는 분위기가 강하기 때문에 '실패에 대한 책임회피'는 일본인 누구나 가지고 사는 '필수 생존스킬'이 된 것이다.

회의를 하게 되면 적게는 두세 명, 많게는 수십 명이 모이게 되고 회의를 통해 대단한 결론을 도출해내지 못해도 의논했던 안건이나 기획안에 대해서는 회의 참석자 전원이 책임을 나눠 가지게 된다. 형식적인 회의라고 할지라도 회의 소집자의 기획안은 여러 사람이 모여 회의를 거친 기획안이 되기 때문에 만에 하나 실패해도 그 실패의 책임을 자기 혼자 지게 되는 일은 피할 수 있다. 일본인에게 회의는 사소한 책임조차 나 혼자 지지 않겠다는 의지표명인 셈이다. 일본인의 책임을 피하려는 생존술은 "참 쪼잔하기 그지없고, 피곤한 인생을 살아가는구나"라고 혀를 차는 이들도 있겠지만 무자비한 무사 사회에서 살아남기 위해서 어쩔 수 없이 체득한 일본인의 생존방식으로 받아들이면 그들을 이해하는 것 자체가 불가능한 것도 아니다.

무엇이든 꽉꽉 채우려는
강박관념에 사로잡힌 일본인

일본인이 가진 신기한 특성 중 한 가지는 무엇이든 꽉꽉 채워 넣으려고 하는 강박관념이 있다는 것이다. 일본인은 주어진 규격 안에 채워 넣는 것에 대해서는 세계 최고의 재능을 가진 민족이라고 할 수 있다. 작은 글자로 빽빽하게 채워진 소설책, 글자와 사진으로 여백 없이 도배된 잡지, 빈틈없이 채워진 과자류, 술잔을 넘치게 따라주는 사케, 정해진 규격을 극한까지 활용하여 수납공간을 채워 넣은 경차 등등. 미적 감각은 전혀 생각하지 않은 숨 막힐 정도로 여유 없이 모든 것을 빈 공간 없이 채워 넣으려고 하는 특이한 습성이 있다.

그렇다면 일본인은 왜 어떤 것이든 꽉꽉 채우려는 강박관념을 가지게 된 것일까? 단순하게 생각해보면 일본인의 마음속에 여유가 없기 때문일 것이다. 하지만 좀 더 심도 있게 판단해볼 필요가 있다. 일본인의 국민성은 표면적인 것으로 판단하기에는 무척이나 복잡한 정신세계를 보여주고 있으며 그렇게 된 배경 또한 일본 사회와 역사를 바탕으로 종합적으로 판단하지 않으면 안 된다.

강박관념과 사무라이 문화

첫 번째로 이러한 습성 또한 일본의 사무라이 문화와 관련이 깊다고 생각한다. 양이 부족하다거나 함량미달 상품이 발각되었을 때 사무라이에게 단칼에 목이 잘려버리고 마는 사회에서 일본인이 어떻게 했겠는가. 무엇이든 최고 좋은 걸로 넘치게 꽉꽉 채워서 갖다 바쳤을 것이다. 이는 '부족하다'는 느낌을 사무라이(높은 사람을 통칭)에게 주지 않으려는, 즉 잘못해서 목숨을 잃지 않으려는 것으로 보는 게 타당하다. 이런 생존법은 일본 문화 곳곳에서 발견된다.

일본인은 술잔이나 용기 자체를 크게 만들지 않고 작은 술잔과 용기에 가득 넘치도록 채운다. 마치 "이것 보세요! 가득 채웠죠?"라고 사무라이에게 보여주기 식으로 강하게 어필함으로써 살아남고자 했던 것처럼 보인다. 아직도 조그만 술잔이나 술병에 술을 가득 채우는 습관이 있는 것을 보면 그 이유에 설득력이 있다고 생각한다. 현재도 니혼슈日本酒를 따라줄 때 항상 밑에 받친 접시에까지 흘러넘치게 가득 따라주는

습관이 있다. 이는 '술을 넘치게 따라줬으니 나는 인심이 후한 사람'이라고 어필하는 것처럼 보인다.

여기서 잠시 정종의 유래에 대해서 간단히 살펴보자. 일반적으로 니혼슈를 통칭하는 '사케'는 우리가 일식집에서 마시는 '청하'나 제사 때 사용하는 '백화수복'처럼 이른바 '정종'을 말하는 것이다. 일본의 유명한 니혼슈(사케) 중에 하나인 '기쿠 마사무네菊正宗'는 일제강점기 때 조선에서 잘 팔렸던 니혼슈였다. 이 '菊正宗'을 한국식으로 읽으면 '국정종'이 되는데 '기쿠菊'라는 한자는 일반적으로 읽기 어려워서(지극히 개인적인 판단이다) 읽기 쉬운 '정종正宗'만 읽은 것이 아닌가 생각한다. 그리

> 일본인이 가진 신기한 특성 중 한 가지
> 는 무엇이든 꽉꽉 채워 넣으려고 하는
> 강박관념이 있다는 것이다. 정해진 규
> 격을 극한까지 활용한다. 미적 감각은
> 전혀 생각하지 않은 숨 막힐 정도로
> 여유 없이 모든 것을 빈 공간 없이 채
> 워 넣으려고 하는 특이한 습성이다.

하여 당시 사람들이 사케(니혼슈)를 정종이라고 부르게 된 데서 그 습관
이 아직까지 남아 있는 게 아닐까 한다. '기쿠 마사무네'는 조선에 제조
공장이 있었고 일본의 패망 후에도 정종 산업의 명맥은 이어져 명칭 또
한 그대로 남게 된 것이다.

이처럼 한국에는 제품을 통칭하는 이름 중에 일본 상품명이 몇 가
지 있다. 히로시마를 대표하는 자동차 브랜드 '마즈다Mazda'의 봉고
Bongo(봉고의 뜻은 라틴 음악에 사용하는 타악기를 말한다)는 미니밴과 1톤 트럭
으로 아직도 일본에서 인기리에 판매되고 있는 모델이다. 1966년 최초
로 일본에서 생산돼 아직까지도 명맥을 이어오고 있는 인기 미니밴이
다. 1980년대에 기아자동차는 경영난을 타개하기 위해 일본 마즈다와
기술제휴로 마즈다 봉고 미니밴 모델을 한국에서 생산·판매하여 대히
트를 친 일화가 있다. 한국 자동차시장에서 최초로 등장한 미니밴 형태

는 한국 국민들에게 강한 인상을 남기며 이때부터 미니밴을 통칭해서 '봉고차'라고 부르게 된 것이다.

　최초의 상품이나 히트상품의 이름을 그대로 통칭하여 사용하는 경우는 현재에도 다반사로 벌어지는데 우리가 일상적으로 사용하는 국민 메신저 '카톡'을 일상회화에서도 '카톡해!'라고 자연스럽게 쓴다. 일본에서도 국민 메신저 '라인'을 "라인하자구요!ラインしましょうね!"라고 쓰는 걸 보면 시장에 최초로 진입하는 상품의 시장지배력, 그리고 시장을 지배하는 상품의 사회적 파급력에 대해 간접적으로 알 수 있다.

제한된 환경 안에서만 발휘되는 능력

　일본인의 습성 두 번째는 일본인이 제한된 환경 속에서 최선을 다하는 민족이라는 것이다. 시간적인 여유를 주고 자유롭고 느긋하게 즐기는 것을 영 어색해하는데 이는 한국인의 성격과 정반대되는 기질이다. 일본에는 '스나쿠'나 '캬바쿠라'라고 하는 유흥업소에서 시간에 따라 별도의 요금을 받는 업소들이 많다. 현재는 '소프란도'라고 하는 에도 시대의 매춘업소인 '요시와라吉原' 또한 조그만 양초가 꺼질 때까지 사랑을 나눌 수 있게 시간제한을 두고 운영되었다고 하니 일본인은 제한된 환경이 되어야 열심히 놀고 즐긴다는 것을 알 수 있다.

　한국 사람들은 만약 유흥업소에서 시간에 따라 돈을 내라고 하면 짜증난다고 다시는 가지 않을 것이 분명하지만 일본인은 오히려 시간제

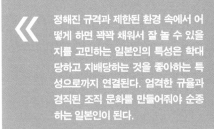

> 정해진 규격과 제한된 환경 속에서 어떻게 하면 꽉꽉 채워서 잘 놀 수 있을지를 고민하는 일본인의 특성은 학대당하고 지배당하는 것을 좋아하는 특성으로까지 연결된다. 엄격한 규율과 경직된 조직 문화를 만들어줘야 순종하는 일본인이 된다.

한과 제약이 있어야 잘 논다니, 한국인과 일본인의 특성이 상당히 다르다는 것을 보여주고 있다. 이 정해진 규격과 제한 속에서 그 주어진 환경을 어떻게 하면 꽉꽉 채워서 잘 놀 수 있을까를 항상 고민하는 민족이다 보니 모든 상품을 꽉꽉 채우려고 하는 것도 무리는 아니다. 하지만 이러한 일본인의 특성은 학대당하고 지배당하는 것을 좋아하는 특성으로까지 연결된다. 자율성과 유연함, 그리고 인간성을 존중하는 태도로 일본인을 대하면 반대로 무시당하고 엄격한 규율과 경직된 조직 문화를 만들어줘야 순종하는 일본인이 된다.

잘 해주면 얕잡아 본다고?

대학교수 초창기에 나는 담당했던 학생들을 너무나도 친절하고 인간적으로 대했다. 한국 사람들은 일반적으로 사회적으로나 경제적으로 '높은' 위치에 있는 사람이 인간적인 모습으로 대하면 진심으로 따르고 충성하는 경향이 강해서 일본도 한국처럼 인간적으로 학생들을 대하면 나를 진심으로 따를 것이라고 생각했다. 개인적으로 술자리도 많이 데리고 다니면서 맘껏 먹고 마시게 하고 속 깊은 고민상담도 해주면서 큰 형님 같은 존재가 되고자 했다.

하지만 일본 학생들은 따뜻하게 대해주는 선생을 점점 우습게 여기고 얻어먹는 것을 당연하게 요구하며, 감사함을 갖기보다 이용해서 얻어먹는 존재로 인식하기 시작했다. 심지어 술자리에 자기 친구들까지 여러 명 불러내 공짜로 얻어먹고 나를 이른바 '호구' 취급하는 현상이 발생했다. 심지어 나에게 시도 때도 없이 전화를 걸어 학교에서 지하철역까지 태워달라고 하질 않나 점차 가관이 되었다. 나는 이를 상식을 넘어선 심각한 상황이라고 판단하고 그 이후 아주 차갑고 엄격한 태도로 학생들을 지도했다. 그러자 너무나 말을 잘 듣고 내 모든 지시에 철저하게 복종하며 순종하는 학생들로 금세 변모했다. 마치 노예정신이 유전자에 있는 것이 아닐까 하는 생각이 들 정도로 소름끼치는 민족성을 가지고 있는 것 같았다.

우리 회사에는 부사장으로 잠시 일했던 게이오대 법학부 출신의 30대 남성이 있었다. 처음 만남에서 내가 식사비와 술값을 냈더니 얻어먹는 것을 계속 당연하게 생각했다. 가끔 저렴한 식당에서 식사할 때면 불만 섞인 표정을 지으며 '이딴 걸 사주느냐'는 시선으로 보기도 하고,

한 번은 술값을 반반씩 내자고 했더니 황당한 표정을 지으며 나를 째려보기까지 했다. 업무 태도도 좋지 않으면서 명문 게이오대 출신이라는 자부심만 가득 찬 그의 본성을 알게 된 후 곧바로 해고해버렸다.

일본에 왜 블랙기업이 많은지, 독단적이고 '갑질'하는 경영자와 정치인이 왜 인정받는지 이해할 수 있는 경험이었다. 일본의 지배세력이 나쁜 것도 있지만 일본인의 민족성이 노예처럼 취급해줘야 말을 잘 든는다는 것 또한 뼈저리게 느꼈다. 내가 경험한 바에 따르면 '일본인은 잘 해주면 안 된다'는 것이다. 항상 강하게 억누르고 내가 '갑'이라는 사실을 상대방에게 끊임없이 인지시켜야 착한 일본인이 된다.

패자와 약자를 배려하지 않는 일본인

일본인의 패배자, 낙오자, 약자에 대한 인식은 일본의 전통씨름인 스모相撲를 통해 알 수 있다. 스모 경기장 '도효土俵'는 1미터가 넘을 정도로 꽤 높지만 사각형 경기장의 아래쪽은 선수들의 안전을 위해 어떤 완충장치도 없이 딱딱하고 좁은 바닥만 있을 뿐이다. 스모는 상대방을 밀어서 밖으로 내보내는 스포츠라서 사각형 도효 아래로 선수들이 떨어지는 일이 매 경기마다 생기고 많은 선수가 부상을 당하지만 아래에는 얇은 매트 한 장 깔아주는 배려조차 없다. '패배자, 약자는 배려할 필요가 없고 죽어도 된다'라는 인식이 일본인의 머릿속에 내재되어 있기 때문이다. 이러한 일본인의 국민성을 볼 때 그들에게 과거 식민지 시절 한국은 패

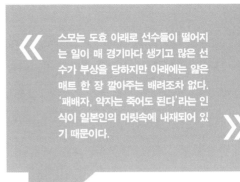

> 스모는 도효 아래로 선수들이 떨어지는 일이 매 경기마다 생기고 많은 선수가 부상을 당하지만 아래에는 얇은 매트 한 장 깔아주는 배려조차 없다. '패배자, 약자는 죽어도 된다'라는 인식이 일본인의 머릿속에 내재되어 있기 때문이다.

배자일 뿐이고 역사적인 문제에 대해 사죄할 이유도 없는 것이다.

일본에는 전후 1948년부터 1996년까지 '우생보호법優生保護法'이라는 경악을 금치 못할 제도가 존재했다. 장애가 있는 사람들에게 본인의 의사와 상관없이 강제로 불임·낙태 수술을 자행하는 제도이다. 지능이 낮다는 이유로, 청각장애가 있다는 이유로, 품행이 단정하지 않다는 이유로, 아무런 죄도 없는 수많은 장애인이 강제적으로 불임·낙태 수술을 받아야 했고, 평생 아이를 가질 수 없는 고통을 안고 살아가야 했다. 이 얼마나 개탄을 금할 수 없는 일인가. 이러한 악법이 불과 20여 년 전까지 존재했다는 사실에 일본이 약자에 대한 배려가 없는 얼마나 차갑고 무서운 사회인지, 그리고 상식적인 인권이 존재하지 않는 나라인지 뼈저리게 깨달을 수 있다. 피해자들은 전국에 2만 5천 명에 달하지만 지금까지 국가에서 아무런 배상도 받지 못했다.

센다이 지방재판소는 이 우생보호법이 헌법 13조에 위반하여 위헌이지만 국가의 배상책임은 인정하지 않는다는 도저히 이해할 수 없는 판결을 내렸다. 우리나라에도 소록도 한센인에 대한 강제 불임 수술이 1950년대에서 70년대까지 자행된 유사한 역사가 있었지만, 많은 국민이 이를 부끄러워하고 정부는 법원판결에 승소한 피해자들에게 국가 차원에서 배상했으며 법을 제정하여 다시는 그런 일이 일어나지 않도록 조처한 것을 보면 인권 문제에서는 우리나라가 일본을 훨씬 앞선다는 것을 알 수 있다.

지금도 일본의 우생보호법 피해자들은 국가의 진심 어린 사죄와 배상을 요구하며 투쟁을 계속하고 있다. 이를 보면 우리나라의 위안부, 강제 징용 피해자들에게 일본이 사죄할 가능성은 희박하다고 생각하면 된다. 자국 국민들도 '개돼지'로 생각하고 인권을 존중하지 않는 나라에게서 무슨 사죄를 받아낼 수 있겠는가. 우리가 일본보다 강해지는 수밖에 없다. 이번 경제보복 조치를 기폭제로 국산화 개발과 통일 경제에 힘을 기울여 일본을 압도하는 국력을 키우는 수밖에 없다. 우리가 강해지면 일본은 머리를 조아리고 사죄하는 시늉이라도 하게 될 것이다. 미국에게 그랬던 것처럼 말이다.

일본의 생명 경시 풍조

일본의 생명을 경시하는 풍조는 비단 우생보호법 피해자들만의 것이 아니다. 나 역시 몸소 느꼈던 사건이 있다. 나와 아내는 늦은 나이에 결혼했기 때문에 아이를 가지는 것도 늦어졌다. 임신 사실을 확인하고 이 기쁜 소식을 장인어른께 알려드렸다. 소식을 들은 장인어른은 냉정하게도 "검사에서 장애아 가능성이 있으면 바로 낙태시켜라. 너희들 고생만 한다"라고 아무 거리낌 없이 말하는 것이 아닌가.

아직도 그렇게 말하던 순간이 뇌리 속에 생생하게 남아 있다. 조심스럽고 진지한 말투가 아니라 아주 가볍고 별일 아닌 듯 말하는 장인어른의 태도에 나는 적잖이 충격을 받았다. 다행히 아주 건강한 아이가 태어났지만, 그때 장인어른의 말은 소중한 생명에 대한 일본인의 냉엄한 사고방식에 대해 다시 한번 생각해보는 계기가 되었다. 일본인의 생명 경시 풍조가 얼마나 심각했는지 또 다른 예를 보자.

20세기 초까지 일본에는 '마비키聞引き'라고 하는 악습이 존재했다.

'마비키'라는 뜻을 한국어로 풀이하면 '솎아내기'라고 할 수 있다. 세 명 이상의 자녀가 있으면 먹고사는 게 힘들어져서 어미가 약한 아이를 발로 목을 짓밟아 죽여 버리는 악습이다. 우리는 내가 굶어 죽는 한이 있어도 자식의 배는 곯지 않게 하는 강인한 모성애를 지니고 있어서 자식을 내 손으로 죽인다는 행위는 상상조차 할 수 없다. 때문에 이런 정신병자와 같은 극악한 행위에 큰 충격을 금할 수 없으며 더욱이 20세기 초까지 이러한 악습이 전국적으로 횡행했다는 사실에 아연실색할 노릇이다.

에도말기 시대의 농업학자였던 사토 노부히로佐藤信淵는 지금의 일본 동북지방인 데와出羽·오슈奧州 지역에서 매년 1만 7천여 명, 지바千葉·가즈사上総 지역에서 4만여 명의 아이들이 '마비키'에 의해 희생되었다고 기록하고 있다. 우리가 가지고 있는 일본인의 이미지는 친절하고 예의 바르며 항상 환한 웃음으로 손님을 맞이하는 따뜻한 모습인데 그들의 본래 모습은 이토록 무서운 냉혈한이었던 것이다.

죽음을 대하는 일본인의 자세

그렇다면 왜 일본인은 이토록 죽음에 대한 인식이 한국인과 상이한 것일까? 일본인은 지인의 사망 소식을 듣고도 눈물 한 방울 보이지 않는다. 장례식에 가서도 오열하는 조문객을 찾아보기 힘들다. 우리나라에서는 자식이 죽으면 부모는 기절할 정도로 크나큰 충격과 슬픔에 잠겨 오랫동안 헤어나기 힘든 고통의 시간을 보낸다. 그래서 "내 아들 살

려내라"고 절규하는 부모의 오열을 당연하게 여기고 연민을 느끼는 한국인에게는 일본의 TV 뉴스에서 자살한 자녀의 부모를 인터뷰하는 모습이 정말 쇼킹한 장면이다. 자살한 자녀의 부모에게 마이크를 들이대는 것이 실례라고 생각하지 않는 일본 미디어와 "자살할 아이가 아니었는데 참 가슴이 아프네요"라고 냉정하게 대답하는 일본인 부모의 모습에 우리는 아연실색할 수밖에 없다.

과거 한국에서는 장례식장에서 상주가 울다가 지쳐 더 이상 울 수 없는 지경이 되면 '곡쟁이'라는 구슬프게 울어주는 '프로 통곡러'가 등판했을 정도로 가족의 죽음, 지인의 죽음은 엄청난 정신적 충격으로 받아들여진다. 한국은 목 놓아 오열하는 것을 당연하게 생각하는 문화를 가지고 있지만 일본은 자식의 죽음에도 소리 내어 우는 부모를 본 적이 없다. 왜 일본인은 죽음에 대해 이토록 냉정한 것일까?

그렇다고 해서 일본인이 눈물을 아예 흘리지 않는 민족은 아니다. 일본 국가대표팀 축구선수들이 한일전이나 중요한 월드컵 경기에서 패배하고 경기장에 드러누워 오열하는 장면을 보았을 것이다. '고시엔甲子園'이라고 하는 전국 고교야구 선수권 대회의 본선 토너먼트에서 패배한 후 닭똥 같은 눈물을 흘리며 분한 표정으로 경기장 흙을 담는 선수들을 TV를 통해 접해본 이들도 있을 것이다. 친인척과 자녀의 죽음보다 스포츠 경기에서 패배한 것이 그토록 애통한 일인지 참으로 이해하기 어려운 민족이다.

대학에 재직할 당시, 담당하는 중국인 유학생 한 명이 어머니가 돌아가

 일본인이 눈물을 아예 흘리지 않는 민족은 아니다. 중요한 스포츠 경기에서 패배한 후 닭똥 같은 눈물을 흘리며 분한 표정을 짓는다. 친인척과 자녀의 죽음보다 스포츠 경기에서 패배한 것이 그토록 애통한 일인지 참으로 이해하기 어렵다.

셔서 급히 중국으로 가봐야 할 것 같다며 울면서 연구실로 찾아왔다. 학생의 메신저와 사진을 통해 어머니가 돌아가신 사실을 확인하고 장례식에는 무슨 일이 있어도 보내야겠다고 생각해 학생과 함께 유학생 어머니의 부고 소식을 전하러 대학 사무국에 찾아갔다. 한국이라면 "어머나 어떡해요. 참 학생 마음이 아프겠어요. 출석에 문제없이 처리할 테니까 걱정 말고 어서 다녀와요"라는 위로 한마디를 건네며 안타까워했을 것이다. 하지만 "그런데요?"라는 직원의 냉정한 대답만 돌아왔다.

얼마 지나면 중간고사가 있으니 중국인 유학생의 모든 시험과목을 리포트로 대체하게 해달라는 나의 요구에도, 그 학생의 눈물어린 호소에도 사무국 직원은 "규정에 없다"는 대답만 로봇처럼 되풀이할 뿐이었다. 결국 그 중국인 유학생은 귀국을 결정했고 다시는 일본에 돌아오지 않았다. 일본인은 왜 이토록 정이 없고 공감능력이 떨어지는 것일까? 도대체 왜 이리도 비인간적이고 냉정한 민족이 되어버린 것일까? 전 국민이 소시오패스가 아닐까 하는 생각이 들 정도로 일본인은 연민의 감정을 느끼지 못한다.

무사 사회에서 생존하는 방법

일본인이 이토록 차가운 소시오패스와 같은 성향을 가지게 된 까닭을 생각해보지 않을 수 없다. 여러 가지 원인을 유추해볼 수 있다. 첫 번째는 일본의 천재지변에서 찾아볼 수 있다. 일본은 홍수, 폭염, 폭설, 혹한, 태풍, 화산, 지진, 쓰나미 등 전 세계에서 가장 천재지변의 종류가 많은 나라이다. 아무리 신께 기도해봤자 지진으로 죽고 쓰나미로 죽는다는 사실은 변하지 않는다는 걸 수천 년간 경험으로 체득했다고 할 수 있다. 죽고 사는 것은 인간의 힘은 물론이고 신의 힘으로도 바꿀 수 없다는 것을 체험적으로 깨달은 것이다.

'죽음은 아무 때에나 누구에게나 찾아오는 것'이라는 체념이 있었기에 '종교'라는 것이 일본 민족의 가슴속 깊이 뿌리내리지 못하는 것이리라 유추해본다. 일본의 불교사찰에 가보면 술, 담배를 즐겨하고 여색을 밝히면서 가정이 있는 가짜 스님들이 많이 근무한다. 서양식 결혼식에서는 목사 의상을 입은 사람이 초대되어 목사 흉내를 내며 주례를 한다(백인 목사는 단가가 더 비싸다고 한다).

일본에는 진정한 의미의 종교도 없고 진정한 종교를 가진 사람도 존

재하지 않는다. 단지 종교라는 형식을 갖춘 조직, 단체에 참가하여 그 조직을 위해 돈을 바치고 충성하는 것이지, 한국인이 가진 종교에 대한 신념, 신앙심과는 그 차원이 다르다. 일본인이 '신봉하는 종교가 없다'는 사실은 전 세계에서 가장 광적인 신자들을 보유하고 있는 한국과 정 반대 상황이라 흥미롭게 느껴진다. 지리적으로 가장 가깝고 유전적으

> 아무런 잘못을 하지 않아도 사무라이 칼에 죽임을 당할 수 있는 사회 분위기 속에서 목숨을 부지해왔던 일본인은 '언제 칼에 베여 죽더라도 누구를 원망해서도, 누구에게 하소연해서도 안 된다'는 '감정의 침묵'을 강요당하고 살아왔다.

로 가장 닮은 민족인데 어쩌면 이렇게도 상반되는 성향을 가지게 되었는지 참으로 연구대상이 아닐 수 없다.

두 번째로 사무라이 무사 문화를 지적할 수 있다. 앞에서도 말했듯이 일본인은 무사 사회에서 생존하기 위해 나름의 '생존법'을 만들어왔다. 일본은 애니메이션이나 게임, 영화 등을 통해 일본 사무라이의 이미지를 '멋진 스타일의 정의로운 칼잡이'로 미화했지만 사무라이의 실상은 비열하게 아무 데서나 칼을 휘두르는 극악무도하고 무식한 깡패들에 지나지 않는다. 한 예로 에도시대의 사무라이들은 새로 장만한 칼이 잘 베이는지 확인하려고 지나가는 사람을 칼로 베어 죽였다고 하니, 국민의 목숨을 파리 목숨보다 하찮게 여겼던 사회임을 알 수 있다.

이와 같이 아무런 잘못을 하지 않아도 사무라이 칼에 죽임을 당할 수 있는 사회 분위기 속에서 오랫동안 목숨을 부지해왔던 일본인은 '언제

칼에 베여 죽더라도 누구를 원망해서도 안 되고 누구에게 하소연해서도 안 된다'는 '감정의 침묵'을 강요당하고 살아왔다는 것이다.

죽는 것은 언제든지 누구에게나 닥치는 일이고 아무런 죄를 짓지 않아도 죽게 되는데 슬퍼해서 무슨 의미가 있겠는가. 아는 사람이 칼에 베여 죽임을 당해 슬픈 감정을 드러내봤자 '재수 없으면 나까지 죽을 수 있다'라고 생각한 게 아닐까. 슬퍼하는 데에 에너지를 소비해봤자 현실은 아무것도 변하지 않는다는 것을 사무라이 사회 속에서 뼈저리게 깨닫고 무의미한 감정소비를 안 하는 것이 자신의 삶에 도움이 된다고 판단한 것으로 생각한다.

'메이와쿠迷惑' 문화와 '와和'의 정신

일본에서 살아보면 '스미마센すみません(실례합니다 혹은 미안합니다)'이라는 말과 '메이와쿠迷惑をかける(폐를 끼친다)'라는 말을 가장 많이 듣게 된다. 일본인은 어디를 가든 언제가 됐든 '스미마센'이라는 말을 입버릇처럼 달고 생활한다. 길에서 그냥 눈앞에 지나가더라도 혹은 엘리베이터에서 그냥 내리기만 해도 '스미마센'은 습관처럼 따라 나오는 말이다. 이러한 태도를 보고 일본 사람이 정말 예의가 바르다고 판단하는 이들도 있겠지만 실상은 그렇지 않다. 일본 사람은 천성적으로 예의가 바르다기보다 폐를 끼치면 안 되는 사회 속에서 체득한 것을 습관적으로 행동하는 것뿐이다. 우리는 정말 미안할 때나 정말 실례라고 느낄 때 진심이

담긴 사과를 하지만 일본인은 진정한 사과의 뜻을 담고 '스미마센'을
말하는 것이 아니다.

'스미마센'과 우주의 궤도

일본은 섬나라이고 '무라村(마을) 사회'이며 '사무라이 문화'의 나라
이다. 그러한 환경에서 천년 이상 살아온 일본인은 '와和'라는 일본정
신의 질서를 벗어나지 않고 살아왔다. '와'를 알기 쉽게 설명하면 '우
주의 궤도'와 같은 것이다. 태양계를 머리에 떠올려보자. 태양을 중심
으로 행성들이 정해진 궤도를 돌고 있다. 일본 또한 이 태양계처럼 '천
황天皇'이라는 태양을 중심으로 전 국민이 주어진 궤도를 벗어나지 않
고 주어진 지역과 직업, 신분에 맞춰 살아가야만 한다.

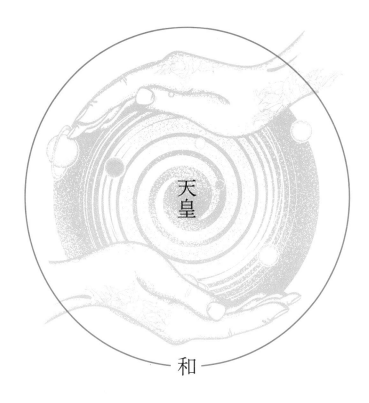

天皇

和

　수백 년에 걸쳐 계승해온 가업은 하기 싫어도 이어나가야 하고 자신
이 태어나고 자란 고향을 떠나서도 안 되며 고향의 축제祭り에는 반드시
참가하여 도와야 한다. 여자는 남자보다 낮은 존재이기 때문에 항상 남
자에게 순종해야 하고 일반 시민들은 정치인에게 무조건 복종해야 한
다. 만약 '와'라는 궤도를 벗어나려고 하는 인간이 있다면 철저하게 응
징을 가한다. 회사에서는 '마도기와조쿠窓際族'라고 하여 조직에 반론을
제기하는 직원에 대해 창문만 바라보게 하고 아무 일도 못하게 응징한

> 일본인은 '와'라는 질서를 벗어나지 않고 살아왔다. '천황'이라는 태양을 중심으로 전 국민이 주어진 궤도를 벗어나지 않고 살아가야만 한다. 여자는 항상 남자에게 순종해야 하고 일반 시민들은 정치인에게 무조건 복종해야 한다.

다. 지역사회에서는 '무라하치부村八分'라고 하여 철저하게 소외시키고 교제를 하지 않는 '이지메'를 가한다.

이 '와의 궤도'는 부득이한 상황에서도 매우 엄격하게 적용된다. 운전할 때 막히는 차량 흐름 탓에 횡단보도 선을 넘어서서 정차할 때가 있다. 한국 같으면 크게 신경을 안 쓰지만 일본에서는 꽤 큰 잘못이라서 평소에 의사표현조차 잘 하지 않던 일본인도 째려보거나 보닛을 손으로 탕탕 치고 욕설을 한다. 많은 사람이 횡단보도를 걷는데 불편하게 했다는 이유에서다. 또 하나, 운전을 하다보면 이유 없이 정체되는 경우도 종종 발생한다. 이는 어느 나라에나 있을 법한 상황이지만 일본에서는 이것도 그냥 지나치지 않는다. 교통체증이 교통사고나 차 고장 때문이라도 교통사고가 난 지점에서 많은 일본인 운전자가 큰소리로 욕을 하고 왜 사고를 내서 길을 막느냐고 폭언을 던진다. 사고를 낸 당사

자는 일부러 사고를 낸 것도 아니고 본인도 사고로 가뜩이나 짜증날 텐데, 그에 더해 길 위의 많은 사람에게 욕까지 먹어야 한다. 이만저만 스트레스 받는 일이 아니다.

일본의 거리가 깨끗한 이유

일본 도쿄의 메구로 지역 주택가에 살고 있는 나는 아침마다 집 앞에서 청소하고 있는 이웃들을 접하게 된다. 청소하는 이웃들과 아침인사를 나누며 출근하는 모습은 참 평화로운 장면처럼 보인다. 청소하는 이웃 중에는 핀셋 같은 것으로 보도블록 틈새에 자란 잡초까지 제거하는 사람이 있을 정도로 매우 꼼꼼하게 청소한다. 나는 "일본인은 참 청소를 좋아하는 선진 국민이구나"라며 긍정적으로 받아들였다. 그런데 어느 날 일본인에 대한 인식이 송두리째 바뀌게 되는 경험을 하게 되었다. 틈새의 잡초까지 핀셋으로 제거하던 이웃집에 초대되어 식사한 적이 있었는데, 결벽증이 있을 것처럼 깨끗할 거라고 생각했던 그 집 내부는 가히 충격적이었다. 물건 정리정돈은 말할 것도 없고 집안이 너무나 지저분했던 것이다. 여기서 과연 사람이 살 수 있을까 하는 생각이 들 정도로 쇼킹 그 자체였다. 일본인은 천성적으로 청결을 중요시해서 청소에 열중하는 것이 아니라 남에게 폐를 끼치지 않기 위해 타인이 보는 곳만 청소하는 것이다.

일본 서점에서 판매하는 책들 중에는 정리정돈에 관한 책들이 꾸준하게 베스트셀러로 오른다. 나는 이웃집 사건을 겪은 후부터 일본인이 정리정돈을 좋아해서 그런 책이 잘 팔리는 게 아니라 정리정돈을 잘 못해서 잘 팔리는 것이 아닐까 하는 추론을 하게 되었다. 실제로 일본에서 직장생활을 해봤던 이들이라면 공감할 것이다. 일본인 동료와 회사에서 청소를 하거나 정리정돈을 해보면 생각보다 정리를 참 못한다는 것을 느낀다. 일반적으로 영어를 못하는 사람이 영어책을 사고 요리를 못하는 사람이 요리를 잘하고 싶어서 요리책을 사지 않는가. 이렇게 연결해서 생각해보면 일본인은 '정리정돈에 재능이 없다'는 것에 확신이 생긴다.

복잡한 일본인의 정신상태

일본인의 정신상태는 무척이나 복잡해서 단순화하는 것에 매우 약하다. 전자제품의 기능을 보더라도 쓸데없는 기능들이 과도하게 추가되어 있고 사용법 또한 복잡한 경우가 많다. 일본의 구형 폴더형 핸드폰을 사용해본 이들은 쉽게 이해될 것이다. 직관적이지 않은 UI 디자인과 쉽게 익숙해지지 않는 사용법에 짜증이 난다. 일본인은 단순한 것을 복잡하게 하는 것에 재능이 있다. 개인적인 견해이지만 '과학'이란 복잡한 것을 '단순화單純化'하는 작업이고 '문학'이란 누구나 아는 단순한 일상의 모습(사랑, 우정, 질투 등)을 어려운 문장으로 '복잡화複雜化'하는 작업이라고 생각한다. 일본인이 노벨문학상을 수차례 수상하고 일본소설

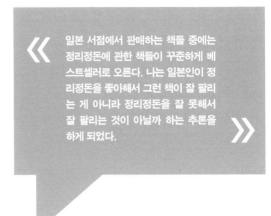

일본 서점에서 판매하는 책들 중에는 정리정돈에 관한 책들이 꾸준하게 베스트셀러로 오른다. 나는 일본인이 정리정돈을 좋아해서 그런 책이 잘 팔리는 게 아니라 정리정돈을 잘 못해서 잘 팔리는 것이 아닐까 하는 추론을 하게 되었다.

의 수준이 높은 것도 여기에서 이유를 찾을 수 있다. 복잡한 사고방식을 가진 일본인에게는 정리정돈이 복잡한 것을 단순화하는 작업이기에 어렵게 느껴지는 것이고, 정리정돈에 관한 책이 잘 팔리는 것도 그러한 특성을 잘 드러내는 것이라고 생각한다.

일본에서 깨끗한 길거리가 유지되는 이유가 폐를 끼치면 안 되는 일본 사회의 특수성에 기인하는 것처럼, 깨끗하게 세차한 트럭이나 버스도 일본 사회의 특수성에서 나온 것일 뿐, 일본인이 자동차를 깨끗하게 사용하는 선진의식을 갖춘 민족이라고 단정 지을 수 없다.

나는 회사에서 사용하는 리스 차량이 있는데 직원이 정기적으로 세차장에 가서 세차를 해온다. 그런데 한국 같으면 그래도 사장님이 타는 차인데 세차장에 갈 때 내부세차도 함께 해오는 것이 보통이거늘 대부분 외부세차만 하고 내부는 더러운 상태 그대로일 때가 많았다. 내부세차는 정말 어쩌다가 한 번씩 하는 식이었다. 역시 일본인은 주변에 폐를 끼치지 않기 위해 겉으로 보이는 것을 중시하여 세차하는 것이지 천성적으로 차를 깨끗하게 사용하는 선진의식을 가진 국민이라고 볼 수 없는 것 같다.

깨끗한 거리가 선진국을 말해주지 않는다

한국에서는 일본의 깨끗한 거리를 보고 '일본을 배워야 한다', '선진 시민의식을 배우지 않고서는 진정한 선진 국민이 될 수 없다'라며 우리의 지저분한 거리를 부끄러워하고 자책하는 분위기가 많다. 그렇게 인식하는 자체는 매우 훌륭한 태도이다. 그런 인식이 우리를 선진 국민으로 이끌어주는 원동력이기 때문이다. 하지만 거리가 깨끗하다고 해서 선진국이 되는 것은 아니라는 점을 알아야 한다. 미국 뉴욕, 프랑스 파리, 이탈리아 로마 등 선진국의 대도시를 가보면 쓰레기투성이에 쥐가 뛰어다니는 등 위생적이지 못한 곳이 많다. 우리나라의 거리는 전 세계를 평균으로 봤을 때 꽤 상위권에 위치하는 높은 청결 수준을 유지하고 있다. 우리가 배워야 할 선진국 거리의 예로 일본을 꼽는 것은 틀린 선택이다. 일본은 주변에 폐를 끼치지 않기 위해 하는 표면적인 행위일 뿐이고, 싱가포르는 강력한 법으로 통제하고 있는 도시국가일 뿐이다. 깨끗한 거리에 강박관념을 가지지 않았으면 한다. 우리는 충분히 높은 선진 시민의식을 가진 훌륭한 국민이다.

나는 얼마 전 경기도 일산에 있는 젊은이들이 많이 모이는 '라페스타'라는 유흥가에 가본 적이 있다. 거리에 널려 있는 쓰레기와 각종 전단지를 보며 '인간사는 곳' 같아서 정겹게 느껴졌다. 내가 너무 '국뽕'에 빠진 것이 아니냐고 반문하는 이들도 있겠지만 나는 '사람이 사람답게 사는 곳'이 진정한 유토피아라고 생각한다. 사회규범과 법이 무서워서 깨끗한 척하는 일본이나 싱가포르보다 훨씬 인간적이고 자유로운 나라가 대한민국이다. 길거리에 쓰레기가 많으면 환경미화원을 더 고용할 수 있으니 긍정적으로 생각해볼 수도 있다. 아이 키우는 집이 장난감으로 널려 있고 정신없는 게 당연하다. 아이 키우는 집이 먼지 하나 없이 말끔하게 정리되어 있다면 결벽증 환자가 사는 집이 아니고 무엇인가. 만약 그런 집에서 자라는 아이가 있다면 얼마나 불행하겠는가.

폐를 끼치지 않는 것이 인생 최고의 덕목

일본인은 항상 언행에 주의하고 주변에 폐를 끼치지 않도록 노심초사하며 산다. 주어진 '와'의 궤도를 지키지 않았을 때 사회에서 언제든지 배척당하고 고립될 수 있기 때문이다. 이런 공포감에 사로잡혀 어린아이 때부터 폐를 끼치지 않도록 철저하게 교육받는다.

일본에서 살다보면 한국과 다른 여러 가지 문화와 풍습, 습관을 만나게 된다. 그중에서 폐를 끼치면 안 되는 문화와 관련된 몇 가지 습관을 살펴보자. 첫 번째 습관으로 한숨을 쉬면 안 된다. 한국에서는 한숨을 쉬는 것이 전혀 문제가 되지 않지만 일본에서는 이상하게도 한숨 쉬는 것을 금기시한다. 한숨이 주변 사람들에게 불운과 고통을 전파한다고 보는 것이다.

이것 또한 주변 사람들에게 폐를 끼치면 안 된다는 일본인의 강박관념에서 생겨난 습관이라고 할 수 있다. 남이야 한숨을 쉬든 말든 신경도 안 쓰는 게 우리나라 사람인데 일본은 참 살아볼수록 숨이 막히는 나라가 아닐 수 없다. 사실 일본에서 살다보면 없는 한숨도 더 자주 나온다. 융통성 없이 꽉 막힌 사고방식, 어려운 상황에 처한 사람들을 외면하는 차가운 사람들, 책임만 피하면 된다는 일처리 방식 등 한숨이 안 나오는 게 비정상일 정도로 일본에 살면서 한숨은 더 늘어나는데 한숨을 쉬면 안 된다고 하니 죽을 맛이다.

두 번째, 누구든 선물을 받으면 빠른 시일 내에 비슷한 수준으로 선물을 해야 하는 습관이다. 우리나라에서도 선물을 받았을 때 감사의 표시로 답례품을 주는 경우가 있지만 일본은 거의 형식화되어 있다. 한여름에는 '주겐御中元', 연말에는 '세보お歳暮'라는 이름으로 은혜를 입은 분께 선물을 보내는 풍습이 있어, 나 또한 매년 여러 사람에게 선물을 보내고 있다. 한국에도 유사한 문화가 있어서 그다지 특이하다고 볼 수는 없는 풍습이다. 하지만 한국인인 나로서는 선물을 보내는 의미가 상대방에 대한 고마움뿐만 아니라 앞으로도 잘 부탁한다는 의미도 담고 있어서 그냥 받아주기만 하면 좋겠는데, 일본인은 거의 대부분 답례お礼 선물을 보내온다. 귀찮게 하고 싶은 마음도 없고 부탁의 의미도 있어 답례

우리나라에서도 선물을 받았을 때 감사의 표시로 답례품을 주는 경우가 있지만 일본은 거의 형식화되어 있다. 일본인의 인간관계는 줄 것도 없고 받을 것도 없는 플러스마이너스 제로상태를 항상 유지해야 한다는 강박관념이 매번 느껴진다.

는 정말 받고 싶지 않은데 항상 답례품을 보낸다.

하지만 이 또한 일본인에게는 폐를 끼치지 않으려는 인식이 강하기 때문일까? 내가 보낸 선물에 항상 답례 선물을 보내는 것이 도대체 잘 부탁한다는 선의를 받아들이지 않겠다는 의미인지 아니면 나와의 인간관계에서 빚지고 싶지 않다는 의미인지, 정말 헷갈리는 선물에 대한 습관이 아닐 수 없다. 일본인의 인간관계는 항상 플러스마이너스 제로($\pm=0$)상태를 유지해야 하는 것 같다. 줄 것도 없고 받을 것도 없는 상태를 유지해야 한다는 강박관념이 매번 느껴진다.

세 번째, 일본인은 가족과 친구의 고민을 듣는 것에도 부담을 느껴 웬만하면 절대 털어놓지 않는 습성이 있다. 우리나라 사람들에게 '가족'이나 '친구'는 어떤 것이라도 털어놓고 말할 수 있는 사이를 의미한다. 하지만 일본에서는 가족이나 친구 사이에도 자신의 고민을 완전히 털어놓고 상담하지 않는다. 고민을 털어놓으면 상대방이 매우 부담스러워한다. "그게 무슨 가족이고 친구냐?"라며 반문할 이들이 있겠지만 이것이 일본 인간관계의 현실이다.

일본에서 장기간 살다보면 아무리 성격 좋은 사람이라도 진짜 친구 만드는 게 어렵다는 걸 느끼게 된다. 나도 성격 좋고 명랑한 스타일이라 어느 나라에 가든 많은 친구를 사귀었고 친구에 있어서만큼은 누구에게도 뒤지지 않을 정도의 '인맥왕'을 자랑했다. 하지만 일본에서 아무리 친구를 사귀어보려고 해도 힘들 때 의지가 되고 기쁠 때 함께 웃어주는 진정한 의미의 친구를 만들 수 없었다. 지금 나는 일본에서 아는 사람은 많지만 친구는 한 명도 없다. 술 한잔 하고 싶을 때 산다고 하면 나오는 사람은 있지만 자기가 사겠다며 연락 오는 사람은 한 명도 없다. 참 부끄러울 지경이다.

일본인은 가족이나 친구에게도 웬만하면 속마음을 털어놓지 않는다. 어떤 내색도 하지 않는다. 아내의 얼굴 표정이 좋지 않아 왜 그러느냐고 물어봐도 말해주지 않다가 나중에 시간이 한참 지나고 나서야 화난 이유를 말해주는 식이다. "왜 그때그때 말하지 않는 거야. 내가 어떻게 당신 마음을 다 알 수가 있어? 어떤 말을 해도 괜찮으니까 불만이 생기면 바로바로 얘기해줘"라고 말하고 좀 다툰 후부터는 불만을 잘 얘기하게 되었지만 결혼 초창기에는 당최 왜 화가 났고 뭐가 불만인지 표현하지 않아 참 답답했던 기억이 있다. 부부 사이도 이런데 친구 사이는 어떻겠는가.

한때 친구라고 생각한 일본인 지인에게 일본에서 속상한 점과 고민 거리를 자주 털어놓으며 함께 술자리를 가졌지만 당시 지인의 표정과 반응을 유심히 생각해보면 "얘는 왜 이런 얘기를 나한테 하지?"라는 태도와 전혀 진심이 담기지 않은 형식적인 맞장구만(한국말로 '오! 과연 그렇군'이라는 '나루호도なるほど~'만 반복했다) 쳐주던 게 생각난다. 일본에서는 지인에게 고민거리를 얘기하면 안 되고 고민을 얘기하는 게 폐를 끼치는 일임을 뒤늦게 깨닫게 되었다. 이제는 일본인 누구에게도 고민을 털어놓지 않는다. 혼자서 술 마시며 유튜브 보는 게 속이 편하다.

이런 비인간적이고 정나미 떨어지는 나라는 이 지구상에 일본밖에 없을 것이다. 상식적으로 친구 사이에는 폐를 끼친다는 인식 자체가 없는 것이 일반적인데 '일본인만' 다르게 인식하니 정말 이해하기 힘든 민족이다. 일본인의 삶은 과연 무슨 의미를 위해 존재하는 것일까? 친구끼리 속사정을 까놓고 얘기하는 것이 폐를 끼치는 것이라니⋯⋯. 고민에 대해 듣는 것 자체를 꺼리는 도저히 이해하기 힘든 민족성에 나는 참기 힘들 정도로 외로움을 느낄 수밖에 없다.

네 번째, 일본인은 죽음보다 폐를 끼치는 것을 더 두려워한다는 것이다. 수년 전에 TV에서 방송된 중동 무장테러 단체에 납치된 한 일본인의 발언이 생생하게 기억에 남아 있다. 인질이 된 그 일본인은 카메라 앞에서 연신 머리를 조아리며 "폐를 끼쳐서 죄송합니다. 저를 구해주지 마십시오"라는 말을 반복했다. 자신의 목숨보다 자기가 무장테러 단체에 붙잡혀 일본 국민에게 폐를 끼치고 있다는 것이 더 불편하고 두려웠

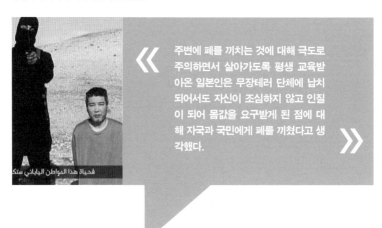

>> 주변에 폐를 끼치는 것에 대해 극도로 주의하면서 살아가도록 평생 교육받아온 일본인은 무장테러 단체에 납치되어서도 자신이 조심하지 않고 인질이 되어 몸값을 요구받게 된 점에 대해 자국과 국민에게 폐를 끼쳤다고 생각했다. <<

던 것이다. '와'의 궤도를 벗어나 주변에 폐를 끼치는 것에 대해 극도로 주의하면서 살아가도록 평생 교육받아온 일본인에게는 이처럼 무장테러 단체에 납치되어 일본 국민에게 심려를 끼치게 된 점, 자신이 조심하지 않고 인질이 되어 몸값을 요구받게 된 점에 대해 헤아릴 수 없는 막대한 폐를 자국과 국민에게 끼쳤다고 생각하고, '죽음'에 대해 인간의 본능을 넘어설 정도의 초연한 태도를 보였던 것이다.

가족도 저버릴 만큼 지배적인 문화

2019년 6월, 일본 TV에서 한바탕 소동을 일으킨 사건 하나를 보자. 도쿄 네리마구練馬区에 거주하는 76세의 전직 농림수산성 사무차관 구마자와 히로아키熊沢英昭 씨가 '히키코모리引きこもり(은둔형 외톨이)'인 아들

(당시 44세)을 칼로 찔러 살해한 사건이 일어났다. 동경대를 졸업하고 주체코 대사까지 역임한 엘리트 관료 출신 구마자와 씨는 남부러울 것 없는 이력을 가진, 주위에서 존경받는 인품이 훌륭한 사람이었다. 이토록 훌륭한 경력을 가진 전 고위관료는 마흔이 넘도록 직업 한 번 가져본 적 없이 방안에 틀어박혀 컴퓨터만 하는 아들이 분명 안타까웠을 것이고, 평생 바쁘게 살아오느라 자식을 챙기지 못해 아들이 그렇게 된 게 아닐까 자책하며 미안한 마음도 있었을 것이다.

하지만 정신적으로 문제가 발생한 아들은 점점 더 폭력적으로 변해 갔고 이러한 아들의 폭력적인 모습이 가족과 사회에 폐를 끼치게 될 것이라고 우려한 아버지는 아들을 살해하기에 이른 것이다. 구마자와 씨는 풍족하게 연금도 받고 도쿄 시내의 자가 주택에서 아들 하나쯤이야 어떻게든 챙길 수 있는 경제력도 있었지만, 사회에 폐를 끼치는 것은 어쩔 수 없는 일이라 생각해 아들을 살해하게 된 것을 보면 일본인에게 있어 '폐를 끼치지 않는다'는 것이 얼마나 무거운 의미를 가지는 사회적 가치인지 다시금 곰곰이 생각해보지 않을 수 없다.

우리는 아무렇지 않게 가벼운 폐를 끼치며 자유롭게 살아가는 스타일이다. 길에서 살짝 몸이 부딪혀도, 시끄럽게 떠들어도, 아파트 거실에서 뛰어다녀도, 살다보면 그럴 수도 있지 않겠냐며 각자 삶을 영위하는 자유로운 영혼들이다. 서로 조금 피해를 주더라도 편하게 사는 게 행복한 것일까? 서로서로 조심하면서 사는 게 행복한 것일까? '가재는 게 편'이라고 서로가 조금 폐를 끼치더라도 편하게 사는 것이 더 행복

> 정신적인 문제로 점점 더 폭력적으로 변해가는 아들이 가족과 사회에 폐를 끼치게 될 것을 우려한 아버지는 아들을 살해하기에 이르렀다. 일본인에게 있어 '폐를 끼치지 않는다'는 것이 얼마나 무거운 사회적 가치인지 알 수 있는 사건이다.

한 인생이 아닐까 생각한다. '상대방의 폐도 이해하고 내 폐도 이해받는' 한국식 암묵적 합의가 서로 조심만 하다가 스트레스 받아 늙어죽는 일본식 방식보다 더 인간적이고 살기 좋은 사회가 아닐까 생각한다.

일본에서 일본 사회에 적응하여 일본식으로 살다보면 폐쇄적인 분위기의 조직 안에서 숨이 막힐 때가 종종 있다. 기지개 한 번 시원하게 펴지 못하고 한숨소리도 제대로 내지 못하며 휴대전화 벨소리는 항상 진동으로 해둬야 하고(진동도 소리가 나서 폐를 끼치기 때문에 무음에 불빛으로만 알림을 설정한 일본인도 많다) 잘못이 없어도 항상 굽실굽실해야 하는, 수많은 금기사항을 지키며 일본에서 사는 건 한국인으로서 전혀 행복하지 않다(다른 외국인 친구들도 비슷한 고충을 토로한다).

우리나라 사람들은 남에게 폐를 끼치는 것에 대해서는 관대한 편이지만 어려운 일을 당하면 누구든지 발 벗고 나서서 도와주려는 아름다운 국민성을 가지고 있다. 노약자에게 자리를 양보하는 것은 너무나도 당연한 일이라 칭찬받을 일도 안 된다. 예전에 미국으로 이민 가기 전 지하철에서 여성 승객의 몸을 더듬던 치한이 발각되자 주변에 있던 예비역 남성들이 두들겨 패고 다음 역에서 내쫓던 모습이 기억난다. 대한민국은 불의에 대한 것이라면 굳이 경찰까지 부를 필요 없이 자체적으로 정화가 되는 멋진 나라라는 사실이 새삼 자랑스럽게 느껴진다.

나는 치한이 자기 몸을 더듬어도 치한이 무안해하지는 않을까, 치한에게 폐를 끼치는 것은 아닐까 해서 소리를 내지 않는다는 한 일본 여성의 말을 듣고 '폐를 안 끼치려는 일본 문화'가 한국인이 배워야 할 도덕적 가치를 지닌 것이 아님을 깨달았다(치한에게 피해를 입어도 소리를 못 내는 여성들을 위해 "그만해주세요! やめてください!"라고 말해주는 앱이 나올 정도이다). 물론 남에게 피해를 안 주려고 조심하는 것이 어느 정도 우리에게 필요한 덕목이기는 하지만, 일본의 기괴하게 변형된 '폐를 끼치지 않는 문화'는 우리에게 그 도덕적 가치를 인정받기 어려울 것 같다. 아무리 내 자식이 폐를 끼친다고 해도 한국인의 정서상 자식을 살해한다는 것은 도저히 도덕적으로 용납할 수 없는 일이기 때문이다.

왜 일본인은 해외에서 폐를 끼치는 걸까

남에게 폐를 끼치지 않는 것을 인생 최대의 덕목으로 생각하며 살아가는 일본인에게 정말 이해되지 않는 행태가 있다. 왜 일본인은 해외에만 나가면 큰소리로 떠들고 예의를 지키지 않는 걸까? 왜 일본은 그렇게 막대한 폐를 끼친 우리에게 사죄하지 않는 걸까? 정말 궁금하지 않을 수 없다. 먼저 일본인의 기본적인 세계관에 대해 알아보자. 앞에서 말했듯이 일본인은 기본적으로 '천황'이라는 태양을 중심으로 모든 국민이 자신에게 주어진 각각의 궤도를 벗어나지 않고 돌아가는 태양계와 흡사한 세계관을 가지고 있다. 이들이 지키고 살아가는 그 태양계를 '와和'라고 부른다.

하지만 이 일본인의 '와'는 일본의 섬 안에서만 유효하다는 인식이 일본인의 머릿속 깊숙이 박혀 있다. 이 궤도를 착실하게 돌고 있던 별들은 엄격하고 숨 막히는 규율이 존재하는 태양계를 벗어나면 자기 멋대로 행동해도 된다는 해방감을 느끼고, 해외에 나왔을 때 발현되어 목소리가 커지고 예의를 지키지 않게 된다(여기서 중국인의 매너 문제에 대한 반론이 있을 것 같다. 중국은 2008년 베이징 올림픽을 기점으로 해외여행이 본격화되어 아직 해외여행의 역사가 짧고 여행 매너에 대한 기본 소양을 기를 시간적인 여유가 없었다고 봐야 한다. 일본인도 1964년 도쿄 올림픽을 기점으로 해외여행이 본격적으로 시작되었는데, 그 당시 해외에서 안 좋은 매너로 유명했다. 우리나라도 해외여행이 자유화된 1988년 당시 해외에서 좋지 않은 매너로 비난받았던 사실이 있다. 현재 해외여행의 역사가 오래된 한국, 일본 관광객의 매너는 좋아진 상태이다. 중국도 한국, 일본처럼 시간이 더 지나면 상식적인 매너를 가지게 될 것으로 생각한다).

한 번은 한국에서 일본인 관광객과 마주쳤는데 일본에서의 모습과 너무 달라 깜짝 놀란 적이 있다. 그 일본인은 길을 지나가다 한국 사람과 어깨가 살짝 부딪혔는데 일본 국내 같으면 "스미마센"이라고 대답했을 상황에 무식한 말투로 "아~ 짜증나는구만!"이라고 주변 사람들이 다 알아들을 정도의 큰 목소리로 말했다. 미국이나 중국에서 만난 일본인들도 일본 내에서 만날 수 있는 전형적인 일본인의 태도와는 전혀 다른 무례한 모습을 자주 보여줬다(일본에서 출장 온 다른 일본인을 만날 때에는 언제 그랬냐는 듯 다시 예의 바른 일본인의 모습으로 돌아온다).

섬을 벗어나면 더 이상 일본인이 아니다

이와 같이 생각해보면 엄격한 궤도 안에서 생활하는 일본인이 해외에 나가면 해방감에 젖어 예의를 잃어버린다는 것이 그 첫 번째 이유라고 할 수 있다. 일본인은 일본 섬 안의 것에 대해서는 중시하고 규율을 준수하려고 하지만 일본 섬 이외의 것에 대해서는 신경을 안 써도 된다고 생각하는 인식이 강하다. 거기에는 몇 가지 이유가 있다.

일본인은 일본 섬 안의 것에 대해서는 외부의 것과 구분하는 경향이 강하다. 앞에서도 간략히 언급했지만 일본의 전통씨름 스모의 경기장 '도효'를 다시 한번 들여다보자. '도효'라는 원의 안쪽은 일본 섬 안이자 여러 차례 설명했던 '와和'라고 말할 수 있다. 그러나 안쪽을 제외한 바깥쪽은 일본을 벗어난 외국이며 '와를 벗어난 것'이라고 할 수 있다. 스모 경기의 승패를 결정짓는 것이 동그란 원 밖으로 상대방을 밀어서 조금이라도 몸의 일부분이 나가면 승리하는 것이므로 '와'의 궤도를 벗어난 곳, 즉 도효의 원을 벗어난 바깥쪽은 '패배자'이자 '벌을 받아도 마땅한 존재'이고 '와의 정신을 더 이상 지키지 않아도 되는 곳'으로 보호할 필요도 없고 다쳐도 상관없다. 따라서 외국은 일본 내에서 요구하는 모든 것들을 지키지 않아도 되는 공간이라고 유추해볼 수 있다.

일본에서는 선박에 대한 명칭을 정할 때 국내 선적의 선박에 대해서는 '마루丸'를 붙이고 해외 선적의 선박에 대해서는 '고号'라고 구분해서 명명한다. 우리나라의 경우에는 선박의 국적과 상관없이 항상 '호'를

붙여서 세월호, 통영호, 타이타닉호, 퀸엘리자베스호처럼 국내외 구분 없이 부르는데(전 세계의 선박들이 구분하지 않는다) 일본만큼은 국내외 선박의 명칭을 구분해서 부른다. 예를 들어 '일본호'라고 한다면 '日本号'라고 하지 않고 '니혼마루日本丸'라고 명명하여 부르고, 해외 선박인 타이타닉에 대해서는 '타이타닉호タイタニック号'라고 구분하여 부르는 식이다.

또 일본은 섬을 부르는 명칭에서도 일본 국내의 섬과 해외에 있는 섬을 구분하여 부른다. 국내의 섬은 전통적으로 '시마島'라고 읽고 해외의 섬은 '토とう'라고 읽는다(일본에는 6,000개 이상의 섬이 있다. 홋카이도北海道현에 있는 섬이 뒤늦게 개척되어 '토'로 통일한 것과 본도本島, 군도群島, 제도諸島, 열도列島라는 이름이 붙은 섬을 '토'로 읽는 것을 빼고는 6,000개가 넘는 섬 중에서 단지 6개의 섬만 '토'라고 읽는다. 그것도 나중에 변경된 것이다). 우리나라의 제주도를 예로 들어보면 일본 국내의 섬이면 '사이슈시마済州島'라고 읽어야 하지만 다른 나라 섬이기 때문에 '사이슈토'라고 읽는다. 그와 반대로 그들이 영유권을 주장하는 독도는 '도쿠토独島'나 '지쿠토竹島'라고 읽어야 맞지만 '다케시마'라고 읽으며 독도를 자신의 섬으로 부르고 있다. 정말 어처구니없는 행태이다. 이외에도 해외의 섬 '괌, 하와이, 발리' 등에는 '토'를 붙여서 '괌토グアム島, 하와이토ハワイ島, 발리토バリ島'라고 읽어 국내 섬과 구분하고 있다.

마지막으로 2011년 동일본 대지진 때문에 후쿠시마 원자력 발전소가 폭발한 이후 다량의 방사능 물질이 대기와 바닷물을 통해 전 세계로 확산되었는데도 일본에서는 지금까지 단 한 번도 전 세계 언론을 통해

체르노빌 방사능 유출 사태를 우려하는 일본 신문기사(1996년 4월17일 요미우리신문)

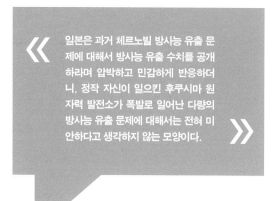

일본은 과거 체르노빌 방사능 유출 문제에 대해서 방사능 유출 수치를 공개하라며 압박하고 민감하게 반응하더니, 정작 자신이 일으킨 후쿠시마 원자력 발전소가 폭발로 일어난 다량의 방사능 유출 문제에 대해서는 전혀 미안하다고 생각하지 않는 모양이다.

공식적인 사과나 폐를 끼쳤다는 발표를 한 적이 없다. 국내에서 일어난 사소한 일에는 90도 인사와 함께 폭풍의 눈물을 보이며 사죄하면서도 국내에서 벌어진 외국인의 인권 문제나 해외 국가에 폐를 끼친 문제에 대해서는 별로 신경을 안 쓰는 이중적인 태도를 보인다. 과거 체르노빌 방사능 유출 문제로 전 세계가 떠들썩했던 때에는 수천 킬로미터나 떨어져 있는 체르노빌에 대해서 방사능 유출 수치를 공개하라며 압박하고 민감하게 반응하더니, 정작 자신이 일으킨 문제에 대해서는 전혀 미안하다고 생각하지 않는 모양이다. 이를 보면서 참 특이한 민족성을 가졌다고 혀를 찼던 기억이 난다.

이런 이중적인 모습들을 대할 때마다 일본인은 일본 섬 안에서만 주의하고 예의를 지키며 살아갈 뿐, 외국인에 대한 것과 해외에 저질러놓은 일에 대해서는 아무 신경을 쓰지 않는, 일본 안과 밖을 철저히 구분해서 사고하는 민족이라는 생각을 지울 수 없다. 그런 사고방식을 가졌으니까 베트남 노동자들을 속여서 후쿠시마 원전 복구 작업에 투입시키고 일제강점기에 수많은 한국인에게 강제 노역을 시켰던 것이리라. 또 위안부 피해자, 원폭 피해자들에게 막대한 피해를 주고도 진정으로 사죄하기는커녕 죄책감마저 전혀 느끼지 않는 것이다.

일본에게 한국은 '을'이다

일본이 사죄를 하지 않는 이유 중에는 안과 밖을 구분하는 민족성뿐만 아니라 또 다른 것이 있다. 일본인은 처음 만남에서 '갑을관계'를 결정하고 그에 따라 인간관계를 이어가는 습성을 가지고 있다. 일본의 식당에서는 나이 어린 손님이 나이 지긋한 종업원에게 반말로 주문하는 것이 흔한 일이다. 젊은이들이 일본에서 일반적으로 아이들에게 쓰는 '쵸다이ちょうだい(쥐)'라는 말을 나이 지긋한 종업원에게 거리낌 없이 쓴다. 또 머리가 희끗희끗한 종업원도 불편한 내색 없이 받아들인다. 우리나라에서는 종업원에게 최소한의 예의는 지키며 주문하는 게 일반적인데 반말로 주문하는 일본 젊은이의 모습에 한국인 누구라도 충격을 받을 만하다. 일본인은 나이에 상관없이 상황에 따라 갑을관계를 결정하는 것이 오랫동안 습관화, 생활화되어 있는 것 같다.

또 일본인은 여성이 남성보다 낮은 존재라고 생각한다. 오랜 세월 동안 이런 인식이 일본인들 의식 속에서 확실히 자리매김하고 있었다고 해

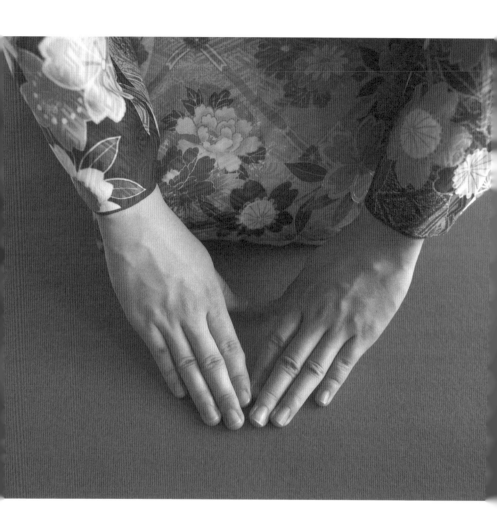

도 과언이 아니다. 아내는 다른 사람에게 남편에 대해 얘기할 때 '주인ᅳ
主人'이라는 표현을 쓴다. 남편을 부를 때도 '단나사마旦那樣'라고 부르며
'님'이라는 표현을 사용한다. 하지만 남편이 아내를 소개할 때는 '쓰마

아내와 여자친구를 가장 낮춰 부르는 것도 이해할 수 없지만 그런 표현으로 불리는 것에 대해 여성들도 전혀 불편한 기색을 보이지 않고 당연하게 생각한다. 일본인의 '갑을관계'는 가장 사랑해야 할 남녀 사이에서도 어김없이 적용된다.

妻(처)' 혹은 '가나이家內(집안에 있는 사람)'라고 말하고 자신의 어머니를 '오후쿠로お袋(주머니)'라고 부르며 낮추어 표현하기도 한다. 또한 일본 남성들은 아내나 여자친구를 부를 때 '오마에お前(앞에 있는 놈)'라는 낮은 수준의 단어를 사용한다. 일본에는 '아나타あなた, 기미君, 안따あんた, 오마에お前'가 모두 '당신'을 일컫는 말이다. 이 가운데 가장 상대방을 낮게 부르는 말이 바로 '오마에'라고 할 수 있다.

사랑스런 아내와 여자친구를 가장 낮춰 부르는 것도 이해할 수 없지만 그런 표현으로 불리는 것에 대해 여성들도 전혀 불편한 기색을 보이지 않고 당연하게 생각한다. 남편을 아직도 주인이라고 표현하는 것을 보면 자신을 소유한 '주인님'이라는 의식이 아직도 자리하고 있는 것 같다. 일본인의 '갑을관계'는 가장 사랑해야 할 남녀 사이에서도 어김없이 적용되고 있는 것이다. 그리고 보면 일본 남자들은 세상에서 가장

행복한 나라에서 살고 있는지도 모르겠다. 이 나라에서는 여자보다 항상 우대받는 느낌을 받을 수 있을 테니 말이다.

일본인의 갑을관계에 대해 마지막으로 한 가지 덧붙이고 싶은 게 있다. 미국의 점령군은 제2차 세계대전에서 패전한 일본을 접수하기 위해 일본 상륙을 눈앞에 두고 엄청난 공포감에 시달렸다고 한다. 전쟁 말기까지 일본의 '가미카제 특공대神風特攻隊'가 목숨을 아끼지 않고 군함에 돌진하는 모습을 보았기 때문이다. 일본 열도에 상륙하면 또 다시 일본인은 오랫동안 사무라이 문화의 살벌한 칼날 속에서 목숨을 부지하기 위해 언제든지 신속하게 태도를 전환하는 것에 익숙한 민족이다. 천황이 맥아더 장군 앞에 머리를 조아렸다면 이는 재빠르게 태도 전환을 하기에 충분한 시그널이 된다.

일본군의 치열한 발악이 시작될 것이라고 잔뜩 긴장하고 상륙을 준비하고 있었을 터이다.

하지만 예상과는 전혀 다르게 일본인은 친절한 모습으로 맞아주었고 이에 무척이나 놀랐다고 한다. 일본인은 오랫동안 사무라이 문화의 살벌한 칼날 속에서 목숨을 부지하기 위해 언제든지 신속하게 태도를 전환하는 것에 익숙한 민족이다. 신으로 숭상받는 천황이 항복을 발표하고 맥아더 장군 앞에 머리를 조아렸다면 이는 재빠르게 태도 전환을 시도하기에 충분한 시그널이 된다. 일본인은 천왕의 태도를 보고 이제부터 '미국 사마様(님)는 갑, 일본은 을'이라는 명제가 머릿속에 재빠르게 인식되었고 뿌리 깊게 박혀버린 것이다. 그리고 70여 년이 지난 현재까지도 미국을 가장 높은 '갑'으로 모시고 있다.

트럼프 대통령의 방일 때 간사한 웃음을 지으며 굽실대던 아베 총리의 모습을 기억하는가. 일본에 아무런 잘못도 저지르지 않은 한국인에 대해서는 멸시와 차별로 일관하면서 자국의 젊은 군인들을 셀 수 없이 죽이고 핵폭탄으로 죄 없는 시민들의 목숨을 빼앗아간 미국인에게는 어떤 반감도 눈을 씻고 찾아볼 수 없다. 롯본기 유흥가에는 술이 떡이 돼서 큰소리로 일본에 대해 욕을 하고 모욕적인 태도를 보이는 미국인들이 자주 눈에 띄지만, 그 누구도 이에 반발하는 사람을 볼 수 없다. 만약 한국인이 그랬다면 수많은 일본인들이 몰려들어 응징을 시도했을 것이다.

이처럼 일본인은 갑을관계에 대한 철저한 인식을 가지고 있어서 식민지배했던 한국을 '을'이라고 생각해왔고 을에게는 사과할 필요성을 느끼지 못하는 것이다. 일본인은 100년 이상이 지난 현재까지도 한국을 '을'로써 우습게 생각하고 있다. 우리는 이번 경제보복 조치를 시발점으로 해서 국민의 자발적인 불매운동을 생활화하고 기업체는 국산화에 박차를 가해야 할 것이다. 그래서 더는 한국이 일본의 '을'이 아니라는 것을 확실히 인식시키고 새로운 한일관계를 재정립하여 평화로운 한일관계를 열어나가야 할 것이다.

깨끗한 이미지와 180도 다른,
청결하지 않은 일본

일반적으로 우리가 가지고 있는 일본인의 이미지 가운데 하나가 일본인은 청결을 중요시한다는 것이다. 실제로 일본인은 자기 집 앞을 매일 아침 꼼꼼하게 청소하고 작은 쓰레기 하나 없는 깨끗한 거리를 유지한다. 개인 승용차든 업무용 트럭이든 먼지 하나 보이지 않게 세차한다. 또한 매일 탕에 뜨거운 물을 받아서 목욕하는 문화가 있어 전국 각지에 있는 온천은 일본인이 가장 즐겨 찾는 관광지로 북적거린다. 이처럼 청결을 최우선으로 하는 이미지가 강한 일본인이 청결하지 않다니 무슨 말일까 의아해하는 이들도 있을 것이다.

열악한 난방 문제로 생겨난 입욕 문화

일본인에 대한 일반적인 이미지인 '청결함'에 대해 말하기 전에 우리의 '온돌 문화'와 일본의 '난방 문화'에 대해서 살펴보고자 한다. 먼저 우리나라의 전통 난방 문화 '온돌'은 세계 어느 나라에서도 모습을 찾아보기 힘들 정도로 독창적이고 효율적인 난방 시설이다. 뜨거운 공기는 아래에서 위로 이동하는 성질이 있기 때문에 난방 장치는 아래쪽에 위치해야 가장 효율적인데(냉방은 그 반대이다), 바닥보다 낮은 위치는 없으므로 구들장에 설치하는 우리의 온돌은 세계 최고 효율의 난방 시스템이라고 볼 수 있다.

이에 더해 온돌은 바닥을 뜨겁게 달구어서 온돌 위에 앉거나 누운 사람들을 따뜻하게 해주는 방식으로, 공기를 직접적으로 달구지 않아 일반적인 난방기보다 덜 건조해지는 이점이 있다. 공기를 뜨겁게 덥히는 일반 히터는 공기 중의 습기까지 흡수해서 공기를 매우 건조하게 만든다. 적당한 습기는 인간의 면역력을 유지하는 데 꼭 필요한 요소로 실내가 건조해지면 감기에 잘 걸리고 면역력이 약해진다. 만약 공기가 건조하다고 느끼면 온돌 위 뜨거운 바닥 위에 물그릇을 놔두어 수증기를 공기 중에 순환하게 함으로써 집안 습도를 조절하면 된다.

이처럼 전 세계에서 가장 효율적인 난방 시스템을 이용하고 있는 한국인이 볼 때 일본의 난방 문화는 너무나도 열악하기 그지없다. 도쿄의 기온은 한겨울에도 영하로 내려가는 날이 많지 않지만 실내는 몸이 으슬으슬할 정도로 춥고 난방이 잘 안 된다. 일본에서는 우리가 일반적으로 벽걸이 '에어컨'이라고 말하는 것을 난방 시설로 사용한다. 이 시설은 냉방과 난방 기능을 동시에 수행하는 기기라서 에어컨을 주로 냉방 기기로 알고 있는 한국인에게는 조금 이질적인 느낌이 들기도 한다. 일본의 난방기는 공기를 가열하는 방식으로 실내 하단까지 따뜻한 공기가 내려오지 않을 뿐더러, 가뜩이나 주택구조 자체가 난방에 취약한 형태로 되어 있는 일본식 주택을 충분히 데우지도 못한다.

이를 보완하고자 '코타츠炬燵'라고 하는 좌식 테이블에 난방 장치와 이불을 부착하여 보조 난방 기구로 사용하고 있는데, 코타츠는 그 속에 있을 때만 따뜻하고 밖으로 나오면 다시 추워져서 매우 비효율적이다. 과거에는 더 심해 이런 난방 에어컨도 없어서 '이로리囲炉裏'라고 하는 화롯불을 사용해 난방으로 이용했다고 한다. 하지만 이로리는 집안에 연기와 재가 날려서 집안 살림이 온통 재로 뒤덮이고 기관지 문제로 고생하는 일본인이 많았다고 하니, 일본의 난방 문화는 후진국 수준이라고 해도 과언이 아니다.

이러한 열악한 난방 문화에서 살아오던 일본인은 항상 추위를 느끼며 살아야 했다. 그래서 어쩌면 그들에게는 뜨거운 물을 받아 탕 속에 들어가는 것이 가장 따뜻하고 행복한 난방이었을지 모른다. 때문에 대부분의 일본 가정에서는 원하는 물의 온도와 양을 자동으로 맞춰서 받아주는 기능이 내장된 욕탕이 거의 필수적으로 설치되어 있다.

아내도 딸아이를 데리고 거의 매일 뜨거운 탕에 들어가는 것이 습관

일본 전통 난방 기구인 '코타츠'(위)와 '이로리'(아래)

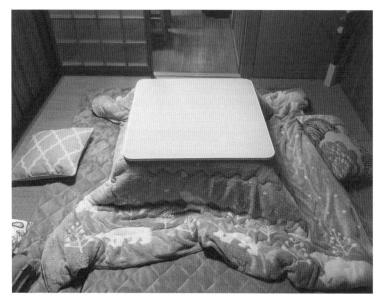

> 코타츠는 그 속에 있을 때만 따뜻하고 밖으로 나오면 다시 추워지고 이로리는 집안에 연기와 재가 날려서 집안이 재로 뒤덮이고 기관지 문제로 고생하는 일본인이 많았다고 하니, 일본의 난방 문화는 후진국 수준이라고 해도 과언이 아니다.

화되어 있다. 한 가지 재미있는 점이 우리나라에서는 목욕이 깨끗하게 씻기 위한 의미라면 일본은 몸을 따뜻하게 덥히기 위한 목적이라는 것이다. 아내는 내가 목욕을 끝내고 나오면 항상 "몸이 좀 따뜻해졌어?" 하고 묻는다. 우리는 보통 "잘 씻었어?"라고 묻는 것이 일반적인데 몸이 따뜻해졌냐고 묻는 걸 보면 일본인이 매일 뜨거운 탕에 들어가 목욕하는 것이 청결함을 유지하기 위해서라기보다 열악한 난방 환경 때문에 차가워진 몸을 덥히기 위해 어쩔 수 없이 선택한 것임을 짐작할 수 있다.

온천여행을 가더라도 아내는 "욕탕에 가서 몸 좀 덥히고 올게요"라고 말하지 "씻고 올게요"라고 말하지 않는다. 실제로 씻지 않고 몸을 덥히기만 하는 경우도 있다. 일본의 대중목욕탕 '센토銭湯'나 일반 온천탕에 가보면 우리나라의 대중탕과 비교해 냉탕의 크기가 매우 작은 것을 알 수 있다(냉탕이 존재하지 않는 센토도 있다). 우리나라 찜질방이나 사우나에서는 열탕, 온탕과 함께 냉탕도 매우 크게 만들어져 있다. 냉탕에서 수영하는 사람들이 있을 정도로 냉탕을 가장 크게 만들어놓은 곳도 더러 있다. 하지만 일본인은 몸을 덥히기 위해 목욕하기 때문에 대중탕이든 온천이든 냉탕은 아주 작게 설치되어 있다. 냉탕은 몸이 너무 더워졌을 때 물을 끼얹어 식히는 수준밖에 되지 않는다. 이 모든 사례를 종합해보면 일본인이 거의 매일 뜨거운 탕에 들어가는 것은(여름에는 잘 안 들어간다) 일본인의 민족성이 청결을 매우 중요시해서라기보다 열악한 난방 문화로 인해 차가워진 몸을 덥히기 위한 것이라는 결론에 도달하게 된다.

냄새에서 자유롭지 못한 일본인

한때 대학교수로 재임했던 사이타마현에 있는 대학교는 교수에 대한 대우가 한국처럼 좋지 못했다. 식당, 주차장, 화장실 등 교수를 우대해 주는 곳이 한 군데도 없었다. 그래서 항상 학생들과 함께 식사하고 화장실도 함께 이용하고 같이 담배도 피우면서 일본인을 좀 더 가까이에서 지켜보며 관찰할 수 있었다. 그 경험 중에서 일본인의 청결과 관련해서 '참 의외다' 싶은 것이 있다.

대학에 재직하던 기간 동안 점심을 먹고 이를 닦는 일본인을 단 한 사람도 본 적이 없다. 물론 학생들은 수업을 받으러 잠시 온 것이라 그럴 수 있다고 쳐도, 교수들 중에서도 단 한 사람도 이를 닦는 사람이 없었다. 적잖이 놀라운 사실이 아닐 수 없다. 점심을 먹은 후에 구강청정

제로 입을 헹군다든지 껌을 씹는다든지 하는 사람도 본 적이 없다.

일본 요리에는 설탕이 무척 많이 들어간다. 그리고 한국보다 '스이츠スイーツ'라고 하는 케이크와 과자류 등을 많이 선물하고, 휴대하고 다니며 먹는 습관도 있다. 그래서 한국보다 치아 관리에 더 신경 써야 할 환경이지만 이상하게도 신경을 쓰지 않는 분위기가 느껴진다. 그래서인지는 몰라도 입 냄새가 심한 사람들의 비율이 한국보다 높은 것 같다. 일부 일본인의 주장에는 일본인이 생선을 많이 먹어서 입 냄새가 나는 것이라고 하지만 실제로 해산물 소비량 세계 1위는 한국이다. 일본은 3위에 랭크되어 있으니 그것을 이유로 들기에는 충분치 않다.

이는 명백히 이를 자주 닦지 않는 일본인의 습관이 그 원인이라고 볼 수 있다. 치열이 고르지 않은 일본인도 많으니 제대로 칫솔질을 못해 더 구취가 심할 수도 있다. 일본은 한국보다 육식이나 마늘을 더 적게 섭취하므로 입 냄새가 덜 나야 정상인데 그렇지 않은 걸 보면 역시 치아 관리가 제대로 되지 않는다고 보는 게 타당하다.

입 냄새 이외에도 지하철 등 일본 사람이 많이 모이는 밀폐된 공간에서 악취가 많이 난다. 후각이 예민하지 않은 이들은 못 느낄 수도 있겠지만 후각이 상당히 예민한 나로서는 이런 경우를 자주 접하고 매우 괴로운 심정이다. 겨울에도 냄새가 나지만 특히 여름에는 '암내'의 지독한 냄새가 코를 찌르는 경우가 흔하다. 나 혼자만 느끼는 것이 아닐까 해서 자료를 찾아보니 역시나 일본인의 유전자(나가사키현 시민)에는 한국인(대구 시민)보다 암내(액취증)가 많이 난다는 연구결과를 찾을 수 있었다.

액취증과 대립 유전자의 상관관계

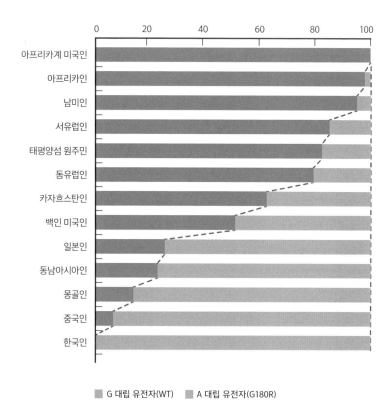

■ G 대립 유전자(WT)   ■ A 대립 유전자(G180R)

출처 Yoshiura, K., Kinoshita, A., Ishida, T., Ninokata, A., Ishikawa, T., Kaname, T., et al. (2006). A SNP in the ABCC11 gene is the determinant of human earwax type. Nat. Genet. 38, 324 – 330.

표에 나온 것처럼 G 대립 유전자가 발달할수록 암내가 많이 발생한다. 아시아에서 가장 암내가 많이 나는 유전자를 가진 인종은 일본인이다. 반면 한국인은 세계에서 가장 암내가 적게 나는 유전자를 가진 인종이라는 것을 확인할 수 있다(한국인, 중국인, 몽골인, 동남아시아인, 일본인 순으로 암내가 적게 난다). 일본 나가사키대학의 연구결과이니 적어도 인종차별적으로 조작된 것은 아닐 것이다. 일본인은 암내가 많이 나기 때문에 자주 씻을 수밖에 없고 옷도 자주 갈아입어야 해서 세탁도 자주한다고 볼 수 있다. 결과적으로 원래부터 일본인이 깔끔하고 청결을 중요시하는 민족이라고 보기 어렵다. 일본인은 단지 몸에서 냄새가 많이 나는 유전적인 특질이 있어서 자주 씻을 수밖에 없었던 것이다.

일본인의 치열이 고르지 않은 이유

교정치과 전문의 미야지마 유키 씨에 의하면 일본인의 80퍼센트가 치열교정이 필요하다고 말한다. 일본인 중에는 유독 치열이 고르지 않은 사람이 많다. 왜 그럴까? 일본인 중에 뻐드렁니를 가진 사람들이 왜 그렇게 많은지 궁금하게 생각하는 이들이 꽤 있다. 그 이유에 대해서는 여러 가지 가설이 많지만 가장 유력하다고 생각하는 두 가지가 있다. 첫 번째, 일본 원주민이 외부 이주 민족과 섞여 혼혈이 생기게 된 뒤부터라는 가설이다. 약 1만 6,500년 전부터 약 3,000년 전까지 일본 열도에 살고 있던 원주민이라고 할 수 있는 '죠몬인繩文人'에게는 뻐드렁니가

> 일본인의 80퍼센트가 치열교정이 필요할 정도로 일본인 중에는 유독 치열이 고르지 않은 사람이 많다. 그 이유에 대해서는 여러 가지 가설이 많지만 일본 원주민이 외부 이주 민족과 섞여 혼혈이 생기게 된 뒤부터라는 가설이 가장 유력하다.

전혀 없었다. 그런데 B.C. 5세기경부터 대륙과 한반도에서 이주해온 '야요이인弥生人'이 죠몬인과 섞이면서 뻐드렁니가 늘어나기 시작했다.

일본의 원주민인 죠몬인은 원래 남방계 민족이라 체격이 작고 생선 위주로 섭취하여 턱관절이 덜 발달했고 치아 전체의 크기도 작았다. 그러나 대륙에서 육식을 위주로 섭취해왔던 야요이인은 턱관절이 발달해 치아의 용량이 컸다. 이 서로 다른 민족 간의 혼혈이 생겨나면서 야요이인의 거대한 치열을 죠몬인의 유전적 치열로는 받아들이기 힘들었고 이 때문에 치열이 비뚤어 나기 시작했다는 것이다. 아직까지는 가장 설득력 있는 주장이라고 할 수 있다.

또 한 가지는 식습관에서 나온 가설이다. 일본에서는 675년 덴무 천황이 최초로 '육식 금지령'을 내린 이후 메이지 천황이 1872년 1월 스스로 소고기를 먹기까지 무려 약 1,200년의 긴 세월 동안 육식, 특히 소고기 먹는 것을 금지해왔다. 일본인이 소고기를 먹기 시작한 역사는 고작 100여 년밖에 안 된다는 것이다. 고기를 먹지 못하니 에도시대 남성들의 평균신장은 155센티미터(조선시대 남성 평균신장 161센티미터보다 작다)에 불과했다고 한다. 또한 육식을 하지 않으니 턱관절이 약해져서 치열도 작아지게 된 것이라고 본 것이다. 이외에도 여러 가지 가설을 찾을 수 있으나 이 두 가지가 가장 설득력이 있다.

후지산은 쓰레기 산이었다

일본인의 보이는 곳만 깨끗하게 유지하려는 경향은 일본의 대표적인 산으로 알려진 후지산도 예외가 아니다. 실제로 사람들이 보지 않는 산속에 쓰레기를 버리는 모습이 많이 발견되고 있다. 현재는 세계 문화유산으로 등재된 후지산이 2003년에 산 속에 버려진 쓰레기들 때문에 등록이 거부되었을 정도이니, 눈에 보이는 곳만 청결을 유지하려는 일본인의 본성을 여지없이 들여다볼 수 있는 사례이다.

일본인은 종교에 대한 개념이 매우 약한 편이다. 아무 의미도 없이 단지 예뻐서 십자가 목걸이를 하는 여성도 있고 단지 멋있어 보여서 결혼식 때 믿지도 않는 기독교 목사를 초빙해 주례를 맡기기도 한다. 한국은 기독교 인구가 많아서 그렇다고 이해라도 되는데 일본인은 기독교에 아무

후지산에 방치된 대형폐기물(위)과 시부야 핼러윈 파티 중에 버려진 쓰레기들(아래)

 일본인은 천성적으로 청소를 잘하고 청결함을 중시하는 민족이 아니다. 사람들의 시선이 두려워서 청소를 잘하는 모습을 보여줄 뿐이고 남들이 문제라고 여기지 않는 상황이면 청소나 쓰레기 투척에 대해 전혀 개의치 않는 모습을 보여준다.

관심도 없으면서 크리스마스를 중요하게 생각한다. 그래서 크리스마스가 되면 일본 연인들은 데이트와 선물교환을 거의 필수적으로 한다.

요즘 도쿄 올림픽을 앞두고 캠페인 송으로 전국 어린이들에게 큰 인기를 얻고 있는 〈파프리카〉라는 노래가 있다(우리 딸내미도 열심히 부른다). 이 노래 가사 중에는 별 의미 없이 '할렐루야'라는 가사가 등장한다. 캠페인 송에도 등장하는 종교 관련 가사를 보면서 일본인에게는 정말 종교가 아무런 정신적 의미를 가지지 못한다는 것을 다시 한번 느꼈다. 단지 멋있어 보여서 흉내내는 수준 정도밖에 안 된다.

매년 일본에서는 핼러윈 파티가 각 대도시 중심가에서 성대하게 벌어지고 있다. TV 뉴스에서는 이러한 핼러윈 거리 행진을 대대적으로 보도하는데 시부야나 롯본기 등 유흥가를 중심으로 가지각색 개성 있는 모습으로 코스프레를 한 사람들이 인산인해를 이룬다.

그런데 문제는 그렇게 깨끗하게 거리 청소를 하던 일본인들이 이 핼러윈 퍼레이드에서는 쓰레기를 무단으로 버리는 것을 주저하지 않는다는 사실이다. 쓰레기를 막 버려도 아무도 신경 쓰지 않고 누구나 버리기 때문에 그 시간만큼은 남의 시선 따위는 의식하지 않는다. 의식은 물론 어떤 죄책감도 느끼지 않고 정신없이 쓰레기를 버린다. 이것을 볼 때 일본인은 천성적으로 청소를 잘하고 청결함을 중시하는 민족이 아니다. 사람들의 시선이 두려워서 청소를 잘하는 모습을 보여주는 것이고 남들이 문제라고 여기지 않는 상황이면 청소나 쓰레기 투척에 대해 전혀 개의치 않는 모습을 보여준다.

나는 한때 중국에서 주재원으로 근무했던 적이 있었는데 그 당시 중국으로 파견 온 일본인 친구가 있었다. 그 친구는 일본에서 온 지 몇 달밖에 되지 않았지만 정말 중국인보다 심하면 심했지 덜하지 않은 비매너의 끝판을 보여줬다. 쓰레기를 아무 데나 버리는 것은 물론이고 무단 횡단을 자연스럽게 했으며 길거리에 침도 잘 뱉었다. 그의 모습은 전 세계인이 알고 있는 '일본인다운' 모습이 전혀 아니었다. 나는 그를 보면서 "일본인은 일본이라는 '와' 속에서만 선진 시민의 모습을 보이는구나"라고 확실히 깨닫게 되었다.

일본인이 예의 바르고 정이 많다고?

우리나라 사람들에게 일본인의 이미지는 막연하게 반일 드라마나 영화에 나오는 일본 순사의 표독한 이미지도 있지만, 현실에서 접하는 일본인은 친절하고 예의 바르며 웃는 얼굴로 손님을 환대하는 모습이 강하게 느껴지는 것도 사실이다. 일본인에 대한 이미지가 좋지 않고서야 매년 그렇게 많은 관광객이 일본을 방문하고 일본식 요리점이 우후죽순처럼 늘어나지는 않을 것이다. 유튜브에 한일커플 채널이 눈에 띄게 늘어나는 것 또한 설명할 길이 없다.

사실 일본의 한국 경제보복 조치가 있기 전까지 일본인에 대한 이미지는 참 좋았다고 할 수 있다. 이번 불매운동을 시작하면서 일본과 일본인에 대한 실체를 조금씩 깨달아가고 있는 우리나라 국민들이 늘어나고 있어 다행이지만 아직까지도 일본인의 좋은 이미지만 떠올리는 사람들이 많은 것 같다. 우리는 이번 사건을 계기로 일본이라는 나라와 일본인의 실체에 대해서 정확하게 알아야 한다.

형식만 존재하는 일본인의 예의

일본인이 일상회화에서 가장 많이 쓰는 말이 무엇일지 꼽아보면 '스미마셍'이 아닐까 싶다. 어디에서든 어떤 상황이든 이 말을 입에 달고 다닌다고 해도 과언이 아니다. 앞서 메이와쿠 문화를 설명하면서 보았듯이 우리나라 사람들에게 미안하다는 표현은 '정말' 미안하다고 느낄 때나 진심으로 미안한 상황일 때 마음을 담아 쓰는 표현에 가깝지만 일본에서는 형식적이며 습관적으로 쓰는 말에 지나지 않는다.

대형 오피스 빌딩의 엘리베이터에서는 내리고 타는 사람들의 '스미~ 스미~ 스미~"라는 소리가 여기저기서 들려온다. '스미마셍'은 그냥 일본인들의 입버릇, 생활습관처럼 나오는 말이다. 언제든 자동적으로 '스미마셍'이 튀어나올 정도이기 때문이다. 일본인들의 이해하기 어려운 여러 가지 특성 중에 많은 부분이 '사무라이'의 문화와 '와'의 문화로 설명이 가능하다. '미안하다'는 표현이 습관화된 것 또한 일단 미안하다고 해야 생명을 부지할 수 있고, 이지메(집단 괴롭힘)당하는 것을 피할 수 있기 때문이다. 그러므로 우리는 일본인이 천성적으로 예의 바

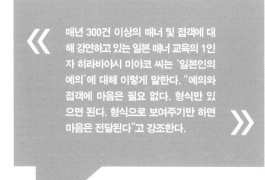

매년 300건 이상의 매너 및 접객에 대해 강연하고 있는 일본 매너 교육의 1인자 히라바야시 미야코 씨는 '일본인의 예의'에 대해 이렇게 말한다. "예의와 접객에 마음은 필요 없다. 형식만 있으면 된다. 형식으로 보여주기만 하면 마음은 전달된다"고 강조한다.

르고 친절한 본성이 있다기보다 형식적으로 예의를 표현하는 습관을 가진 사람들이라고 인식해야 한다.

일본에서 매년 300건 이상의 매너 및 접객에 대해 강연하고 있는 일본 매너 교육의 1인자 히라바야시 미야코平林都 씨는 '일본인의 예의'에 대해 이렇게 말한다. "예의와 접객에 마음은 필요 없다. 형식만 있으면 된다. 형식으로 보여주기만 하면 마음은 전달된다"고 강조한다. 일본인은 마음을 담지 않은 형식적인 사죄, 감사 표현만으로도 마음이 전달된다고 생각하는 것이다. 그러므로 진정으로 미안해서 "스미마센"이라고 말하는 것이 아니라 폐를 끼치지 않으려고 '와'의 궤도를 벗어나지 않으려고 형식적으로 표현하는 것뿐이다. 그러므로 일본인의 친절함과 예의 바름만 보고 일본 사람을 무조건 좋은 사람들이라고 판단해서는 안 된다.

이토록 의리 없는 일본인

대학에서 근무할 때 수업자료나 중간고사 시험지를 복사하기 위해서 대학 사무실에 있는 오래된 복사기를 사용하곤 했다. 그런데 이 복사기에 종이가 자꾸 걸려서 몇 번이나 기계를 열고 종이를 빼내야만 했다. 나는 기계 만지는 걸 좋아하기도 하고 매번 종이를 꺼내는 게 귀찮아서 고쳐보려고 이것저것 만져보곤 했는데, 끝내 복사기가 고장 나서 사용할 수 없는 지경에 이르렀다.

나는 사무실 직원에게 "고쳐보려고 했는데 잘 안 됐어요. 미안합니다"라고 말한 뒤 어떻게 해야 할지 물어봤다. 그 직원은 괜찮다며 나를 안심시켰는데, 나 역시 미안한 마음에 정말 괜찮은지 도울 일은 없는지 거듭 물어봤지만 연신 괜찮다는 말만 하길래, 참 미안하기도 하고 고맙기도 했다. 그런데 며칠 후 내 우편함에 대학 사무실에서 보낸 봉투가 와 있었다. 열어보니 '복사기 수리비 청구서'였다. 나보고 수리비를 내라는 얘기였다.

나는 대학 사무실에 가서 저번에 괜찮다고 하지 않았느냐, 왜 괜찮다고 해놓고선 견적서를 내미느냐고 따지듯 물었더니 "김 선생님이 망가뜨렸잖아요?"라고 아주 태연하고 뻔뻔스런 얼굴로 오히려 나를 이상한 사람 보듯 되묻는 것이 아닌가. 이것이 일본인이다. 앞에서는 친절한 얼굴로 천사표인 척하지만 뒤에서는 계산할 거 다 하는 사람들이다. 우리는 이들의 친절한 얼굴과 따뜻한 말에 속아서는 절대 안 된다.

시민의식에 감춰진 진실

나는 도쿄 메구로구 目黒区에 거주해서 대학에 근무하러 갈 때는 자가용으로 고속도로를 운전해 출퇴근하고, 회사가 있는 롯본기에 갈 때는 지하철을 이용해 출퇴근한다. 롯본기역에는 계단이 하도 많아서 무거운 짐을 들고 계단을 오르내리고 있는 노약자를 보면 매번 안타까운 마음이 든다. 너무 힘겨워 보이는 노약자를 발견하면 아무리 바쁘더라도 짐을 들어서 도와드리고 간다.

한국에서는 이것이 너무나도 당연한 일이 아닌가(너무도 당연한 일이라서 노약자가 오히려 당당하게 요구하는 분위기이다). 그런데 일본에서는 노약자를 아무도 도와주려고 하지 않는다. 또 남을 도와주려는 사람이 상대적으로 적다보니 이 정도의 당연한 일이 칭찬받을 일이 되는 것 같다. 한번은 한 할머니의 짐을 들고 한손으로는 할머니를 부축해서 계단을 오르는 내 모습을 본 젊은 여성 몇 명이 그 장면을 사진인지 동영상인지 찍고 있는 것이 아닌가(아마도 인스타그램 같은 곳에 '친절한 일본인'이라고 제목을 붙여 업로드할 테지……).

일본인은 이상하리만치 참 남을 돕는 데 인색하다. 정이 눈곱만큼도 없는 것 같다. 지하철을 타도 마찬가지이다. 노약자, 임산부에게 하도 양보를 안 해서 정부 차원에서 임산부인 것을 알려주는 표식을 나눠주기도 한다. 딸아이가 아기였을 때 짐을 많이 들고 유모차(일본에서는 '베이비카 ベビーカー'라고 부른다)를 끌면서 지하철을 타곤 했는데, 한국 같았으면

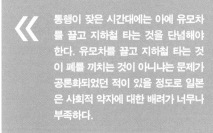

> 통행이 잦은 시간대에는 아예 유모차를 끌고 지하철 타는 것을 단념해야한다. 유모차를 끌고 지하철 타는 것이 폐를 끼치는 것이 아니냐는 문제가 공론화되었던 적이 있을 정도로 일본은 사회적 약자에 대한 배려가 너무나 부족하다.

ヨコ80×タテ65mmの
大きめサイズなので、
目立ちます♪

일본 정부에서 임산부에게 무료로 배부하는 '배 속에 아기가 있어요' 키홀더

이 모습을 보고 200퍼센트 여기저기서 자리를 양보해주려고 일어났을 테지만 일본에서는 한국 대비 딱 50퍼센트 정도만 양보받은 것 같다.

통행이 잦은 시간대에는 아예 유모차를 끌고 지하철 타는 것을 단념해야 한다. 사람들이 너무나 매몰차게 쪄려보기 때문이다(한국처럼 거대한 유모차도 아니고 아주 콤팩트한 크기의 유모차인데도 유모차를 귀찮게 생각하는 일본인이 많다. 유모차를 끌고 지하철을 타는 것이 폐를 끼치는 것이 아니냐는 문제가 공론화되었던 적이 있을 정도로 일본은 사회적 약자에 대한 배려가 너무나 부족하다). 미래의 일본을 이끌어갈 아이를 키우는 어머니와 유모차가 자신들에게 폐를 끼친다고 생각하는 것이다.

장애인이 없는 나라

한국에서 장애인의 모습이 거리에 잘 안 보이는 것은 휠체어를 타고 다니기 힘든 환경 때문이라는 기사를 본 적이 있다. 거리에 나가고 싶어도 보도블록이 울퉁불퉁해서 휠체어를 타고 다니기 어렵고 장애인 편의시설도 잘 갖춰져 있지 않기 때문에 불편하니 가뜩이나 몸도 불편해서 힘든데 고생만 하는 외출은 꺼리게 되는 것이다. 그런데 일본은 장애인 휠체어가 다니기 편하도록 여러 가지 대책(배리어 프리バリアフリー)을 마련해놨는데도 장애인의 모습을 거리에서 접하기 힘들다. 세계 장애인 비율 통계를 보면 6.8퍼센트로 한국보다(3퍼센트) 2배 이상 높은 것으로 조사되지만 실제로 거리에 보이는 휠체어를 탄 일본 장애인의 모습은 한국보다 적은 듯이 느껴진다. 한국보다 장애인의 비율이 2배 이상, 인구 비율로 따지자면 장애인의 수가 5배 이상 많은데 아무리 봐도 길거리에 휠체어의 모습을 찾아보기 힘들다.

이렇게 느껴지는 것은 한국보다 환경은 좋지만 장애인들 스스로 휠

세계 장애인 비율 통계

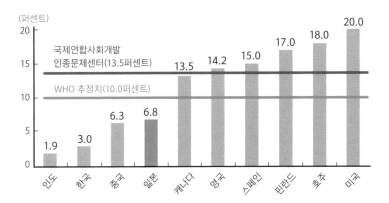

(퍼센트)

국제연합사회개발
인종문제센터(13.5퍼센트)

WHO 추정치(10.0퍼센트)

인도 1.9
한국 3.0
중국 6.3
일본 6.8
캐나다 13.5
영국 14.2
스페인 15.0
핀란드 17.0
호주 18.0
미국 20.0

출처 2016년 일본 후생노동성 백서

» 일본은 장애인을 비롯한 약자에 대한 배려가 정말 부족하다. 20여 년 전까지 장애인의 후손을 없애야 한다며 국내법을 통해 강제로 낙태·불임 수술을 자행해왔던 나라이다. 이런 나라에 약자를 위한 배려를 기대하는 자체가 어불성설이다. »

체어를 타고 돌아다니는 것을 주변 사람들에게 폐를 끼치는 일이라고 여겨 자제하고 있는 것으로 여겨진다. 이 얼마나 차가운 사회인가. 우리나라는 장애인이 보이면 누구라도 나서서 도와주려고 하지 않는가. 장애인이 자유롭게 통행할 수 있도록 환경만 제대로 조성된다면 우리나라는 장애인이 정말 살기 편한 나라가 될 것이다. 우리나라는 인간적인 정이 넘치는 사회이기 때문이다.

하지만 일본은 장애인을 비롯한 약자에 대한 인간적인 배려가 정말 부족하다. 20여 년 전까지 장애인이 안 좋은 유전자를 가지고 있으니 후손을 없애야 한다며 국내법(구 우생보호법)을 통해 강제로 낙태·불임 수술을 자행해왔던 나라이다. 이런 나라에 약자를 위한 배려와 인권을 기대하는 것 자체가 어불성설일지 모른다. 그런데 참으로 어처구니없게도 일본인은 자신들을 무척이나 정이 많은 민족이라고 자화자찬하고 있다는 사실이다. 하도 이해가 안 돼서 "일본 사람들은 왜 그렇게 매정한 거야?"라고 물어보면 열이면 열 명 모두 꽤 불쾌한 반응을 보이며 "일본 사람이 얼마나 정이 많다고!"라며 항변한다. 아무튼 알면 알수록 이해하기 힘든 민족이다.

차갑고 냉정한 사회

롯본기 六本木라는 지역은 도쿄의 중심 유흥가 중에 하나이다. TV아사히, TV도쿄 등 각종 공중파 방송국과 유명 IT 기업, 외국계 기업 등이 다수 있고 클럽이나 고급 유흥업소 등이 밀집해 있는 동네이다. 주말 평일 상관없이 많은 사람이 음주가무를 즐기는 동네라고 할 수 있다(한국의 이태원, 강남을 섞어놓은 분위기라고 해야 할까). 그래서 늦은 시간에는 술이 취해 길에 뻗어 있는 사람들도 종종 눈에 띈다. 우리나라 같으면 지나가던 사람들이 "아저씨 괜찮아요?"라고 물어보며 생사확인도 해보고 안전한 곳으로 옮겨주기도 하고 경찰에 연락해 도움을 요청해주기도 할 테지만, 일본 사람들은 아무리 길에 사람이 널브러져 있어도 걱정 하나 해주는 사람이 없다. 눈길 한 번 안 주다가도 길을 막고 있으면 왜 불편을 주느냐며 째려보고 욕만 하고 간다.

한국 사람은 오지랖이 넓어 피곤하다고 생각하는 이들도 많을 거라 생각하지만 일본에서 오래 살다보면 한국 사람의 그 오지랖이 그리워진다. 일본에서는 아무리 힘든 일이 있어도 도와주지 않고 고민이 있어도 들어주지 않는다. 아는 사람의 안색이 안 좋으면 "무슨 일 있어?"라고 물어봐주는 것이 한국인에게는 상식적인 모습인데, 일본인에게는 남의 일에 대해서는 일체 함구하고 자기 일에만 열중한다. 이렇게 차갑고 냉정한 사회에서 왜 살고 있는지 요즘 들어 부쩍 한숨이 많이 나온다.

처음 일본에 온 지 얼마 안 됐을 때는 남의 일에 간섭 안 하고 서로 간의 프라이버시를 지켜주는 일본의 사회 분위기가 참 마음에 들었다. 하지만 오래 살면 살수록 인간으로서 삶의 의미를 점점 잃어가는 나 자신을 발견하게 된다. 기쁠 때 함께 웃어주고, 슬프고 힘들 때 같이 고민을 나눠주는 것이 사람살이 아니겠는가. 하지만 일본 사회는 그런 사람 냄새가 시간이 흘러갈수록 느껴지지 않는다. 친구라고 생각했던 사람들은 나 혼자만 친구였고 그들에게 나란 존재는 '아는 한국인' 정도였다.

일본에서 살면서 어깨가 많이 결린다. 조직 안에서 감정은 배제한 채 로봇처럼 일만 하고 항상 말과 행동거지를 조심해야 하고 온갖 거짓 웃음을 지어가며 굽실대야 하고…… 사회적 압박감이 상당하고 모든 것을 조심해야만 하므로 내가 무슨 노예가 된 것이 아닌가 싶을 정도로 회의감이 느껴진다. 일본에서 취업하려고 생각하는 사람이나 유학을 생각하고 있는 사람 모두 이 점에 대해서 깊이 고민해보고 일본행을 결정했으면 하는 바람이다.

내가 생각하기에 일본은 딱 1년 정도가 가장 즐겁고 행복하다고 본다. 아무리 길게 잡아도 2년이다. 유학생활이 재미있기는 하지만 아르바이트를 하면서 학업을 병행해야 한다면 답답한 일본 사회에 서서히

지쳐버리리라 생각한다. 물론 자신이 '노예근성'으로 무장되어 있다든 지 남의 간섭 없이 조용히 혼자서 생활하는 것에 행복을 느끼는 사람이 라면 최적의 나라라고 본다. 하지만 친구 좋아하고 정 많고 명랑한 사 람들에게는 일본 생활을 추천하고 싶지 않다.

집안일을 하지 않는 남편

또 하나, 일본은 집안일을 하는 남편의 비율이 세계에서 가장 낮다. 2012년에 ISSP가 발표한 「가족과 남녀의 역할 변화에 관한 조사Family and changing gender roles」에 따르면 일본의 가사·육아 등에 참여하는 남성 의 비율은 불과 18.3퍼센트로 전 세계에서 가장 낮은 수준이다. 밖에 나 가 열심히 일하는 남성들의 노고를 이해한다. 하지만 주부들도 가정에서 육아와 각종 가사노동으로 바쁘고 힘든 시간을 보내기는 마찬가지이다.

일본 남성 대부분이 집안일을 하려고 하지 않는다. 일본 남자만 밖 에서 일하는 것이 아닌데 이렇게 아내와 가사를 분담하지 않는 걸 보면 일본 남자는 세계적으로도 인기 없는 남자임에 틀림이 없다. 나도 많은 일을 밖에서 하고 있고 스트레스도 많이 받지만 웬만하면 일을 일찍 끝 내고 바로 집으로 가서 아이도 돌보고 가사를 도와주려고 노력한다. 저 녁 때 내가 도울 수 있는 집안일은 아이 씻기기, 빨래 개기, 설거지 정도 밖에 없어서 크게 부담스러운 것도 아니다.

그런데 일본 남성은 일찍 퇴근해도 PC방, 스나쿠, 이자카야, 파친코

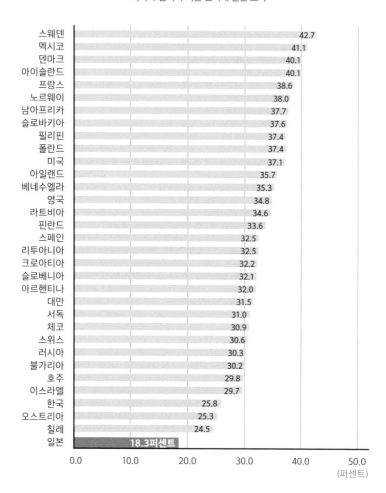

가족과 남녀의 역할 변화에 관한 조사

국가	퍼센트
스웨덴	42.7
멕시코	41.1
덴마크	40.1
아이슬란드	40.1
프랑스	38.6
노르웨이	38.0
남아프리카	37.7
슬로바키아	37.6
필리핀	37.4
폴란드	37.4
미국	37.1
아일랜드	35.7
베네수엘라	35.3
영국	34.8
라트비아	34.6
핀란드	33.6
스페인	32.5
리투아니아	32.5
크로아티아	32.2
슬로베니아	32.1
아르헨티나	32.0
대만	31.5
서독	31.0
체코	30.9
스위스	30.6
러시아	30.3
불가리아	30.2
호주	29.8
이스라엘	29.7
한국	25.8
오스트리아	25.3
칠레	24.5
일본	18.3퍼센트

(퍼센트)

출처「Family and Changing Gender Roles Ⅳ」, ISSP, 2012년

등에서 시간을 때우고 집에 늦게 들어간다. 이런 일본 남자들을 볼 때면 참 정나미가 떨어진다. 그렇다고 체격이 좋고 잘생긴 것도 아니다. 아내를 뜨겁게 사랑해주는 열정 넘치는 모습도 찾아보기 힘들다. 한 예로 아내가 무거운 것을 들고 있어도 절대로 들어주지 않는다. 살갑고 따뜻한 말 한마디도 해주지 않는 정 없고 멋없는 인류 최악의 남자들이다. 볼 때마다 느끼는 거지만 참 한심하기 그지없는 일본 남성들이다.

동물에게도 매정한 일본

일본은 반려동물을 사랑하는 이미지로 널리 알려져 있다. 특히 고양이에 대한 사랑이 대단해서 각종 애니메이션이나 캐릭터로 귀여운 고양이의 모습을 자주 만날 수 있다. 또 귀여운 '시바견柴犬의 나라'라는 이미지도 강해서 '동물을 너무나 사랑하는 나라'라는 좋은 이미지를 가지고 있다. 하지만 의외로 일본인은 동물에게 매정한 모습을 보인다.

일본의 '키니나루キニナル'라는 웹사이트에 있는 내용을 보면 일본은 반려동물(개, 고양이)의 살처분 수에 있어서 세계 1위를 기록하고 있다. 연간 약 30만 마리(개는 10만 마리, 고양이는 20만 마리)에 이르는 반려동물이 살처분되고 있다는데 이는 하루에 약 800마리가 살처분되는 현실이다. 다른 나라의 경우 영국은 연간 약 7,000마리, 독일과 네덜란드는 살처분되는 반려동물의 수가 놀랍게도 0마리라고 한다.

일본에서 무자비하게 자행되고 있는 이 '살처분'이라는 것도 우리가

> 일본에서 자행되는 살처분은 우리가 일반적으로 생각하고 있는 '약물을 이용한 안락사'가 아니다. 일본은 수십 마리의 동물을 철제오븐 같은 곳에 가두고 가스를 사용해 동시에 죽이는 비인도적이고 무자비한 방식을 사용하고 있다.

가스실에서 살처분당하는 반려견의 모습

일반적으로 생각하고 있는 '약물을 이용한 안락사'가 아니다. 일본은 수십 마리의 동물을 철제오븐 같은 곳에 가두고 가스를 사용해 동시에 죽이는 방법을 택하고 있다고 하니 무척이나 비인도적이고 무자비한 방식이 아닐 수 없다.

아무리 동물이라고 하더라도 이토록 많은 수의 반려동물을 잔혹하게 살처분하는 일본의 행태에 대해 세계 동물보호 단체에서 거세게 항의하고 있다. 이런 노력 덕분인지 매년 살처분 수가 줄어드는 상황이기는 하지만, 마치 나치의 유태인 학살과도 같은 방식으로 잔인하게 반려동물을 살처분하는 일본을 보노라면 '정이 많고 동물을 사랑하는 따뜻한 나라'라는 이미지가 한낱 거짓에 불과하다는 사실을 느끼게 된다.

돌고래 살육에서 보여주는 잔혹성

일본은 매년 아주 잔혹한 방식으로(그들은 전통적인 방식이라고 주장한다) 돌고래를 잡아오고 있다. 유튜브의 영상들을 찾아봐도 알겠지만 그들이 돌고래를 잡는 방식은 무자비한 '학살'에 가깝다. 이들은 돌고래의 외모를 보고 죽일지 살릴지를 결정한 후 죽일 돌고래는 척추신경을 절단하거나 망치로 머리를 내려쳐 죽인다. 이후 바닷물이 시뻘겋게 피로 물들게 되면 살아남은 돌고래만 골라 담는다. 살아남은 돌고래는 건져내 국내외의 수족관에 판매하여 고수익을 올리고, 죽은 돌고래는 작게 잘라 식용으로 판매한다.

어떻게 이런 무자비한 학살을 하는지 가슴이 아려온다. 많은 사람이 알다시피 돌고래는 동물 중에서 아이큐가 가장 높다(돌고래의 평균 아이큐

> 일본인은 돌고래의 외모를 보고 죽일
> 지 살릴지를 결정한 후 죽일 돌고래는
> 척추신경을 절단하거나 망치로 머리
> 를 내려쳐 죽인다. 살아남은 돌고래는
> 국내외의 수족관에 판매하여 고수익
> 을 올리고, 죽은 돌고래는 작게 잘라
> 식용으로 판매한다.

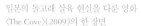

일본의 돌고래 살육 현실을 다룬 영화
〈The Cove〉(2009)의 한 장면

는 90으로 우리가 가족처럼 교감하고 애정을 쏟는 강아지나 고양이보다 높은 수준이다).

인간과 유사한 의사표현도 가능하며 인간과 감정을 교감할 수준의 차

일본 정부는 6월 26일 국제포경위원회 (IWC)를 탈퇴하고 2019년 7월부터 식용 목적으로 배타적 경제수역(EEZ) 내에서 상업포경을 재개한다고 발표했다.

원 높은 동물이라고 할 수 있다. 그런데 이러한 잔혹한 돌고래 학살에 대해서 일본 사회 내에서는 어떤 자성의 목소리도 나오지 않는다. 일반 일본인에게 이에 대해 물어봐도 "그게 뭐 어때서?"라는 표정으로 별 신경을 안 쓴다.

우리나라 사람들은 부끄러움을 알고 잘못됐다고 생각하는 것에 대해서는 스스로 바꾸려고 노력하는 국민성을 가지고 있어 과거 개고기를 먹던 풍습이 점점 개선되고 있다. 개고기 도·소매의 메카였던 성남 모란시장은 다른 업종으로 변환을 시도하여 이제는 개고기 업소가 거의 남아 있지 않다. 그런데도 아직도 많은 일본인이 "너희 개고기 먹는다며? 너도 먹어봤어?"라며 멸시하는 발언을 서슴지 않는다. 개보다 지능수준이 높은 돌고래를 그렇게 잔혹하게 학살하고 아무렇지도 않은 듯 돌고래 고기를 먹는 일본인이, 개고기 먹는다고 한국인을 우습게 보는 게 개탄스러울 따름이다.

일본의 동물학대 행태에 수많은 세계 환경보호 및 동물보호 단체들이 강력하게 항의하고 있지만 일본은 들은 체도 하지 않는다. 일본인이 따뜻하고 정이 넘친다고 생각하는 사람은 일본에 귀화하여 일본인이 되어보길 추천한다. 일본인은 전 국민이 '소시오패스'가 아닐까 싶을 정도로 냉혈한에 공감능력이 턱없이 부족한 정 없는 민족이다. 오늘날 대한민국의 발전된 모습을 목도하고도 한국인을 멸시하는 발언을 서슴지 않는데, 일제강점기에 우리나라 사람들을 얼마나 하찮게 여겼을지 상상만 해도 피가 거꾸로 솟는 기분이다. 언젠가는 일본에 멋진 복수를 해줄 날이 분명히 찾아올 것이다. 그러기 위해선 우리가 강해지는 수밖에 없다.

서로 믿지 못하는 일본인

일본에서 대학교수로 일했던 당시 나는 직업상 서점을 자주 방문했다. 일본에서 기분 좋은 기억 가운데 하나는 일본 서점에서 책을 살 때마다 점원이 새 책을 종이 커버로 싸준다는 점이다. 한국 서점에는 없는 특이한 모습이라 할 수 있다. 예전에 중·고등학교 다닐 때 교과서를 깨끗하게 쓰려고 두꺼운 달력으로 쌌던 추억이 생각나서 보기 좋았고 미소가 지어졌다. 그런데 일본인이 책을 커버로 싸고 다니는 이유가 책을 깨끗하게 보려는 게 아니라 자기가 무슨 책을 보는지 남들이 보는 게 싫어서라는 걸 알게 된 후, 일본인의 폐쇄적인 성격에 실망하게 된 기억이 있다. 남이 무슨 책을 보든, 내가 어떤 책을 읽든 무슨 상관이란 말인가.

책 커버에서 보이는 개인주의

일본인은 전혀 의식하지 않는 부분까지 의식하며 살아가는 민족이다. 어찌 보면 참 불쌍한 사람들이라는 생각까지 든다. 남에게 자신이 보는 책이 무엇인지 알리고 싶지 않아서 책을 커버로 싼다는 것은 반대로 생각해보면 일본인은 주위 사람에게 아무런 관심이 없는 것처럼 보이지만 사실은 지대한 관심을 가지고 사소한 것까지 관찰한다는 뜻도 된다. 회사를 경영하면서 이런 느낌이 들었던 경험이 있다.

내 생각에 우리 회사 직원들은 나에게 아무도 신경 쓰지 않는다고 생각했는데 전혀 아니었다. 평상시 내가 들어오고 나가도 전혀 쳐다보지 않았고 질문을 한 적도 별로 없었는데 회식 자리에서 얘기를 들어보면 "사장님 매일 넥타이가 바뀌는데 사모님이 골라주시나요?", "향이 저번하고 다른 것 같은데 무슨 향수 뿌리세요?", "오늘 컴퓨터를 너무 심각한 표정으로 보시던데 괜찮으세요?", "사장님은 문을 살살 닫아서 좋은데 ○○씨는 문을 항상 세게 닫아서 짜증이 나요" 등등 회사 사람들의 일거수일투족을 관찰하고 있었던 것이다. 전혀 지켜본다는 낌새를 채지 못했는데 모두 체크하고 있었다니 좀 무서운 느낌이 드는 것도 사실이다.

우리나라 사람들도 남의 일에는 참 관심이 많다. 오지랖이 너무 넓어서 사회생활하기 짜증난다고 하소연하는 사람들이 있을 만큼 남의 일에 관심이 지대하다. 하지만 한국 사람은 당당하게 물어보고 그때그때

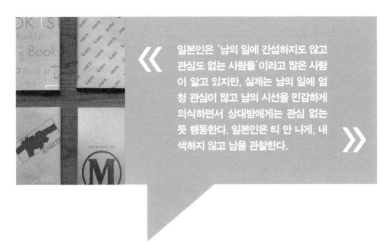

> 일본인은 '남의 일에 간섭하지도 않고 관심도 없는 사람들'이라고 많은 사람이 알고 있지만, 실제는 남의 일에 엄청 관심이 많고 남의 시선을 민감하게 의식하면서 상대방에게는 관심 없는 듯 행동한다. 일본인은 티 안 나게, 내색하지 않고 남을 관찰한다.

표현하기 때문에 무섭다는 느낌은 전혀 받을 수 없다. 반면 일본인은 남의 일에 엄청 관심이 많고 남의 시선을 민감하게 의식하고 있으면서 상대방에게는 관심 없는 듯 행동한다. 많은 사람이 일본인은 '남의 일에 간섭하지도 않고 관심도 없는 사람들'이라고 알고 있다. 이런 전혀 다른 이미지가 생긴 이유는 일본인이 티 안 나게, 내색하지 않고 남을 관찰해서 그런 것이다.

한국 사람은 남에게 관심도 많지만 그만큼 남을 도우려는 마음도 강하다. 곤경에 처한 사람이 있다면 전혀 알지 못하는 사람일지라도 누구나 발 벗고 나서주는 게 한국인의 정서이다. 불의를 보면 참지 못하고 폭거에는 분노한다. 하지만 일본인은 관심 없는 듯 주변을 관찰하고 있기에 남이 곤경에 빠진 상황을 충분히 알고 있으면서도 웬만해서 도우려 하지 않는다. 알 수가 없는 일본인의 습성이다. 한국인에게는 단점도 있지만 장점이 더 크기에 충분히 이해할 수 있지만 일본인에게서는 장점을 찾아보기 힘들어서 좋게 봐주기 힘들다. 힘든 사람을 도우려 하지 않고 불의에는 시선을 돌리고 폭거에는 눈을 감는다. 단지 나의 사생활이 침해받지 않는다면 그거 하나로 만족하고 사는 것 같다. 대놓고 상대방에게 참견하지 않는다는 것 한 가지가 장점이라고 하면 장점이라고 말할 수 있다.

일본인이 책을 커버로 덮고 다니는 행위에는 마치 남이 나에게 관심을 가지는 것도, 내가 남에게 관심을 가지는 것도 모두 차단하고 살겠다는 의지의 표명처럼 보인다. 대부분의 일본인은 자신만의 보이지 않는 보호막을 쳐놓고 아무도 그 보호막을 넘어오지 않기를 바라고 있는 것 같다. 잘못 흘러가고 있는 사회를 바꾸려는 의지도 없고 바꿀 필요성도 못 느끼며 단지 자신의 사생활만 침해받지 않는다면 족하다는 인상을 준다.

숨기고 싶어 하는 일본인

일본 사람들은 해가 지면 무조건 집안에 있는 모든 커튼을 치는 것이 습관화되어 있다. 낮에도 종일 커튼을 치고 생활하는 가정이 종종 있다. 자신이 읽는 책도 남에게 알려주고 싶어 하지 않는 일본인이니 사는 집을 외부에 보여주고 싶어 하지 않는 건 어쩌면 당연한 일인지 모른다.

일본인은 본능적으로 자신을 감추려고 하는 성향이 강하다. 온라인 게임에서도 몰래 숨어서 살아남으려는 습성을 보여준다. 일본의 자객

'닌자忍者'로 유추해보건대 숨어 다니는 것을 좋아하는 일본인의 성향을 간접적으로 알 수 있다. 몇 가지 사례를 살펴보자. 한때 내가 근무하던 대학이 도쿄 자택에서 너무 멀어 학교 근처에서 생활한 적이 있다.

그 지역에서는 쓰레기를 버릴 때 지역민 모두 반투명 비닐봉지 속에 넣고 심지어 내용물이 절대 보이지 않도록 각종 홍보지나 신문지 등으로 꼼꼼하게 가려서 버렸다. 물론 감추지 않고 버리는 가정도 간혹 있었지만 아예 신경도 쓰지 않는 한국에 비하면 남에게 쓰레기 내용물이 보일까 봐 꼼꼼하게 종이로 감춰버리는 일본인이 참 피곤해 보인다.

우리나라 사람들처럼 남의 집 쓰레기에 전혀 신경 쓰지 않는 분위기라면 굳이 쓰레기를 감추려고 애쓰지 않을 텐데 일본은 남의 집 쓰레기에도 관심이 있으니 그것을 감추려고 하는 것이 아닐까? 물론 남에게 보이고 싶지 않은 쓰레기도 있기 마련이다. 그런 쓰레기는 안 보이는 비닐에 넣어서 쓰레기 안쪽에 집어넣으면 될 텐데, 굳이 일을 만들어 다른 종이로 내용물을 감추는 것은 한국 사람으로서 이해하기 힘든 일본인의 습성이다.

집사람이 공과금 서류나 우편봉투를 버리기 전에 항상 하는 일이 집 주소나 이름 등이 쓰인 부분을 전용 스탬프로 지우는 일이다. 물론 개인정보가 유출되는 것을 방지하기 위해 주의하는 것은 좋은 습관이다. 하지만 별로 중요하지 않은, 정말 쓰레기까지 철저하게 가리고 버리는 일본인을 보면 뭐가 그렇게 의심이 많을까 싶고, 일본은 생각했던 것처럼 '믿을 수 있는 사회가 아니구나'라는 생각까지 든다.

　일본인이 감추는 것을 좋아하는 사례는 또 있다. 일본인이 사용하는 웹사이트 비밀번호나 와이파이 비밀번호를 본 적이 있는 이들은 크게 공감할 것이다. 일본 사람들의 비밀번호를 누르는 모습을 보거나 커피숍과 같은 공공장소 등에서 제공하는 와이파이 비밀번호를 보면 상당히 길고 복잡하다는 사실을 알 수 있다. 우리는 일반적으로 자신이 외우기 쉽고 사용하기 편한 비밀번호를 사용하지만 일본인들은 자신조차 외우기 힘든 길고 복잡한 비밀번호를 사용한다. 왜 그럴까?

　여기에서도 일본인의 감추고 싶은 마음에 대해 간접적으로 알 수 있다. 일본인은 이런 복잡한 비밀번호를 사용하는 것이 보안을 위해서라고 얘기하지만 그렇게 보안을 중요시하는 일본에서도 한 번씩 '고객정보 대량 유출사건 발생'이라는 뉴스 기사를 심심치 않게 접할 수 있다. 그런 것을 보면 비밀번호를 복잡하게 한다고 해서 개인정보 유출에 철

> 개인정보 유출 방지를 위해 주의하는 것은 좋은 습관이다. 하지만 쓰레기까지 철저하게 가리고 버리는 일본인을 보면 뭐가 그렇게 의심이 많을까 싶고, 일본은 생각했던 것처럼 '믿을 수 있는 사회가 아니구나'라는 생각까지 든다.

저하게 대비할 수 있는 건 아닌 것 같다. 그보다는 보안을 강화할 수 있는 근본적인 대책이 더 요구된다. 어쨌든 일본인은 세계에서 가장 자신을 감추고 싶어 하는 국민성을 가지고 있다.

관음증의 나라

일본인은 본능적으로 자신을 감추려고 하는 성향이 강한 동시에 남에 대해서 알고 싶어 하고 몰래 들여다보려는 성향 또한 강하다. 이러한 성향이 있는 사람을 영어로는 '피핑 톰Peeping Tom'이라고 표현하며 심리학 용어로는 '관음증Voyeurism'이라고 말한다. 관음증 환자의 통계를 찾을 수 없어서 신빙성이 좀 떨어지지만 내가 실제로 경험한 여러 나라들과 비교해봤을 때 일본인의 관음증 비율은 무척이나 높다고 생

일본 아마존에서 판매하는 몰래카메라와 연관검색어

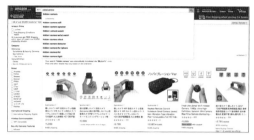

각한다. 아마도 세계에서 관음증 환자가 가장 많은 나라가 일본이 아닐까 하는 생각도 조심스럽게 해본다.

도쿄의 유흥가에는 '훔쳐보기覗き見' 클럽이나 그와 관련된 전문 업소가 다수 존재하며 혼자 사는 여성의 집을 망원카메라 등으로 몰래 훔쳐보는 변태들도 다수 활동하고 있다. 과거 아시아를 대표하는 전자상가로 유명세를 떨쳤던 도쿄 '아키하바라秋葉原'라는 곳에는(현재는 일본의 전자산업이 몰락하여 미소녀 애니메이션이나 성인비디오, 여성 아이돌 그룹의 팬들이 모이는 성지로 탈바꿈했다) 비밀첩보 영화에서나 나올 법한 초소형 몰래카메라와 도청기를 교묘하게 장착한 각종 제품을 팔고 있는 상점을 어렵지 않게 발견할 수 있다. 유명 인터넷 쇼핑몰 야후 쇼핑, 라쿠텐, 아마존 등에

현재 일본에서는 도청기, 몰래카메라의 폐해가 사회 곳곳에서 발생하여 심각한 사회 문제로 대두되고 있지만 도쿄 '아키하바라' 전자상가나 유명 인터넷 쇼핑몰 야후 쇼핑, 라쿠텐, 아마존 등에서 몰래카메라 관련 상품이 불티나게 팔리고 있다.

서도 몰래카메라 관련 상품이 불타나게 팔리고 있다. 이렇게 수요가 있다는 것은 나쁜 목적으로 사용하려고 몰래카메라나 도청기를 찾는 이들이 많다는 증거가 아니겠는가.

현재 일본에서는 도청기, 몰래카메라의 폐해가 사회 곳곳에서 발생하여 심각한 사회 문제로 대두되고 있다. 공공장소뿐만 아니라 몰래카메라나 도청기가 설치된 것이 우려되어 조사를 의뢰하는 일반 가정집도 많아 이런 서비스를 제공하는 전문 업체도 다수 성업 중이다. 한 공중파 방송에서는 이러한 도청이나 몰래카메라를 찾아주는 전문 업체의 하루를 밀착 취재하는 방송도 자주 내보내고 있으니 얼마나 일본이 관음증으로 얼룩진 어두운 나라인지 짐작할 수 있다. 이러한 관음증 이외에도 일본인은 일상생활에서도 서로를 의심하는 '불신의 사회' 분위기를 다수 보여주고 있다.

녹음과 기록의 생활화

일본의 직장인 중에는 소형 녹음기를 항상 몸에 지니고 다니는 이들이 많다(TV 홈쇼핑에서 아직도 소형 녹음기를 판매하기도 한다). 이들은 회의에 참석하거나 누군가와 단둘이 대화를 할 때 항상 녹음기를 켜놓고 나중에 문제가 생겼을 때 이를 증거자료로 사용한다고 한다. 우리나라 자동차에 필수적으로 장착하는 블랙박스, 즉 주행상황 녹화장치는 누구나 보이는 곳에 장착하고 대대수가 이용하기 때문에 몰래 녹화하는 것과는 차원이 다른 당당한 물건이다. 그러나 일본 직장인이나 사업가가 사용하는 소형 녹음기는 안 보이는 곳에 넣어두고 몰래 녹음한다는 점에서 그 의도가 석연치 않은 부분이 있다.

일본은 드라마를 통해서도 이처럼 몰래 녹음하는 모습이 한 번씩 등장하고 이 녹음 기록으로 사건을 해결하는 장면이 많다. 이런 일본인들의 서로 믿지 못하는 사회를 인식하고 나도 중요한 사업상담이 있거나 사이가 안 좋은 교수와 미팅할 때 스마트폰의 녹음 기능을 켜놓는 습관이 생겼다. 일본이라는 사회 분위기가 당당하던 나를 비열하게 만들어 가고 있는 것이다.

기록을 증거로 남기려는 일본인의 습성을 아내에게서 발견한 사건도 있다. 얼마 전 나는 전혀 말한 기억이 없는데 자꾸 그랬다고 하는 아내와 가벼운 말다툼을 벌였다. 나는 결코 아내를 이기려고 그런 것이 아니라(나는 항상 아내에게 져주는 스타일이다) 정말로 기억이 안 나서 "그런 말

 일본의 직장인 중에는 소형 녹음기를 항상 몸에 지니고 다니는 이들이 많다. 회의에 참석하거나 누군가와 단둘이 대화를 할 때 소형 녹음기를 안 보이는 곳에 넣어두고 몰래 녹음을 하여 나중에 문제가 생겼을 때 이를 증거자료로 사용한다고 한다.

한 적이 없어"라고 말했고 이에 아내는 증거를 보여주겠다며 스마트폰을 꺼냈다. 아내의 스마트폰에는 우리가 처음 만나서 나눈 메시지부터 최근에 논쟁한 메시지까지 수년간의 방대한 메시지가 저장되어 있었다. 모든 메시지는 날짜와 시간별로 일목요연하게 기록되어 있었고 검색하기 쉽도록 정리되어 있었다. "자, 201○년 ○월 ○일 이렇게 적혀 있지?"라고 말하는 아내의 얘기는 귀에 들어오지도 않았다.

　수년간 같이 살아온 아내가 이렇게 모든 것을 기록해오고 있었다는 것을 처음으로 알게 되자 나는 상당한 충격에 머리가 멍해지는 느낌을 받았다. 아내는 그렇게 치밀하고 꼼꼼한 성격도 아니어서 별명이 '덜렁이ぉっちょこちょい'라고 할 정도인데(어떻게 보면 일본인답지 않은 성격을 가진 사람이다) 이렇게 기록해놓은 것을 보니 역시 일본인은 몰래 조용히 침입해 살해 임무를 수행하는 '닌자'와 같은 성향을 가지고 있는 게 맞는 것 같다.

나는 이 사건이 있은 후부터 아내와 메시지를 주고받을 때 항상 주의를 기울인다. 아내는 물론 다른 일본인에게 메시지를 보낼 때도 작은 트라우마를 가지게 되었다. 실없는 농담이나 허풍기 보이는 내용, 좋은 감정을 드러내는 내용, 즉 인간으로서 자연스러운 감정을 담은 내용은 되도록 자제하고 단순한 의사를 표현하는 수준으로만 메시지를 보내게 되었다. 일본인이 모든 걸 기록하는 습성이 있다는 걸 알고부터 겪게 된 '의사소통의 비인간화' 현상이다.

노하우를 전수하지 않으려는 일본인

일본의 직장생활에서 녹음이나 기록을 생활화하는 것과 함께 또 한 가지 이해하기 힘든 부분이 있다. 일본에서 직장생활을 하는 이들은 느끼겠지만 오랜 기간 회사에서 경험을 쌓아온 일본의 직장상사들은 어지간해서 부하나 후임자에게 자신만의 노하우를 전수하지 않는다는 점이다. 전통 있는 일본 요릿집에서 수제자에게 몇 년 동안 청소와 같은 단순작업만 시키고 기술은 알려주지 않는 모습을 보았을 것이다. 일본에 대해서 잘 몰랐던 과거에는 그러한 일본인의 철저한 장인정신에 감동받았던 것이 사실이지만, 일본과 일본인에 대해서 깊숙이 알고 난 뒤부터는 그러한 엄격한 장인의 모습이 마냥 존경스럽게 보이지만은 않게 되었다.

한국에서도 수제자를 키우는 모습을 여러 곳에서 발견할 수 있다. 미

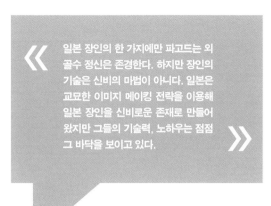

> 일본 장인의 한 가지에만 파고드는 외골수 정신은 존경한다. 하지만 장인의 기술은 신비의 마법이 아니다. 일본은 교묘한 이미지 메이킹 전략을 이용해 일본 장인을 신비로운 존재로 만들어 왔지만 그들의 기술력, 노하우는 점점 그 바닥을 보이고 있다.

기술 노출을 강하게 거부했던 일본 달인

문어는 제일 쉬운 거죠

한국 TV 방송에 소개된 노하우 공개를 거부하는 일본 초밥 달인과 흔쾌히 노하우를 공개하는 한국 장인

용실에서 머리감고 청소하는 것만 수년을 거쳐야 가위를 잡을 수 있다든지 오랜 전통을 자랑하는 설렁탕 가게에서 깍두기용 무만 몇 년 동안 자르게 하고 나서야 설렁탕 끓이는 비법을 전수해준다든지 하는 것들 말이다. 이러한 '사수 문화'는 일제강점기 시절과 과거 일본에서 미용 기술을 배우고 온 미용 초창기 세대의 영향이 크다고 생각한다(미용 이외

에도 법조계, 의료계, 건설업, 제조업, 패션, 디자인, 요리 등등 수많은 산업 초창기에 토대를 닦은 사람들이 일본 유학파가 많아서 일본의 영향을 많이 받았다고 할 수 있다).

원래 우리나라 사람들은 좋은 것은 많은 사람에게 알려주고 공유하려는 국민성이 강하다. 회사에서도 군대에서도 사수가 부사수에게 자신의 노하우를 자세하게 전수해주는 것을 당연한 것으로 여긴다. 유튜브만 봐도 알 수 있다. 한국 유튜브 채널에는 사회 각 분야의 전문가들이 다양한 전문 지식과 노하우를 알기 쉽게 방송하고, 누구나 시청할 수 있도록 모든 것을 아낌없이 공개한다. 그러나 일본인이 하는 유튜브 채널은 노하우를 알려주기보다 자신의 지식과 경험을 자랑하는 경우가 대부분이다.

일본인들은 쉽게 가르쳐주려 하지 않는다. 일본에는 수십 년간 쌓아온 노하우를 누구에게도 제대로 알려주지 않고 노하우를 기록한 오래된 파일, 자료, 수첩 등도 바리바리 싸들고 퇴사하는 은퇴자가 많다. 인수인계는 해주지만 노하우는 알려주지 않는다. 참 졸렬하고 편협한 일본인의 단면이다. 이런 일본 사회에 과연 발전이 있을 수 있을까?

사실 수십 년의 노하우라는 게 숙달되기까지 시간이 걸리는 것이지 노하우 자체에는 대단한 것이 없다. 스승이 잘만 가르치면 이해할 수 있는 것이고 전수받은 노하우를 바탕으로 자신만의 훈련을 거듭한다면 누구나 따라할 수 있다. 노하우는 경험 없는 사람들에게 빠르게 습득하도록 도움을 주는 것이지 '노하우' 비책 하나로 곧바로 장인이 되는 마법이 아니다. 하지만 일본에서는 장인들의 '노하우'는 '신비의 마법'

같은 이미지로 칭송받고 있으며 장인들 자신도 노하우를 꽁꽁 숨긴다.

스승이 가진 노하우가 천재적인 재능에 의한 것이 아니라면 잘 가르쳐주기만 하면 누구나 할 수 있다. 지극히 개인적인 생각으로 장인의 노하우는 그 전말을 들어본다면 별 게 없는 것인데, 수제자에게 너무 쉽게 알려주면 '감사함'을 느끼지 못할까 봐 쉽사리 가르쳐주지 않는 것 같다. 자신이 수십 년간 어렵게 쌓아온 노하우를 가볍게 생각하고 받아들이게 될 것이 염려되어 고생을 시키며 수년간 수행을 시키는 것이 아닌가 생각한다.

일본 장인의 한 가지에만 파고드는 외골수 정신은 존경한다. 하지만 장인의 기술은 신비의 마법이 아니다. 일본은 지금까지 그래왔던 것처럼 교묘한 이미지 메이킹 전략을 이용해 일본 장인을 신비로운 존재로 만들어왔지만 그들의 기술력, 노하우는 점점 그 바닥을 보이고 있다.

'바람의 파이터' 최배달처럼 나 또한 일본에서 작은 분야지만 하나하나씩 실력으로 일본인들을 제쳐왔다. 연구 활동, 해외자료 수집, 강연 활동, 사업 추진, 업소 경영 등 내 경험상 일본인들과 상대해보면 별 게 없는 경우가 대부분이었다. 오히려 그들에게 가르쳐준 분야가 더 많다. 일본의 엄청난 기술력? 겁먹을 것 하나도 없다. 나는 일본에서 생활해오면서 일본어 이외에는 일본인에게 가르침을 받은 게 없다. 일반 회사원이든 대학생이든 일본 사람과 상대해보면 한심할 정도로 수준 차이를 느낄 것이다.

이미지 메이킹으로 과대평가된 일본 요리

일본인의 사고방식은 복잡한 반면 여러 가지 요소들을 종합하여 정리하고 통합하거나 새로운 것을 창조하는 과정에서는 약한 모습을 보인다. 일본인은 단순하게 주어진 과제를 해결하라는 지시에는 강하지만 자신 스스로 무엇인가를 새롭게 창조하는 크리에이티브한 것에는 무척이나 곤혹스러워하는 국민성이 있다. 가장 쉬운 예로 일본 요리에 대해 살펴보자. 일본 요리는 예술적인 섬세함과 아름다움을 가진 것으로 널리 알려져 있어 전 세계적으로 유명하다. 우리나라 사람들한테도 인기가 많아서 서울 시내에서 일본식 요리점은 쉽게 찾아볼 수 있다. 하지만 일본 요리를 자세히 들여다보면 그 단순함에 놀라지 않을 수 없다.

초밥 장인의 허상

일본을 대표하는 '초밥寿司'에 대해 알아보자. 초밥이라는 요리를 간단히 말하면 '쌀밥 위에 날생선을 잘라 얹어놓은 음식'으로 표현할 수있다. 어떻게 이야기하면 요리라고 말하기 어려운 아주 단순한 차원의음식이라고 할 수 있다. 초밥은 날생선과 쌀밥을 사용한 단순한 방법으로 만들어져 복잡한 요리과정을 거치는 것도 아니고 그렇다고 음식의맛을 한 차원 끌어올리는 것도 아닌, 인류의 식문화 발달사를 역행하는음식이라고 할 수 있는데 어째서 일본을 대표하는 세계적인 요리로 칭송받고 있는지 참 알 수 없다.

햄버거를 단순한 음식으로 폄하하지만 햄버거는 초밥보다 손이 많이가는 요리이다. 밀가루를 반죽하여 오븐에 구워낸 빵, 우유를 발효시켜만든 치즈, 소고기를 잘게 갈아서 뭉치고 그릴에 구워낸 패티, 각종 채소와 그 위에 얹은 소스 등 꽤 정성이 들어간 요리인 반면 초밥은 그 단순한요리법에 단순한 재료, 즉 쌀과 생선, 간장, 고추냉이 맛밖에 느껴지지않는 음식이다. 무엇이 일본의 초밥을 세계적인 요리로 만든 것일까?

나는 블라인드 테스트로 맥주, 양주 이름을 대부분 맞힐 정도로 미각, 후각에 있어서는 무척이나 섬세한 사람이다. 요리를 평가하는 수준에 있어서도 자칭 '김슐랭'이라고 할 정도로 나름 철학과 자부심을 가지고있다. 또 일본 최고의 초밥집 중 하나로 유명한 긴자 '규우베久兵衛', 미슐랭 가이드 최고령으로 별 3개를 획득하고 오바마 대통령과 아베 총

리가 함께 식사한 곳으로 유명한 긴자 '스키야바시 지로すきやばし次郎' 등 일본 최고의 초밥집을 다수 방문하여 그 맛을 탐구해봤다.

　그 결과 저렴한 회전초밥 체인점과 비교해서 좋은 생선과 쌀을 쓰는 고급 초밥집에서 만든 초밥이 맛은 확실히 좋았다. 하지만 초밥의 맛을 결정한다고 알려진 그 대단한 초밥 장인의 '칼질'과 쌀밥을 쥐는 '손동작'이 과연 어느 정도로 맛을 좌지우지하는지는 아무리 생각해도 별다른 차이를 느끼기 어려웠다. 비싼 칼로 생선을 썰었다고 해서 맛이 좋아지는 것도 아니며 칼질의 방법에 따라 생선의 맛이 크게 달라지는 것도 아니다(아주 미세한 차이는 인정하지만 초밥 전체의 맛을 바꿀 정도는 아니다).

초밥 장인의 칼질과 손놀림에 의해 초밥의 맛이 극적으로 변한다는 것은 과장이라고 생각한다. 일본 고급 초밥의 신화는 말 그대로 신화처럼 포장된 이미지이다. 일본인은 대단하지 않은 것을 대단한 것으로 포장하는 것에 능숙한 민족이다.

또한 초밥 장인의 쌀밥을 쥐는 방법이 반복된 훈련을 통해서 어느 정도 평준화된다고 가정하면 대단한 초밥 장인이 만진 쌀밥의 맛이 극단적으로 변한다는 게 과학적으로 타당하지 않다. 그러므로 최고로 좋은 생선과 쌀 등의 식재료를 사용해 만든 맛 차이는 일반인도 알 수 있지만 초밥 장인의 칼질과 손놀림에 의해 초밥의 맛이 극적으로 변한다는 것은 과장이라고 생각한다. 만약 회전초밥 체인점에서 일하는 어느 정도 숙련된 초밥 요리사가 긴자 '스키야바시 지로'에 가서 그곳의 식재료를 그대로 사용해서 초밥을 만들어서 내놓는다고 해도 그 맛의 차이를 일반인이 구분하기는 힘들다는 것이다. '얼마나 좋은 생선과 쌀, 간장, 고추냉이를 쓰는가', '생선을 어느 정도로 숙성시키는가'에 따라 초밥의 맛이 결정되는 것이지 초밥 장인의 손놀림 따위로 초밥의 맛을 크게 변화시킬 수는 없다는 말이다.

긴자 스키야바시 지로에서 초밥 세트를 주문하면 1인당 6만 엔(약 65만 원)이라는 거금이 나온다. 거기에 사케 등의 주류를 추가해서 즐기면 7~8만 엔 정도는 그냥 깨진다. 이런 엄청나게 비싼 가격을 지불할 만큼 장인의 고급 초밥이 과연 가치가 있는지 현실적으로 진지하게 생각해보지 않을 수 없다.

나는 지방에 있는 알려지지 않은 조그만 초밥집에서 긴자 스키야바시 지로의 맛에 못지않은 훌륭한 초밥을 먹었던 적이 여러 번 있다. 그 초밥집이 스키야바시 지로 못지않은 식재료를 사용하고 있었기 때문이다. 일본 고급 초밥의 신화는 말 그대로 신화처럼 포장된 이미지이다. 일본인은 한국인 입장에서 보면 대단하지 않은 것을 대단한 것으로 신격화하여 포장하는 것에 능숙한 민족이라고 생각한다. 일본 최고의 초밥 장인으로 알려진 오노 지로 씨라도 신선하지 못한 싸구려 생선과 오래된 정부미 같은 쌀을 가지고는 최고의 초밥을 만들 수 없다. 아무리 천하의 초밥 장인이 와도 회전초밥 체인점 주방에서 질 낮은 재료로는 '스키야바시 지로'의 초밥 맛을 구현해낼 수 없다. 초밥의 맛을 결정하는 것은 여러 가지 요인이 있겠지만 식재료가 가장 큰 부분을 차지하기 때문이다.

한국 요리는 품질이나 신선도 면에서 조금 떨어지는 식재료를 가지고도 훌륭한 요리가 만들어지는 경우가 많다. 조금 질긴 고기는 칼집을 내거나 파인애플, 사과 등에 숙성시켜 육질을 부드럽게 만들 수 있다. 뻣뻣한 채소는 소금에 절여 숨을 죽이고 부드럽게 해서 사용한다. 신선도가 떨어진 생선에 식초를 뿌려 탱탱한 식감을 만들어내기도 한다. 한국 요리는 다양한 요리법과 요리사의 개인 역량에 따라 같은 식재료라도 훌륭한 요리를 만들어낼 수 있다. 하지만 일본 요리는 좋은 식재료 없이는 좋은 요리를 만들 수 없다. 모든 게 식재료의 신선도에 따라 달라지는 초밥을 생각해볼 때 초밥 장인은 반쪽짜리 요리사가 아닐까.

일본 사람을 닮은 일본 요리

지극히 개인적인 견해이지만 나는 일본 요리의 대단함을 인정할 수 없다. 일본 요리는 너무나도 단순한 요리법에 좋은 식재료 없이는 좋은 요리가 만들어지기 힘든, 빈약하고 밑천이 빤히 보이는 음식일 뿐이다. 일본 요리는 어쩌다가 한 번씩 먹으면 참 맛있다. 하지만 매일 일본 요리를 먹으면 그 단순한 맛에 질려버리고 만다. 스트레스가 쌓일 만큼 단순한 맛에 짜증이 날 정도이다.

일본 요리의 기본 베이스는 가쓰오부시 かつおだし(가다랑어포)로 국물을 내고 달달한 왜간장으로 간을 맞추는 것이다. 거기에 더해 설탕과 조미료 味の素(미원), 소금이 엄청나게 들어간다. 짜고 단맛 이외에는 그 어떤 깊은 맛도 느끼기 어렵다. 일본 라멘을 먹으면 그 짠맛에 혈압이 올라갈 정도이다. 라멘보다 더한 것이 '쓰케멘 つけ麺'이라고 하는 소스에 면을 찍어 먹는 라멘인데 정말 충격적으로 짜다. 나는 웬만하면 음식 투정을 안 하고 주는 대로 잘 받아먹는 스타일로, 그 맛없다는 군대 짬밥

도 불평 없이 맛있게 먹었던 사람이다. 하지만 까다로운 식성이 아닌 나 같은 사람의 입에도 일본 음식은 참 질려버리는 맛이다.

초밥이나 라멘 이외에도 일본 요리는 밋밋한 요리투성이다. '샤브샤브'라는 요리도 고기와 채소 등을 끓는 물에 살짝 익혀 '폰즈ポン酢'라고 하는 연한 초간장이나 '고마다레ゴマダレ'라고 하는 깨를 갈아서 간장, 설탕, 식초, 소금과 섞어 만든 달짝지근한 소스에 찍어 먹는 요리인데 처음에는 신기하게 잘 먹히지만 점점 먹기 싫어지는 느끼한 맛이다. 일본 요리는 딱 세 가지로 '짜고 달고 느끼하다'라고 정리할 수 있다. 일본 생활 초창기에는 참 즐겁게 일본 요리를 먹은 것 같은데 시간이 지날수

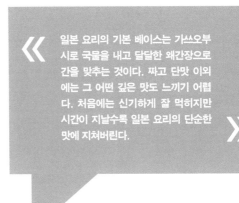

> 일본 요리의 기본 베이스는 가쓰오부시로 국물을 내고 달달한 왜간장으로 간을 맞추는 것이다. 짜고 단맛 이외에는 그 어떤 깊은 맛도 느끼기 어렵다. 처음에는 신기하게 잘 먹히지만 시간이 지날수록 일본 요리의 단순한 맛에 지쳐버린다.

록 일본 요리의 단순한 맛에 지쳐버린다. 요즘엔 어딜 가서도 후추와 고춧가루를 듬뿍 쳐서 먹고 있다.

일본 요리를 압도하는 한국 요리

일본 요리에 비하면 한국 요리는 깊이가 있고 매력이 넘치며 질리지도 않는다. 한국 요리는 다양한 맛을 낸다. 얼큰하고 짭짤하지만 깊이가 있는 맛, 슴슴한 듯하면서 담백한 맛도 있다. 화끈하게 맵거나 칼칼하게 매운, 매력 넘치는 맛도 많다. 한국 요리가 세계적으로 일본 요리보다 알려지지 않아서 그렇지 음식의 종류와 깊이 있는 맛에 있어서는 엄청난 성장 잠재력을 가지고 있다. 우리나라 음식이 얼마나 대단한지 정작 한국 사람만 깨닫지 못하는 것 같다.

한국 요리에는 너무나도 많은 종류가 있지만 그중 한국에서 가장 흔한 음식 '국밥'을 예로 들어보자. 일본에는 한국과 마찬가지로 쌀을 주식으로 하는 나라인데도 국밥과 유사한 요리를 찾아보기 힘들다. 굳이 찾아보면 '오차즈케お茶漬け'라고 하는 뜨거운 차를 밥에 붓고 간략한 재료를 얹어서 먹는 음식이 있는데 한국의 국밥과 비교하면 차원이 낮은 음식이다. 거의 밥에 물 말아먹는 것과 비슷하기 때문이다. 그에 비해 한국의 국밥은 종류도 많고 그 깊은 맛은 어찌나 훌륭한지 모른다. 우리나라 사람들은 제대로 모르지만 외국에서 오래 살아온 나 같은 한국인 미식가에게는 너무나도 그리운 맛이고 극찬할 수밖에 없는 맛이다.

양평해장국, 소머리국밥, 내장탕, 돼지국밥, 김치국밥, 소고기국밥, 선지국밥, 콩나물국밥, 전주남부시장 국밥, 창평국밥, 온반, 북어국밥, 계란국밥, 갈비탕, 굴국밥, 육개장, 설렁탕, 병천순대국밥, 황태국밥, 우거지토장국밥, 해물짬뽕밥, 묵채국밥, 홍합미역국밥 등 일일이 열거하기도 버거운 매력적이고 다양한 종류의 국밥들이 있다. 이게 바로 한국 요리의 수준이다. 하지만 일본 요리는 한국의 다양하고 깊이 있는 요리에 비해 너무나도 일천한데, 왜 일본 요리가 세계적인 요리로 평가받고 있는지 한편으로는 속상한 심정이다. 전 세계인과 한국인들이 얼마나 일본의 철저한 '이미지 메이킹'과 '거짓 신화'에 속고 있는지 알게 되는 대목이다.

한국 요리와 일본 요리를 직접적으로 비교해보면 일본 요리가 얼마나 단순하고 차원 낮은 음식인지 더 쉽게 이해할 수 있다. 첫 번째, 한국이나 일본 모두가 사랑하는 식재료 '김'에 대해 알아보자. 일본 김은 아무런 조리가 되지 않은, 김밥을 만들 때 쓰는 김을 그대로 간장에 찍어 먹는다. 그에 비해 우리 김은 참기름을 발라 불에 굽고 그 위에 맛소금까지 뿌려 한 번 맛본 사람은 손을 멈출 수가 없는 자꾸 당기는 맛이다. 이런 한국 김에 일본인도 환장하는 수준이니 일본 김보다 차원이 높은 음식이라는 것을 방증한다.

두 번째, 한국의 김치는 세계적으로도 유명한 세계 3대 건강식품이며 그 명성에 걸맞게 채소로 만든 음식인데도 단백질, 섬유질, 비타민, 니아신, 칼슘, 철분, 인 등 다양한 종류의 영양분을 함유하고 있다. 그리고 발효과정을 거치면 유산균까지 만들어지는 세계 어느 나라에도 없는 음식이다. 배추김치, 열무김치, 동치미 등 다양한 김치가 한국인의 건강을 책임지고 있으며 그 명성을 세계로 넓혀가고 있다. 일본 음식 중에도 '낫토納豆'라고 하는 세계 3대 건강식품이 있는데 한국에서는 예전부터 청국장에 넣어 먹던 식품이다. 일본 낫토는 발효한 콩을 그대로 간장에 섞어 먹는 방식인데 한국의 김치와 견줄 만한 것이 못 된다.

일본에도 한국의 김치와 비슷한 채소를 소금에 절인 음식이 있다. '오신코お新香'라고 하는 소금에 절인 '쓰케모노漬け物'라는 음식인데 정말 그냥 소금물에 절인 채소 요리이다. 김치를 만들 때 먼저 배추를 소금에 절여야 하는 과정이 있는데 딱 이 단계라고 보면 된다. 김치처럼 양념하는 다음 단계가 없고 소금에 절인 것이 그대로 완성된 음식이다. 우리나라 사람들이 보면 김치를 만들다가 그만둔 뭔가 허전한 수준인

> 한국 요리는 깊이가 있고 매력이 넘치
> 며 질리지도 않는다. 요리법이 다양한
> 만큼 다양한 맛을 낸다. 얼큰하고 짭
> 짤하지만 깊이가 있는 맛, 슴슴한 듯
> 하면서 담백한 맛도 있다. 화끈하게
> 맵거나 칼칼하게 매운, 매력 넘치는
> 맛도 많다.

데, 이 쓰케모노는 일본의 전통 요리로 일본 대부분 요리에 필수적으로
올라오는 반찬이다.

'누카즈케ぬか漬け'라고 하는 음식도 있다. 한국어로 '쌀겨 된장 절임
채소'로 해석할 수 있는데 쌀겨, 잘게 썬 채소, 소금을 섞어서 만든 쌀
겨 된장에 오이, 가지, 당근 등의 채소를 넣어놓고 며칠 지나서 소금간
이 배면 꺼내 먹는 음식이다. 글로 쓰니 그럴싸해 보이지만 그냥 채소
를 소금에 절여놓은 음식이다. 이 누카즈케 또한 일본인의 밥상에 거의
필수적으로 올라오는 일본의 전통 음식이다.

세 번째, 우리나라의 팥빙수와 일본의 빙수 '가키고리かき氷'를 비교해
보자. 우리나라의 팥빙수는 간 얼음 위에 우유, 연유, 단팥, 콩가루, 과일,
떡 등 다양한 재료를 넣어 영양가도 있고 모양과 맛도 매우 훌륭하다.
이에 비해 일본의 빙수 가키고리는 간 얼음에 건강에 좋은지 알 수 없

는 단맛만 나는 인공색소를 뿌린 것이 전부이다. 이러니 한국의 빙수를 맛본 일본인이 충격을 받을 만도 하다. 일본 하라주쿠에 1호점을 개업한 한국의 빙수 체인점 '설빙'에는 연일 일본인들의 행렬이 줄을 잇는다.

네 번째, 꼬치구이에 대해서 알아보자. 미국에 살 때 볼티모어에서 부업으로 경영한 레스토랑은 한국, 일본, 하와이 요리를 퓨전으로 제공하는 가벼운 분위기의 음식점이었다. 일본의 꼬치구이 '쿠시야키串燒き'는 한국에서도 많은 전문점이 생길 정도로 인기 있는 일본 요리로 우리 레스토랑에서도 좀 변형해서 팔았던 메뉴이다. 한국에서는 '야키토리燒き鳥'라는 이름으로 잘 알려져 있는데 이 꼬치구이의 정식 명칭은 '쿠시야키'이다(여기서 '쿠시'라는 한자를 보면 '꼬치串'가 연상되는 글자라서 재미있게 느껴진다. 또한 일본어로 '죽'은 '오카유お粥'라고 하는데 한자를 보면 가운데 '쌀米'이 있고 톱니바퀴 같은 글자 '弓'가 양옆으로 배치되어 '쌀을 가는 형상粥'을 보여준다). 우리가 잘 아는 '야키토리'는 '닭구이'라는 뜻으로 이름처럼 닭의 여러 부위를 재료로 사용한 꼬치구이다. 그러니 일본식 꼬치구이를 통칭할 때 '야키토리'라고 하는 것은 정확한 표현이 아니다. 닭으로 만든 꼬치를 '야키토리燒き鳥'라고 하고 돼지고기를 주재료로 만든 꼬치구이는 '야키통燒きトン'이라고 하는 게 정확한 표현이다.

볼티모어 레스토랑에서는 소고기, 돼지고기, 닭고기를 한국식으로 만든 각종 양념에 재워 꼬치에 끼워서 팔았는데 그때까지 달기만한 데리야키 소스나 심심한 소금간 꼬치구이만 먹어봤던 미국인들이 우리 양념을 한 한국식 꼬치구이 맛에 격찬하며 열광했던 기억이 있다. 그때

> 일본 요리에 대해 대단하다는 이미지를 갖고 있는 세계인이 많지만 실제로는 초등학생도 만들 수 있을 정도의 단순한 차원의 요리를 제공하는 것이 현실이다. 이에 비해 한국은 다양하게 응용하여 발전시키고 새로운 상품을 창조하는 것에서 일본을 압도한다.

경험을 되살려보면 한국식 요리 방법이 일본식을 넘어서는 수준이라는 것에 확신을 가질 수 있다.

또 전직 바텐더 출신의 한국인 유학생을 고용하여 한국 스타일의 과일 소주와 막걸리 칵테일을 제공했는데, 달달한 쌀 맛만 나는 일본 사케보다 반응이 훨씬 뜨거웠고 매상도 압도적으로 높았다. 한국에서는 이외에도 치즈 닭갈비, 회오리 감자, 감자 핫도그, 씨앗 호떡, 한국식 프라이드치킨과 양념치킨(일본의 치킨 '가라아케唐揚げ'는 상대가 안 된다) 등 전 세계인의 입맛을 사로잡고 있는 셀 수 없이 많은 독창적인 요리를 계속해서 창조해내고 있다.

일본 요리에 대해 대단하다는 이미지를 갖고 있는 세계인이 많지만 실제로는 단순한 차원의 요리를 제공하는 것이 현실이다. 이에 비해 한국은 다양하게 응용하여 발전시키고 새로운 상품을 창조하는 것에서

일본을 압도한다.

　마지막으로는 '찌개, 전골' 요리에 대한 것이다. 일본에는 찌개나 전골과 유사한 요리로 '나베鍋'라는 것이 있는데 한국말로 하자면 '냄비'라는 뜻이다(한국 정치인 중에 '나베'라는 별명을 가진 분이 있는데 일본어로는 본의 아니게 그 뜻이 민망하다. 한편 '아베Abe'는 덴마크어로 '원숭이'라고 한다). 이 나베 요리가 한국의 찌개, 전골과 가장 유사한 일본 요리라고 할 수 있다. 쌀쌀한 겨울이 되면 차가워진 몸을 녹이기 위해 나베 요릿집을 찾거나 집에서 가족들과 함께 나베 요리를 즐기는 일본인의 모습을 많이 볼 수 있다.

일본 음식은 먹으면 먹을수록 스트레스가 쌓인다. 일본에 오래 산 이들은 공감할 것이다. 보기만 예쁘지 뜨뜻미지근하고 달짝지근하고 개성도 없어서 다시 먹고 싶다는 생각이 전혀 안 드는, 마치 일본인의 성격과도 닮아 있다.

나베 요리는 커다란 사기 냄비에 물을 담고 가쓰오부시로 만든 조미료를 한두 스푼 넣은 후 각종 채소와 고기를 넣고 끓여 엷은 초간장(폰즈)에 찍어 먹는, 초등학생도 만들 수 있을 정도의 매우 단순한 요리이다. 겉보기에는 예쁘고 맛있어 보이지만 막상 먹어보면 그저 숨이 죽은 채소 맛과 초간장 맛만 날 뿐이다.

일본 음식은 먹으면 먹을수록 스트레스가 쌓인다(일본에 오래 산 이들은 공감할 것이다). 보기만 예쁘지 뜨뜻미지근하고 달짝지근하고 개성도 없어서 다시 먹고 싶다는 생각이 전혀 안 드는, 마치 일본인의 성격과도 닮아 있다. 샤브샤브는 살짝 데쳐서 폰즈에 찍어 먹는 것이고 나베는 푹 끓여서 찍어 먹는 것인데 과연 이게 무슨 큰 차이가 있을까? 둘 다 심심하고 매력 없는 요리라는 사실은 변하지 않는다. 물론 들어가는 식재료를 바꾸는 것으로 나베의 종류가 나뉘지만 국물의 베이스는 대부분 가쓰오

다시로 맛을 내는 게 전부이고 폰즈에 찍어 먹는 것이 기본이다.

그에 비해 한국의 찌개, 전골 요리는 얼마나 종류가 다양하고 차원이 높은 음식인가. 그 종류에 대해 한번 나열해보자. 된장찌개, 김치찌개, 순두부찌개, 부대찌개, 비지찌개, 청국장, 곱창전골, 알탕, 낙지전골, 만두전골, 대구지리, 매운탕, 추어탕, 감자탕, 해물탕, 생태찌개, 동태찌개, 갈치찌개, 홍합탕, 버섯전골, 바지락 조개탕, 사골우거지탕, 갈비탕 등등, 너무 많아서 다 적을 수도 없다. 종류도 많지만 그 맛은 또 얼마나 가지각색이고 매력적인가! 내가 한국인이라서 한국 요리를 극찬하는 것이 아니라 미국에서 레스토랑을 경영해본 사람으로서 미국인들에게 한국식, 일본식 요리를 제공해본 반응을 바탕으로 말하는 것이다. 한국 요리의 차원은 일본 요리의 수준을 언제나 압도해왔다.

그런데 우리나라의 압도적으로 다양한 요리는 왜 이렇게도 단순한 차원의 일본 요리보다 저평가되어 있을까? 왜 우리 스스로도 우리나라 요리를 높게 평가하지 못했을까(우리 문화가 별 거 없다고 폄하하는 분위기를 만들고자 했던 친일 매국세력들의 세뇌공작이 그 원인이 아닌가 싶다). 우리는 일천한 요리를 가지고도 철저한 '이미지 메이킹'을 통해 세계적인 요리로 인정받은 일본에 대해 마냥 비난만 할 것이 아니라, 그들을 연구하고 배워서 한국 요리의 이미지를 세계 최고 수준으로 끌어올릴 방법을 강구해야 한다.

의미 없는 형식과
규정 속에 사는 나라, 일본

일본에서 주류를 판매하는 유흥업소는 두 가지 영업허가증 중에 골라서 허가를 받아야 영업할 수 있다. '심야 영업허가'와 '풍속 영업허가'가 바로 그것인데 '심야 영업허가'는 아침까지 영업을 할 수 있지만 카운터에서만 접객할 수 있고 '풍속 영업허가'는 테이블에 앉아 접객을 할 수 있지만 밤 12시까지밖에 영업할 수 없다. 카운터를 사이에 두고 손님과 얘기하는 형식이면 '심야 영업허가'를 받아야 하고, 테이블을 사이에 두고 손님과 얘기하는 형식이라면 '풍속 영업허가'를 받아야 하는 것이다. 참으로 어이없고 의미 없는 허가라고 생각되지 않는가.

일본의 이런 영업허가 방식이 과연 무슨 의미가 있는지 아직도 이해되지 않는다. 손님과 종업원 간의 신체적 접촉 가능 여부에 따라 허가 기준을 만든 것 같은데, 이는 전형적인 '탁상행정의 표본'이라고 할 수 있다. 카운터와 테이블을 나누는 기준 또한 명확하지 않다. 카운터같이 생긴 테이블도 있고 반대로 테이블같이 생긴 카운터도 있을 수 있다. 비록 카운터라고 하더라도 그게 아주 얇은 형태라면 손님과 종업원 사이에 신체적 접촉도 쉽게 가능하다. 또 의자에만 앉아야 한다는 규정도 없으니 종업원이 카운터 위에 앉아서 손님을 접객한다면 이 경우도 의미 없는 규정이 되고 만다. 왜 이런 비효율적인 제도를 만들어 무의미한 종이 서류를 준비하게 하고, 법무사와 동행하여 경찰서를 들락날락하게 하고, 적지 않은 비용을 낭비하게 만드는지 속이 터진다.

비효율투성이 일본

일본은 의미 없는 제도와 형식에 아직까지도 얽매여 살고 있다. 회사에서는 종이 서류가 넘쳐나고 전 세계에서 가장 많이 종이신문을 구독하며, 가까운 자리에 있는 사람끼리도 직접 의견을 나누지 않고 불명확한 이메일로만 소통하려 하고 회의는 끝없이 늘어진다. 효율적인 시스템으로 확 갈아치우려는 생각은 하지 않고 주어진 비효율 안에서 어떻게 하면 효율을 찾을 수 있을지에 골몰한다.

예를 들면 이런 식이다. 수년 전 도쿄의 택시 기본요금이 710엔으로 올랐던 적이 있다. 한국 같으면 거리를 줄여서 700엔으로 맞췄을 텐데

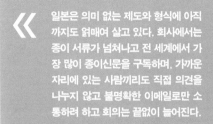

일본은 의미 없는 제도와 형식에 아직까지도 얽매여 살고 있다. 회사에서는 종이 서류가 넘쳐나고 전 세계에서 가장 많이 종이신문을 구독하며, 가까운 자리에 있는 사람끼리도 직접 의견을 나누지 않고 불명확한 이메일로만 소통하려 하고 회의는 끝없이 늘어진다.

굳이 10엔을 덧붙여 천 엔 단위로 지불하는 손님에게 최대 290엔의 거스름돈이 생기게 요금을 인상한 것이다. 기본요금으로 택시 한 번 타면 동전 7개가 생기는 것이다. 카드결제가 보편화된 한국에서는 그렇게 요금을 정해도 불편하지 않지만 일본은 아직도 현금 위주로 생활하는 사회라서 이렇게 정하면 불편한 경우가 많다. 그러나 희한하게도 이에 불편함을 토로하는 사람은 나 같은 외국인을 제외하고 단 한 명도 없다. 매번 잔돈을 챙겨야 하는 택시운전사조차 불평 한마디 없이 주어진 환경 안에서 순응하며 일한다. 그들은 개선해달라고 요구하는 대신 290엔이 담기는 플라스틱 트레이를 만들어 최대한 불편한 부분을 줄이려고 노력한다. 나는 일본의 이런 요금체계를 보면서 일본인들의 융통성 없고 어리석음에 두 손 두 발 다 들었다.

일본에서는 어떤 물건을 사든 무슨 음식을 먹든, 소비활동을 하는 모

> **《** 수년 전 도쿄의 택시 기본요금이 710엔으로 올랐던 적이 있다. 일본은 아직도 현금 위주로 생활하는 사회라서 이렇게 정하면 불편한 경우가 많다. 그러나 희한하게도 이에 불편함을 토로하는 사람은 외국인을 제외하고 단 한 명도 없다. **》**

든 것에 소비세 8퍼센트가 꼭 붙는다(2019년 10월부터 10퍼센트로 인상했다). 우리나라처럼 세금을 포함해서 알기 쉽고 계산하기 편하게 10,000원, 15,000원으로 물건 값을 붙이는 것이 아니라 정가 1,000엔 상품에 소비세 8퍼센트를 나중에 더해 1,080엔, 정가 15,000엔짜리 상품에 세금을 따로 붙여 16,200엔으로 판매하는 것이다. 이 또한 잔돈을 거슬러 주는 입장이나 지불하는 입장이나 불편함을 항상 떠 않고 생활해야만 한다. 이러한 요금 설정은 계산대에서 일하는 종업원에게도 스트레스로 작용할 게 분명하다. 잔돈 계산을 잘못하면 실수한 금액을 계산한 종업원이 메워 넣어야 하기 때문이다.

이런 현금 시스템은 카드나 전자결제보다 계산과정에서 시간이 많이 걸리고 업무효율성도 떨어지는데 왜 이런 불편한 시스템을 바꾸지 않고 제한된 환경 안에서만 불편함을 줄이려고 하는지 이해할 수 없다.

> 일본의 소매업소에서는 수십만 엔을 들여 거스름돈이 자동으로 나오는 기계를 개발해 설치해놓고 조금이라도 편하게 계산하려고 노력한다. 이것이 진정으로 편리해진 것일까? 이는 비효율성이 또 다시 비효율을 낳는 악순환일 뿐이다.

일본 GLORY사의 잔돈 자동지급기

일본의 소매업소에서는 거스름돈이 자동으로 나오는 기계를 개발해 수십만 엔을 들여 설치해놓고 계산 실수를 줄여나가는 방법으로 조금이라도 편하게 계산하려고 노력한다.

이것이 진정으로 편리해진 것일까? 일본인은 이러한 기계를 개발하고 실용화하는 것에 대해 '일본인의 우수성'이라고 자화자찬하고 있지만 이는 비효율성이 또 다시 비효율을 낳는 악순환의 반복일 뿐이다. 이 거스름돈을 자동으로 제공해주는 기계는 금전적으로도 초기 비용이 많이 들 뿐더러 설치 시에 설치할 공간도 확보해야 하고 직원도 교육시켜야 하는 등 여러 모로 쓸데없는 에너지를 낭비하게 만든다. 기계이다

보니 정기적으로 유지·보수 작업도 해줘야 한다. 혹 기계가 갑자기 고장 나면 계산대는 공황상태에 빠지고 업체직원이 올 때까지 종업원들이 큰 고생을 해야 한다. 이런 상황은 처음부터 요금 설정을 간단하게 하고 전자결제를 일률적으로 도입했다면 애당초 일어나지 않을 촌극이다.

숲은 안 보고 나뭇잎만 본다

일본인은 숲을 보지 못하고 나무를 보며, 나뭇잎을 현미경으로 보려는 국민성을 가지고 있다. 전체적인 그림을 보지 못하기 때문에 전략적인 판단에서 항상 장고 끝에 악수를 두는 타입이다. 일본은 현재 65세 이상 인구가 25퍼센트 이상인 초고령 사회로 진입했다. 각종 연금은 파탄 날 지경이고 의료복지 비용과 노후화된 인프라 정비 비용, 국가부채 이자 상환 비용, 후쿠시마 방사능 처리 비용 등으로 세수가 극도로 부족한 상황에 처해 있다. 이를 타개하기 위해 전략적으로 내놓은 '아베노믹스' 정책은 경기 부양이라는 면에서는 조금이나마 도움이 됐을지 몰라도 일본의 시급한 세수확보 문제에서는 해결책을 마련하지 못했다.

우리나라는 금융실명제와 전자결제를 통해 탈세를 근본적으로 예방하고, 감시카메라를 활용하여 범칙금을 부과하는 등 다양하고 효율적인 세수확대 정책으로 안정적인 세수를 확보하고 있다. 이에 반해 일본 정부는 쓸데없는 부분에서는 국민들의 인권을 탄압하는 독재정권의 면모를 보이면서도 탈세에 관한 문제에서는 국민들의 인권을 존중하는 도저히 이해할 수 없는 행보를 보여주고 있다. 일본은 현금을 주로 사용하는 나라이다 보니 현금제작 비용, 유통 비용, ATM 기계 유지·보수 비용 등 지불하지 않아도 되는 부분에서 많은 비용이 발생하고 현금을 주로 받고 있는 소매업, 도박업, 서비스업 등에서 탈세가 공공연하게 횡행하고 있다.

언젠가 주류업소 대표 자격으로 지역 주류 판매업 대표자협회에 참가한 적이 있었는데 경영자 모두가 당연하게 현금 수입은 거의 신고하지 않는 것으로 생각했다. 세무사도 당연하다는 듯이 현금 수입은 조금만 신고하라고 알려주며 탈세를 조장했으며 실제로도 탈세가 만연해 있다. 이런 현금 탈세를 없애려면 신용카드 수수료를 획기적으로 낮추고 전국적으로 전자결제를 일률적으로 적용하도록 일본 정부의 독재권력을 사용하면 어느 정도 세수 문제가 해결될 테지만, 아베 총리는 독재권력을 언론 탄압과 반대파 탄압에만 사용하고 정작 필요한 곳에는 사용할 줄 모르니, 사태를 파악하는 시야가 너무 좁고 전략적 판단에 매우 약한 인물임이 분명하다.

일본인의 정신세계와 신주쿠역

셀 수 없이 많은 분야에서, 셀 수 없이 많은 비효율이 존재함에도 이를 바꾸려 하지 않고 주어진 조건 안에서만 개선하려고 하니 사회는 점점 복잡해지고 이런 복잡함에 일본인들의 정신세계 또한 복잡하고 기

괴해져갈 수밖에 없다. 일본의 비효율적인 부분은 끝도 없지만 눈에 확 띄는 몇 가지만 더 들어보려고 한다.

일본의 지하철역에 가면 사진에 나온 것처럼 각종 승차권 발권기, 요금 충전기, 요금 정산기 등이 정신없이 설치되어 있는 것을 볼 수 있다. 지역마다 혹은 운영회사와 노선마다 제각각 기계가 다른 경우도 많다. 모든 사람이 사용할 수 있는 지불 방식과 사용 환경에 맞추기 위해 이러한 복잡한 기계가 늘어난 것인데 지하철역마다 현금, 신용카드, 교통카드, 포인트 카드 등 다양한 지불 방식을 모두 지원하고 있다.

요금 충전 기능과 종이이용권 발급, 종이영수증 발급, 급여생활자 정기권 발급, 학생정기권 발급, 교통카드이름 인쇄 기능, 정기권정보 인쇄 기능 등 셀 수도 없이 많은 기능을 제공하는데, 일본인의 복잡한 정신세계가 이 지하철 발권 기계에 투영되어 있는 것만 같다. 기계만 종류가 많은 것이 아니라 사용하는 교통카드의 종류도 지역마다 노선마다 일본의 지하철역에 가면 각종 승차권 발권기, 요금 충전기, 요금 정산기 등이 정신없이 설치되어 있는 것을 볼 수 있다. 지역마다 혹은 운영회사와 노선마다 제각각 기계가 다른 경우도 많다. 사용하는 교통카드의 종류도 지역마다 노선마다 다르다.

다른 경우가 많다. 지하철의 속도와 정차 횟수에 따라서도 특급特急, 쾌속快速, 급행急行, 준급準急, 보통普通, 각정各停 등으로 종류가 나눠진다.

신주쿠역은 전 세계에서 가장 많은 사람들이 통행하는 역으로 기네스북에 등재되어 있다. 총 159개의 출구가 있고 여러 층으로 구분되어 있는 신주쿠역에서 나는 부끄럽게도 항상 길을 잃어 미아가 되곤 했다. 일본인들의 정신세계가 이 신주쿠역의 구조에서도 보이는 것 같다(놀라운 점은 신주쿠역 공략법에 대한 책까지 판매되고 있다는 사실이다). 나는 아직까지도 신주쿠역에 가는 것이 부담스럽다. 간단하게 통일하지 못하고 이렇게 복잡하게만 생각하고 일을 처리하는 일본인이 하나의 나라에 사는 것 자체가 기적처럼 느껴질 정도이다.

일본에 이주하기 전에는 미국에서 자동차로만 다니던 사람이어서 도쿄의 지하철 시스템이 복잡한 데에 더 큰 충격을 받았고 이용법을 몰라

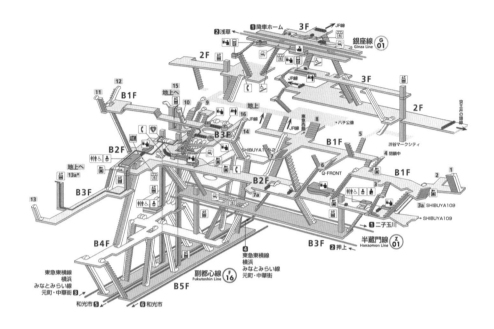

몇 번이나 다른 열차를 타서 고생한 기억도 있다. 같은 플랫폼에 있어도 들어오는 지하철의 종류가 다르고 갈아타는 방법은 왜 이리도 복잡한지 한탄만 나온다. 타고 가다가 노선이 자동으로 바뀌는 경우도 있는지라 지하철 노선정보 앱이 없었다면 도쿄에서 지하철 타는 것을 포기해야 했을지 모른다. 일본인은 단순화하는 것에는 무척이나 약한 모습을 보이지만 모든 일을 복잡하게 만드는 것에는 천부적인 재능을 가지고 있는 게 틀림없다.

　이러한 일본의 복잡한 시스템을 보고 있노라면 일본이라는 나라가 신주쿠역은 전 세계에서 가장 많은 사람들이 통행하는 역으로 기네스북에 등재되어 있다. 총 159개의 출구가 있고 여러 층으로 구분되어 있어 일본인조차 길을 잃어 미아가 되곤 한다. 심지어 신주쿠역 공략법이란 책까지 판매되고 있을 정도로 복잡하다.

장기간의 불경기로 인해 의욕을 상실하여 비효율적인 사회로 변해온 것이 아니라 원래부터 효율적이지 못한 민족성을 가지고 있었고, 위에서부터의 개혁(메이지 유신 같은)에는 반대 없이 잘 따르지만 대대적인 개혁과 변화를 스스로 경험해본 적이 없었다는 게 사실이다. 역사에서도 일본은 에도시대 수백 년간 섬이라는 지리적 이점으로 외세의 침략을 거의 받지 않고 안정적으로 부를 축적할 수 있었다. 메이지 유신을 받아들인 배경도 일본인이 전략적으로 미래를 내다봤다기보다 '흑선黑船(구로후네)'의 위용과 서양의 기술력에 압도되어 개항에 응한 것에 지나지 않는다.

이후 아시아에서 가장 빠르게 서양문물을 받아들였기에 국력을 키울 수 있었고 아시아 국가를 식민지로 삼아 잠시나마 제국으로서의 위용을 떨칠 수 있었다. 하지만 원래 실력은 쉽게 들통이 나는 법이다. 행운을 잠깐 만끽할 수는 있어도 계속 유지하는 건 행운만으로는 어림없다. 일본 지도층의 어리석은 판단이 진주만 전쟁을 일으키고 전 세계의 노여움을 사며 결국에는 얼마나 처참하게 패망으로 이르게 되었는지 역사가 생생히 전해주고 있지 않은가.

어떻게 진주만을 폭격하면 미국이 놀라서 일본에 머리를 조아릴 것이라고 생각할 수 있단 말인가. 압도적인 국력 차이는 생각지도 않고 어린아이처럼 무턱대고 싸움을 걸어 공격만 하면 진정 미국을 무너뜨릴 수 있다고 생각한 것일까? 아무리 생각해도 상식적으로 이해가 되지 않는다. 도무지 현명함이라고는 눈을 씻고 찾아보려야 찾을 수 없는 민족이다. 이것만 봐도 일본인은 '현명하게 판단하는 능력'이 부족한 민족임이 명백하다.

1950년대 일본은 미군정에 의해 농업국가로 살아가게 될 운명에서 강력한 산업 국가로 발전했다. 한국전쟁이라는 시대적 특수를 누린 것이다. 결코 일본인이 우수한 민족이라서 강력한 경제력을 가지게 된 것이 아니라 '운이 좋았던 점'이 경제를 키우는 데 크게 일조했다는 것이다. 반면 우리는 운에 기댄 것이 아닌 우리가 가진 실력과 불굴의 의지로 괄목할 만한 경제 성장을 이루어냈다.

일례로 엔터테인먼트 산업을 들여다보자. 과거 미국 팝음악과 일본 댄스그룹을 모방하여 태동한 K-POP은 마이클 잭슨이나 비틀즈와 같은 신화적인 존재들만 수상한다고 생각했던 빌보드 차트와 권위 있는 각종 해외 음악 어워드를 석권하고 있지 않은가. 우리는 학예회 수준의 일본 아이돌 그룹과는 아예 비교조차 할 수 없는 차원의 문화 콘텐츠를 스스로 만들어내고 있다. 한국인의 끼와 열정은 세계적인 레벨이라고 할 수 있다.

다소 늦은 감이 있지만 우리 조선업 역시 일본을 압도하여 세계 조선업 1등이 되었고 일본이 절대 불가능하다고 장담했던 D-RAM 반도체 메모리 개발도 한국 기업 '삼성'이 멋지게 성공하여 세계 최강의 반도체 패권을 쟁취하지 않았는가. 지금 이 순간도 여러 산업에서 대한민국 국민들이 불철주야 노력하며 하나하나씩 일본을 제쳐나가고 있다.

일본은 과거나 현재나 변함없이 비효율적인 정신상태로 가득 찬 민족성을 가지고 있고 앞으로도 계속해서 망국의 길을 걸어가게 될 것이 자명하다. 일본이 기사회생할 전략도 기회도 가지고 있지 않기 때문이다. 일본이 바라는 건 전쟁밖에 없는 듯하다. 과거 한국전쟁을 계기로 기사회생했던 달콤한 기억이 다시 한 번 한반도에서 일어나기만을 애타게 바라고 있는 일본 우익세력을 바라보고 있노라면 아무런 꿈도 희망도 없는 깜깜하기만 한 일본의 장래가 불쌍하고 한심하게 보일 뿐이다.

'OK KOREA', 다시 도약

'NO JAPAN',
일본 불매운동을 끝까지 해야 하는 이유

2019년 7월 1일, 일본 아베 정권은 반도체 및 소재 부품에 대한 경제보복 조치를 감행했다. 이날은 법적으로 일본에서 독립한 1945년 8월 15일 광복절만큼이나 역사적 의미가 담긴 중대한 날로 추후 기억될 것이다. 지금까지 한국은 산업 전반에서 일본제 기계, 부품, 소재를 압도적인 비중으로 사용하고 있었던 게 사실이다. 하지만 이제 경제보복 조치를 계기로 일본으로부터 진정한 경제 독립을 시작할 수 있게 되었다. 수년이 지나 부품 국산화 정책이 완전히 자리를 잡으면 아베 정권이 이날 내린 어리석은 결정에 고마워할 날이 반드시 올 것이다.

독일차는 이스라엘에서 인기가 없다

전 세계 경제패권을 쥐고 있는 유태인의 사례를 살펴보자. 전후 70년이 넘는 시간이 흐르고 셀 수 없이 많은 사죄와 수많은 독일 기업과 정부 차원의 막대한 금전적 배상을 해왔음에도 유태인들은 아직까지 독일을 용서하지 않고 있다. 이스라엘 자동차시장에서 독일차의 판매순위가 하위권에 머무르는 것을 보면 유태인이 아직까지도 독일을 용서하지 않는다는 걸 알 수 있다.

이스라엘은 유럽 축구연맹에 소속되어 있고 지리적 위치가 유럽과 매우 가까워 독일차가 많이 팔릴 수밖에 없는 환경이지만, 이스라엘 자동차시장에서 독일차는 유독 하위권에 있다. '폭스바겐 골프'라는 모델(1974년에 출시된 이래 전 세계에서 3,000만 대 이상 판매된 독일차)만이 34위에 겨우 순위를 올렸다. 하지만 이렇게 오르게 된 것도 나치 정권 하에서 고통받은 유태인 강제 징용 피해자에 대해 회사 차원에서 기금을 조성하여 지원하겠다고 발표했기 때문이다.

이스라엘 국민들의 독일 상품에 대한 불매운동은 비단 자동차뿐만 아니라 여러 독일 상품으로 이어져 불매운동을 생활화하고 있다. 유태인이 무식하고 감정적이며 비이성적인 국민이라서 그런 것일까? 유태인은 전 세계에서 가장 강력한 영향력을 가지고 있는 민족이다. 미국의 대부호 20퍼센트 이상이 유태인이고 세계 최고 수준의 아이비리그 대학교수진의 40퍼센트가 유태인으로 채워져 있다. 학계, 정계, 예술계,

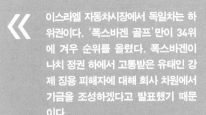

이스라엘 자동차시장에서 독일차는 하위권이다. '폭스바겐 골프'만이 34위에 겨우 순위를 올렸다. 폭스바겐이 나치 정권 하에서 고통받은 유태인 강제 징용 피해자에 대해 회사 차원에서 기금을 조성하겠다고 발표했기 때문이다.

출판계, 방송계, 영화계, IT 산업계 등 다양한 분야에서 유태인이 권력을 쥐고 영향력을 행사하고 있으니 그들이 무식하고 감정적인 민족이라고는 절대 말할 수 없다. 오히려 세계에서 가장 우수한 민족이라고 해도 과언이 아니다.

이처럼 우수한 민족이 독일의 진정한 사죄와 막대한 배상에도 아랑곳하지 않고 용서하지 않는 것을 보면서 나는 이번 일본 경제보복 조치와 일본 상품 불매운동이 오버랩되었다. 그리고 안타까운 마음이 드는 것도 어쩔 수 없었다. 일제강점기 식민지배에 무자비한 핍박을 받고도, 한국인에 대해 아직까지도 인종적 차별을 일삼고 있는 일본을 보고도, 분노하기는커녕 아무 생각 없이 일본 상품을 사들이고 있는 일부 우리 국민들의 태도야말로 무식하고 비이성적인 구매 행태가 아닐지 씁쓸한 생각을 해본다.

부업으로 8년째 경영하고 있는 도쿄 아카사카의 바에는 개업 때부터 지금까지 점장으로 근무하고 있는 일본인이 있다. 그는 아카사카의 한 스나쿠*スナック*(유흥업소의 한 종류)에서 20년 이상 근무했기 때문에 유흥업에 관해서는 베테랑이라고 할 수 있다. 그를 처음 만났을 때 나는 일본에 온 지 얼마 되지 않아 일본어가 그렇게 유창하지 못했고 일본어회화를 연습할 요량으로 그가 근무하는 가게에 거의 매일같이 출근도장을 찍었다. 그 당시 정말 다양한 일본어 표현과 일본 문화에 대해 공부할 수 있었다. 그렇게 매일같이 들르던 가게인지라 그 점장과도 친구처럼 꽤 친해졌다.

어느 날 그가 오너와 트러블이 생겨 가게를 그만두고 도박으로 근근이 생계를 유지하고 있다는 소식을 듣게 되었다. 나는 의리 때문에 많은 손해를 보기도 했지만 인간으로서 서로를 믿고 돕는 게 금전적인 가치보다 더 의미가 있다고 생각하는 스타일이다. 그 친구의 딱한 사정을 도저히 그냥 넘어갈 수 없었다. 결국 그 친구를 위해 가게를 오픈하기로 마음먹고 준비를 모두 마친 후 그에게 찾아가 일종의 '삼고초려'를 했다. "네 경력을 여기서 그대로 썩히기엔 너무 안타까워. 너를 좋아하는 오랜 손님들과 친구들이 기다리고 있으니 다시 아카사카로 돌아와서 나와 함께 새로운 가게를 시작해보자"라고 권유했다. 그는 눈물을 흘리면서 "내가 꼭 보답할게, 고맙다"라고 승낙했고 함께 가게를 시작하게 되었다.

그런데 문제는 여기서부터 발생했다. 일본인은 '갑을관계'를 명확히 하는 습성이 있다는 것을 그때까지 모르고 있던 나는 원래부터 친구였던 그와 동업자 같은 느낌으로 함께 가고자 했다. 평소대로 서로 반말을 하며 살갑게 지내면서 가게를 운영했는데, 그가 내 요구나 지시에 영 시원치 않게 반응하는 것이 느껴졌다. 대답도 별로 안 하고 항상 억지로 하는 듯한 태도로 일관했다.

나는 갈수록 분노가 쌓이기 시작했고 술을 흠뻑 마신 어느 날 폭발하여(나는 원래 화를 잘 안 내는 성격이지만 1년에 한두 번은 주변 사람들이 충격을 받을 정도로 화를 낸다. 그게 딱 그날이었나 보다) 점장에게 엄청난 욕설과 화를 퍼부었다. "너는 왜 나를 존중하지 않는 거지? 사장인 내 지시에 왜 그런 태도를 보이는 건지 이해할 수 없어. 네가 힘들 때 도와준 은혜를 금세 잊은 거야? 앞으로는 나한테 항상 존댓말 쓰고 내 지시에 제대로 따르도록 해, 그러지 않을 거면 나가!"라며 눈물이 쏙 나오도록 꾸짖었다.

그날 이후 점장의 태도는 놀랄 만큼 바뀌었다. 내가 평소에 생각해오던 제2차 세계대전 당시의 절도 있는 일본 군인처럼 머리를 숙여 인사하고 존댓말을 썼으며 내 모든 지시에 "하잇!"이라고 대답하며 충성스러운 모습을 보여줬다. 일본인에 대해서 많은 것을 깨닫게 된 사건이었다. 일본인은 친절하게 대해주면 안 된다. 내가 편해지려면 또 무시당하지 않으려면 상하관계, 갑을관계를 확실히 주지시키고 지배적인 태도를 상대방에게 계속 보여줘야 충성하고 머리를 조아린다.

　제2차 세계대전에서 수많은 일본 군인을 죽이고 죄 없는 일본 시민을 핵폭탄으로 희생시킨 미국은 일본 역사상 가장 저주해야 할 국가인데도 일반 일본 시민은 물론이고 아베 총리까지 미국에 굽실대며 충성한다. 일본이 경제적으로 잘나가던 시절 '플라자 합의'를 이끌어 호황기를 구가하던 일본 경제를 붕괴시키고 이후 수십 년간 최악의 불경기

> 히로시마에 핵폭탄을 투하한 미국은 일본 역사상 가장 저주해야 할 국가인데도 일반 일본 시민은 물론, 아베 총리까지 미국에 굽실대며 충성한다. 이는 일본이 미국에 철저하게 굴복했기 때문이다. 일본인에게 '미국은 갑'이라는 인식이 뼛속까지 각인됐다.

를 겪게 했으며 장기 불황의 단초를 제공한 원흉 미국을 일본은 절대로 비난하지 않는다. 오히려 미국이 아닌 일본에게 아무 나쁜 짓도 한 적 없는 애꿎은 한국만 비난하고 있다.

일본에서는 지금까지 대규모 반미 데모가 일어난 역사가 없다. 이는 일본이 미국에 철저하게 굴복했기 때문이다. 핵폭탄 두 발의 위력에, 신처럼 모시던 천황폐하 앞에서 한손을 호주머니에 넣고 거만하게 악수를 청하는 미국 맥아더 장군의 모습에, 철저하게 굴복당한 것이다. 미국은 철저하게 '우리가 갑'이라는 인식을 뼛속까지 일본인에게 각인시켰고 일본은 그에 맞게 복종했다.

일본인에게 친절을 베풀지 마라. 친절을 베푸는 순간 당신은 '을'의 위치에 놓이게 되고 평생 당신을 우습게 여기고 이용만 할 것이다. 우리는 일본에게 있어 100여 년간 '을'이었고 지금도 '을'이다. 이것이 과거의 한일문제를 둘러싼 어떤 문제에 대해서도 사죄하지 않는 이유 중 하나이다. 또 이것이 우리가 불매운동을 끝까지 지속해야 하고 일본 산업으로부터 독립을 이뤄내야 할 이유이다. 우리 국민은 애국심으로 단결하여 일본 경제 종속에서 벗어나고 통일 경제를 통해 일본을 압도하는 강력한 나라를 만들어나가야 한다. 그러면 일본은 우리가 요구하지 않아도 우리에게 머리를 조아릴 것이다. 우리 후손에게 '을의 역사'를 물려주지 않기 위해서라도 우리는 모든 국력을 모아 싸워나가야 한다.

도요타 생산방식을 보면
일본의 미래가 보인다

미국 볼티모어에서 운영했던 아시안 퓨전 레스토랑에는 지하에 식자재나 음료, 주류 등을 대량으로 보관할 수 있는 창고가 있어서 한 번에 물건을 대량 구입하여 보관해두곤 했다. 대량으로 구입하면 저렴하게 살 수 있기 때문에 보관 장소만 있으면 대량 구입하는 게 훨씬 이익이다. 가끔씩 주류업체 트럭 배달 직원이 재고 처리를 위해 주류를 저렴하게 판매하는 경우도 있었는데, 나는 이런 기회가 있으면 항상 수십 박스씩 구입하여 창고에 보관해놓고 주변 상점에 되팔기도 하고 마진을 조금 더 붙여 가게에서 팔기도 했다.

이런 나의 물품 구입방식은 그렇게 특별한 게 아니다. 일반적으로 당연하게 생각할 수 있는 구매방식일 것이다. 대량으로 구입하면 싸다는 상식은 누구나 가지고 있는 기본적인 개념이다. '코스트코' 같은 창고형 대형마트는 묶음 단위가 좀 부담스럽긴 해도 대량으로 구입하면 매우 저렴하게 살 수 있어 많은 소비자가 애용하고 있다. 전 세계 코스트코 매장 중에서 한국 양재동 매장이 세계 최고의 매출액을 자랑한다고 하니 한국인의 통이 얼마나 큰지 알 수 있다.

그에 비하면 일본인의 통은 매우 작다. 우리나라보다 인구는 2배 이상, 국토 크기는 3배 이상 큰 나라이면서 우리보다 통이 작디작다. 우리나라는 비록 두 동강이 나서 조그만 땅덩이지만 오래 전부터 대륙에서 놀던 민족이 아니던가. 일본에 비해 3분의 1 크기의 조그만 나라에서 세계 반도체 패권을 쥐고 조선업, 철강업, 자동차 산업 등 굵직굵직한 산업을 키워내 세계적인 신흥 산업 국가를 만들어온 대한민국 국민이 참으로 자랑스럽기만 하다.

도요타와 효율성

일본의 '기초경영학' 교과서에 항상 소개되는 도요타 자동차의 생산방식 'JIT_{Just In Time}'에 대해 간단히 살펴보자. 이 생산방식은 간단히 얘기하면 필요할 때 필요한 양만큼만 부품을 주문하여 생산하는 것으로 재고관리 측면에서 효율적이라고 평가되어 일본에서는 물론이고 전 세계 제조 산업에서 한때 이 생산방식을 배우자는 열풍이 불기도 했다.

이와 같이 필요할 때 필요한 양만 구입하는 특성은 일반 일본인에게서도 찾아볼 수 있다. 일본의 보통 가정집 주부는 매번 식사준비를 할 때마다 슈퍼마켓에 가서 장을 본다. 구입하는 양은 한국 가정과 비교했을 때 매우 작은 양이다. 물론 보관할 수 있는 냉장고 크기도 제한되어 있어 그럴 수 있지만 도무지 이해할 수 없다. 왜 냉장고를 크게 만들지 않는지도 의문이다. 또 냉장고를 놔둘 공간까지 그렇게 좁은 곳은 세상에서 일본밖에 없을 것이다. 일반적인 한국 가정에서 사용하는 대형냉장고는 일본에서 찾아보기 힘들다. 그런 대형냉장고를 2대씩이나 놔두고 김치냉장고까지 사용하는 집이 있는 걸 보면 우리나라 사람들은 통이 커도 한참 큰 것 같다.

일본인 대부분은 수박 반통도 안 들어가는 조그만 냉장고에 매번 필요한 양만 구입해서 식사준비를 한다. 부업으로 경영하는 가게에서도 일본인 점장이 매일 어제 팔린 빈 술병을 체크하여 딱 그만큼만 술을 주문한다. 우리나라 유흥업소나 식당이라면 소주나 맥주 등 궤짝으로 주문해서 쟁여놓지만 우리 점장은 항상 병 단위로 주문한다. 아사히맥주 5병, 삿포로맥주 6병, 잭다니엘 1병 하는 식으로 말이다. 술이 썩는 것도 아닌데 참 특이한 국민성이 아닐 수 없다. 이와 같은 일본 국민의 특성이 반영된 생산방식이 바로 '도요타 생산방식JIT'이라고 할 수 있다

이 도요타 생산방식은 일본인에게 최적화된 방식이지 전 세계 제조 산업에 그대로 적용시키기에는 힘든 부분이 있다. 필요할 때 필요한 수량만 주문해서 재고관리를 하는 것이 언뜻 매우 효율적으로 보이나 실제로 이

도요타 생산방식(JIT)에 대해 설명하고 있는 도요타 홈페이지

와 같은 시스템을 정착시키려면 신경 써야 하는 부분이 한두 가지가 아니다. 부품 업체와 완성차 업체 간의 365일 24시간 긴밀한 연락체계가 유지되어야 하고 언제든지 대응할 수 있는 체제를 구축해놓아야 한다. 잠시도 긴장을 늦출 수 없으니 납품 업체로서는 참 피곤한 노릇이다. 또한 소량생산으로도 원가를 그대로 유지하기 위해서 2차 벤더, 3차 벤더 등 모든 납품 업체의 뼈를 깎는 원가절감 노력이 필요하다.

　여기서 중요한 게 매번 필요한 주문량을 생산하여 납품하는 배송 트럭의 운송비용을 어떻게 절감할 것인가 하는 문제이다. 소량생산으로 여러 번 주문하면 당연히 대량으로 주문할 때보다 운송비용이 더 발생한다. 간단히 생각해보자. 큰 트럭으로 한꺼번에 운송하는 것이 저렴할

도요타 생산방식은 간단히 얘기하면 필요할 때 필요한 양만큼만 부품을 주문하여 생산하는 것이다. 재고관리 측면에서 효율적이라고 평가되어 일본에서는 물론이고 전 세계 제조 산업에서 한때 이 생산방식을 배우자는 열풍이 불기도 했다.

까? 아니면 작은 트럭으로 여러 번 나눠 운송하는 것이 저렴할까? 이것은 누구라도 알 수 있는 상식이다.

그렇다면 늘어난 운송비용은 누가 부담해야 할까? 납품 업체들은 도요타의 재고관리 효율화를 위해 운송비용에서 또 다시 피나는 원가절감을 할 수밖에 없는 것이다. 나는 도요타 생산방식을 찬양하는 사람들을 이해할 수 없다. 이게 회사와 국가를 위해 국민의 희생을 강요하는 군국주의적 발상이 아니고 무엇인가. '을'에 대해 배려하지 않는 '갑'의 횡포가 다분한 생산방식이고, 복잡한 것을 사랑하는 일본인에게 최적화된 생산 시스템일 뿐이다. 우리나라의 국민성으로는 납득할 수도 없고 현실적으로 불가능한 효율이 떨어지는 시스템일 뿐이다.

도요타는 재고관리의 효율성에서는 성공했을지 모르지만 납품 업체에 고단함을 가중시켜 전반적으로 의미 없는 효율성을 보여준 사례에 불과하다. 자동차 부품이 식자재처럼 유통기간이 짧은 것도 아닌데 넉넉하게 대량으로 저렴한 가격에 사놓고 필요할 때마다 언제든 꺼내 쓰는 게 제조과정을 줄이고 훨씬 효율적이라고 생각한다. '효율'이라는 것은 경제적인 부분 이외에도 심리적인 부분에도 그 가치가 있다는 것을 새삼 깨닫게 된다.

일본에게 내일은 없다

일본의 대학에서 기초경영학 과목을 일본 학생들에게 가르쳤던 적이 있다. 당시 학교에서 20여 년째 사용하고 있던 기초경영학 교과서는 수십 년 전 과거 일본 경제가 대단했던 시절에 활약했던 일본 기업을 다루고 있어, 오늘날 글로벌 경영 환경과는 동떨어진 옛날 케이스만 소개하고 있었다. 그런데도 경영학부 교수 중 어느 누구도 바꾸려 하지 않고 계속 이 교과서만 고집했다.

기업 M&A(인수합병)에 관한 것을 설명할 때에는 소니의 컬럼비아 영화사 인수 케이스를 소개하고(1989년에 성사된 합병으로 자그마치 30년 전 사례이다) 기업 마케팅 전략에 대해서는 포드와 GM의 100여 년 전 이야기를 다루고 있다. 자그마치 100년도 넘은 1900년대 경영 케이스를 제4차 산업혁명의 기세가 맹렬하게 세계를 뒤흔들고 있는 2010년대에 가르치고 있다! 포드는 '모델 T'라는 단일 모델을 대량생산하여 성공했고 제너럴모터스는 다양한 모델을 판매하여 성공했다는 내용인데 수강하는

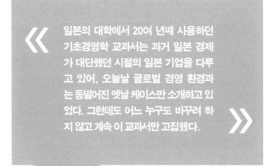

일본의 대학에서 20여 년째 사용하던 기초경영학 교과서는 과거 일본 경제가 대단했던 시절의 일본 기업을 다루고 있어, 오늘날 글로벌 경영 환경과는 동떨어진 옛날 케이스만 소개하고 있었다. 그런데도 어느 누구도 바꾸려 하지 않고 계속 이 교과서만 고집했다.

젊은 학생들에게 참 와 닿지 않는 사례라고 판단했다. 그래서 인수합병에 관해서는 구글의 안드로이드와 유튜브 M&A를, 마케팅 전략에 관해서는 애플 아이폰과 삼성 갤럭시로 대체해 설명해줬더니 학생들이 잘 이해하고 반응도 좋았다.

하지만 내가 재직한 대학은 모든 것을 감시하는 공산당 같은 분위기의 대학으로 매 수업 시간마다 수업 내용을 카세트테이프로 녹음하여 수업 후에 대학 사무국에 제출해야 했다(강의실 수업 장면을 CCTV로 감시하기도 한다). 또한 기초경영학 과목은 경영학부 학생들의 전공필수 과목이라 동일한 교과서와 동일한 수업 내용을 가르쳐야 하고, 사전에 담당 선생들이 모여 수업 내용에 대해 협의하고 협의한 사항대로 가르쳐야 했다.

개인적으로 사립대학이란 서비스를 제공하여 이익을 창출하는 기업과 같다고 생각한다. 학생들에게 교육이라는 서비스를 제공하는 것이 일반 기업과 다를 뿐이다. 전통과 권위로 학생들에게 가르침을 준다는 태도보다는 최고의 고객인 학생들에게 가장 좋은 교육서비스, 콘텐츠를 제공해야 한다는 '서비스 정신'을 가지고 교육하는 것이 대학의 당연한 의무이자 책임이라고 생각한다.

하지만 오래된 식재료로 만든 요리가 아닌 신선한 식재료로 만든 요리를 제공한 것도 일본에서는 죄가 됐던 것일까? 나는 그들이 정한 룰 和을 벗어나 가르쳤으니 어찌 됐건 이 조직의 룰을 어긴 게 되었다. 얼마 후 소집된 교수회의에서 마치 공산당이 '인민재판'을 하듯이 조직의 룰을 위반한 나를 꾸짖기 시작했다. "김 선생이 한국 사람이라고 삼성을 편애하면 안 되지요. 일본 학생들에게 삼성에 대해 가르치는 건 옳지 않습니다."

삼성전자의 경영전략은 전 세계 여러 유명 경영대학원에서 자주 다루고 있는 '핫'한 경영 케이스이다. 내가 한국인이라서 삼성을 소개한다니 일본인 교수의 무식함에 나는 할 말을 잃었다. 학생들을 잘 가르쳐보겠다는 의욕도 상실했다. 오래된 지식을 배우든 말든 정해진 교과서 내용 그대로 가르치라는 것만 가르치기로 맘먹었다.

이런 사회 분위기 속에서 일본에 무슨 발전이 있을까? 일본은 오래된 방식에 누구도 불평하지 않는다. 오래된 방식으로 하라는 대로만 하면 자리를 보전할 수 있기 때문이다. 일본은 망할 수밖에 없다. 아베 정권만 나쁘고 비이성적인 것이 아니다. 많은 일본 국민 또한 한국인에 대한 인종차별 의식과 구시대적인 악습에 절어 변화하려고 시도조차 하지 않는다. 현재의 상황에 안주하려는 국민이 대다수를 차지하고 있다. 일본은 반드시 망한다. 도쿄 올림픽 이후 멸망의 속도는 급속히 빨라질 것이다.

'민주주의'라는
어울리지 않은 옷을 입고 있는 일본

각 나라나 민족마다 어울리는 제도와 시스템이 따로 있다. 섣불리 선진 시스템이라고 무조건 받아들이고 적용하려다가 낭패를 볼 수도 있다. 우리나라는 창의력을 중시하는 서양의 교육방식과 자유로운 정신이 보장되는 민주주의에 가장 잘 어울리는 민족성을 가지고 있다. 반면 일본은 몸에 어울리지 않은 '민주주의'라는 옷을 미국에 의해 강제적으로 입혀져 수십 년간 살아온 꼴이다. 그들의 국민성에 진정으로 어울리는 옷은 '전체주의, 군국주의'라는 생각이 든다. 아베 정권을 통해 재점화한 군국주의와 우경화 정책은 잘못됐다기보다 오히려 어울리지 않은 옷을 벗어던지고 그들에게 맞는 옷을 찾아가는 과정이라는 생각도 든다.

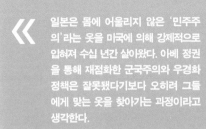

일본은 몸에 어울리지 않은 '민주주의'라는 옷을 미국에 의해 강제적으로 입혀져 수십 년간 살아왔다. 아베 정권을 통해 재점화한 군국주의와 우경화 정책은 잘못됐다기보다 오히려 그들에게 맞는 옷을 찾아가는 과정이라고 생각한다.

일본인에게는 창의력과 개성을 중요시하는 서양의 교육방식 또한 어울리지 않는다. 창의력을 키워주려는 교육을 일본 대학교육 현장에서 직접 시도해봤지만 일본 학생에게는 전혀 그 교육 효과를 보지 못했다. 오히려 강압적인 주입식 교육에 능률을 보이는 학생들이 더 많았다. 실제로도 2002년부터 2010년까지 전국 초·중·고에서 일률적으로 시행한 '유토리 교육ゆとり教育(그전까지 시행했던 '주입식 교육詰め込み教育'을 지양하고 창의력을 중시하고 정신적인 여유를 가지고 학습하려는 교육방식)' 세대는 학력수준 이외에도 상대방에 대한 배려와 예의, 하고자 하는 의지력, 단체생활 적응력 등 대부분 항목에서 낮은 비율을 보여주었으니 자율을 강조하는 교육이 일본인에게 얼마나 어울리지 않는 옷인지 알 수 있다.

내가 대학에서 가르친 학생들도 유토리 세대의 중심 세대였다. 일본에서 직장생활을 하고 있는 이들은 알겠지만 유토리 세대 신입사원들은 말 그대로 조직생활에 어울리지 않는 말썽꾸러기들이다. 선생님, 직장상사, 고객에게조차 최소한의 예의도 지키지 않는 문제가 많은 세대이다. 상대방에 대한 배려 없이 자기만 생각하는 이기주의와 개인주의, 학습능력과 업무능력도 현저히 떨어지는데 근거 없는 자신감만 하늘을 찌른다. 이에 반해 한국 유학생들을 떠올려보면 항상 예의가 바르고 선생님과 선후배를 챙기고 학업성적도 우수해서 유토리 세대 일본 젊은 이들과는 비교도 안 되게 훌륭했다. 그 당시 몇 명 없었던 한국인 유학생은 아직도 나에게 안부연락을 해온다.

일본의 군국주의 회귀본능

일본은 전체주의, 군국주의 그리고 독재정권에 어울리는 민족성을 가지고 있다. 그러한 국민의식을 가지고 그러한 주입식 전체주의 교육을 시행했을 때 일본이 다시 강성해진다는 일본 극우세력의 주장에 나 또한 상당 부분 동의한다. '사무라이의 나라', 칼에 의해 지배되던 일본이 단지 70여 년간 미국에 의해 '민주주의'라는 안 어울리는 옷을 입고 있었을 뿐이다. 때문에 다시 그들 본래의 독재 군국주의 국가로 회귀하려는 것은 자연스러운 본능이라고 할 수 있다. 그러므로 우리가 일본의 우경화, 군국주의화를 우려한다고 해서 바뀔 흐름이 아니다. 일본 민족이 스스로 선택한 흐름이기 때문이다. 그 거대한 흐름을 바꾸는 것은 불가능하다고 여기는 것이 더 현명하다. 우리는 그들이 군국주의로 회귀하려는 것을 기정사실로 인정하고 군국주의화가 완료된 일본을 전제로 놓고 미래 상황에 대비하는 것이 옳다고 생각한다.

군국주의로 회귀하려는 일본에 더해 일본인의 정신도 이미 망가질 대로 망가진 상태이다. 미군정 GHQGeneral Headquarters (연합군 최고사령부)는 일본의 패전 이후 일본인이 다시는 전쟁에 관심을 가지지 못하도록 3S 정책, 즉 '섹스Sex, 스포츠Sports, 스크린Screen'에 빠져들게 만들어 일본 국민을 우민화하는 정책을 실시한다. 그 정책은 수십 년간 일본 국민의 정신을 지배해왔다. AV 산업, 섹스 산업은 기괴한 수준까지 발달했고 파친코, 경마, 경정, 경륜, 마작 등 도박 산업 또한 폭발적으로 성

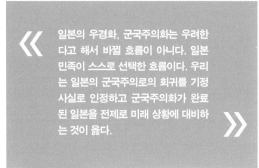

일본의 우경화, 군국주의화는 우려한
다고 해서 바뀔 흐름이 아니다. 일본
민족이 <u>스스로</u> 선택한 흐름이다. 우리
는 일본의 군국주의로의 회귀를 기정
사실로 인정하고 군국주의화가 완료
된 일본을 전제로 미래 상황에 대비하
는 것이 옳다.

장하여 '세계 1위 도박중독ギャンブル依存症 국가'라는 오명을 기록하고 있다. 이것도 모자라 아베 정권은 초대형 카지노 리조트를 건설하여 경제를 살리려는 정책을 추진하고 있다. 일본을 망국의 길로 인도하고 있는 아베 정권의 기가 막힌 정책을 보면 일본을 철천지원수로 생각하고 있는 한국인으로서 감사한 마음이 들기도 한다.

어느 날 우리 회사 여직원이 나에게 이런 칭찬을 했다. "사장님 걸음걸이가 바르네요, 구두도 한쪽으로 닳아 있지 않고 어깨도 곧게 펴고 말이에요." 난 이게 무슨 칭찬일까 생각했다. 내 인생에서 걸음걸이가 바르다는 칭찬은 그전까지 한 번도 들어본 적이 없었다. 우리 대부분이 "그런 게 왜 칭찬이지?"라며 의아해할 것이다. 하지만 후일 아내가 하는 말을 듣고 일본에서는 그런 것도 칭찬이 될 수 있겠다 싶었다. "우리 남편은 걸음걸이도 바르고 걷는 자세도 좋아서 구두가 한쪽으로 닳지도 않고 참 결혼 잘했다는 생각이 들어! 난 걸음걸이 이상한 사람이 너무 싫거든." 일본에는 걸음걸이가 이상한 사람이 한국보다 훨씬 많다. 그러고 보니 길거리에 걸음걸이가 바르지 않은 일본인이 눈에 많이 띈다. 건전한 정신과 건강한 육체를 가진 사람들이 한국보다 훨씬 찾아보기 힘든 사회 현실이라는 것이다.

군국주의가 일본인에게 원래 어울리는 옷이기에 군국주의로 회귀하려는 아베 정권의 시도에 대해서 일본이 선택할 수밖에 없는 유일한 선택지로서 공감한다고 피력한 바 있다. 하지만 전술한 것처럼 이미 곪을 대로 곪아버린 일본인의 썩은 정신상태와 더불어 일본 자위대를 보는 국민들의 시선, 자위대에 지원하는 사람들에 대해 알게 된다면 아베 정권의 군국주의화 정책이 얼마나 비현실적인 정책인지 이해하게 될 것이다.

일본 자위대가 보여주는 것

일반적인 일본인이 자위대에 근무하는 사람들에 대해서 어떻게 생각하는지 주변 사람들에게 물어본 적이 있다. 대부분이 "나라 세금을 좀 먹는 한심한 사람들이지", "군인 코스프레하는 공무원일 뿐이야"라고 반응했다. 미군정 GHQ의 3S 정책으로 일본인의 무의식 깊은 곳에는 '애국심을 가지는 것'과 '나라를 위해 목숨을 바치는 것'이 '어리석은 행위'라는 인식이 자리 잡게 된 것이다.

일본은 인구고령화와 청년인구의 감소로 인해 실제로 자위대에 자원입대하는 인원이 부족하여 18세에서 33세 미만의 정신적·신체적 장애가 없는 일본인이라면 누구나 자위대 입대가 가능하다. 급여수준도 최초 4년간 연봉 3,000만 원으로 시작해 이후 계속 인상되며 공무원 자격에 정년까지 보장된다. 한국의 취업준비생이라면 큰 관심을 가질 만한 꽤 안정적인 직장이라고 할 수 있지만 자위대에 입대하려는 일본인은 매우 적다.

'단카이 세대団塊世代'라고 불리는 전후 베이비부머 세대가 매년 약 200만 명씩 은퇴하고 있지만 신규로 노동시장에 유입되는 일본인의 수

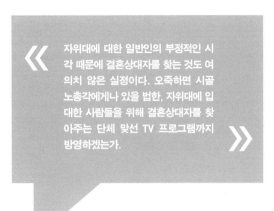

> 자위대에 대한 일반인의 부정적인 시각 때문에 결혼상대자를 찾는 것도 여의치 않은 실정이다. 오죽하면 시골 노총각에게나 있을 법한, 자위대에 입대한 사람들을 위해 결혼상대자를 찾아주는 단체 맞선 TV 프로그램까지 방영하겠는가.

단체 맞선 TV 프로그램 〈은밀한 맞선 대작전!〉의 한 장면

는 약 100만 명에 그치고 있다. 2019년 현재 노동시장이 활황인 이유는 '아베노믹스'가 대단한 경제 정책이라서가 아니라 단지 노동인구가 부족해서 일어난 현상이다. 그럼에도 대한민국 가짜 보수들이 일본 아베 정권과 아베노믹스를 찬양하고 있으니 그 공허한 외침이 한심하게만 느껴진다. 현재 일본의 노동시장은 구인난이 심각한 현실이라 일반

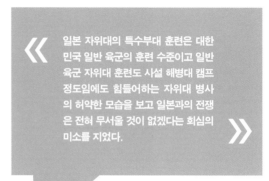

일본 자위대의 특수부대 훈련은 대한민국 일반 육군의 훈련 수준이고 일반 육군 자위대 훈련도 사설 해병대 캠프 정도임에도 힘들어하는 자위대 병사의 허약한 모습을 보고 일본과의 전쟁은 전혀 무서울 것이 없겠다는 회심의 미소를 지었다.

기업체에서도 인력이 부족해 누구라도 취업하려는 의지만 있으면 취업이 바로 가능한데, 누가 육체적 고통과 부정적인 사회적 편견을 감수해 가며 자위대에 입대하겠는가.

이런 자위대에 대한 부정적인 시각 때문에 결혼상대자를 찾는 것도 여의치 않은 실정이다. 오죽하면 시골 노총각에게나 있을 법한, 일본 자위대에 입대한 사람들을 위해 결혼상대자를 찾아주는 단체 맞선 TV 프로그램 〈은밀한 맞선 대작전! ナイナイのお見合い大作戰!〉을 방영하겠는가. 나는 자위대 훈련과정을 소개해주는 이런 방송을 시청하면서 2년 2개월이라는 기간 동안 준전시 상황인 한국 전방에서 실제로 군생활을 경험해본 사람으로서, 그들의 눈빛과 태도는 대한민국 군인들의 그것과는 비교도 안 되게 약하다는 걸 확실히 느꼈다. 약하다는 수준을 넘어아예 상대가 되지 않는다. 초밥 장인끼리는 칼 잡는 자세만 봐도 이 사람이 고수인지 아닌지 알 수 있고 게임 고수끼리는 키보드 누르는 스타일만 봐도 이 사람이 프로인지 아마추어인지 알 수 있듯이 동종 업계 사람끼리는 금세 상대방의 수준을 파악할 수 있지 않은가.

일본 자위대의 특수부대 훈련을 보니 대한민국 일반 육군의 훈련 수준에 불과했고(TV 방송에 특수부대 훈련 도중 뱀을 잡아먹는 장면이 있었는데 교관이 도마 위에 뱀을 놔두고 어떻게 회를 뜨는지 알려주고 훈련병들이 징그러운 표정을 짓는 장면을 보고 웃음이 터진 기억이 난다. 그까짓 게 무슨 훈련이 필요한가. 배고프면 그냥 칼로 껍데기 벗겨 구워먹으면 될 것을!) 일반 육군 자위대 훈련도 사설 해병대 캠프 정도로 이 정도 훈련에도 눈물을 질질 짜는 자위대 병사의 허약한 모습을 보고 일본과 전쟁이 일어나도 전혀 무서울 것이 없겠다는 회심의 미소를 지을 수 있었다.

일본인의 알 수 없는 정신세계

한국인은 '복잡한 것을 단순화하는 것'에 일본인은 '단순한 것을 복잡하게 만드는 것'에 특화되어 있다고 생각한다. 이것이 한국인과 일본인의 사고방식 차이를 가장 극명하게 나타내는 국민성이 아닐까 싶다. 한국 사람들은 항상 복잡하고 어려운 사안에 대해서 어떻게 하면 쉽고 간단하게 해결할 수 있을까 고민하는데 반해 일본 사람들은 간단한 문제를 어떻게 하면 복잡하게 해결할 수 있을지 고민하고 있는 것처럼 보인다. 이런 차이 때문에 일본에서 일하는 한국 사람들은 정신적으로 많은 스트레스를 받고 있다. 한국 사람들과 만나서 하는 이야기 대부분이 일본인의 알 수 없는 정신세계에 대한 하소연이다. 나 역시 한국인의 이러한 국민성을 가진데다가 미국의 경영전략 컨설팅 업체에서 근무하며 더욱 전략적이고 효율적인 판단과 의사결정을 훈련받아온 사람이라, 일본 조직에서 일하면서 그 누구보다 정신적으로 괴로움을 많이 겪고 살아왔다.

주택구조에 보이는 복잡한 정신세계

개인적으로 건축물의 내부구조를 들여다보면 한 나라의 국민성을 쉽게 이해할 수 있다고 생각한다. 설계자의 사고방식이 설계도면에 그대로 투영되어 나타나기 때문이다. 일반적인 일본 가정집 구조는 물론이고 여러 건축물의 내부구조를 보면 그 구조가 복잡하기 그지없다.

일반적인 한국 주택의 내부구조는 현관문을 열면 시원하게 거실이 보이고 거실을 중심으로 각각의 방이 배치된 단순하고 알기 쉬운 구조이다. 이에 비해 일본의 집 구조는 현관문을 열고 집안에 들어오면 벽이 보이고 얇고 긴 복도를 지나게 되어 있다. 복도 중간중간에 방이 있고 복도를 다 지나야 비로소 거실과 마주할 수 있다. 그 속마음을 여간해서는 알 수 없는 일본인의 마음이 주택설계에 그대로 투영된 것 같다.

또한 한국의 아파트 발코니는 크게 통유리로 제작되어 있으며 전면은 물론이고 후면 다용도실에도 발코니가 설치되어 있다. 앞뒤로 시원하게 바깥을 볼 수 있고 밖에서도 내부를 쉽게 들여다볼 수 있는 구조로 설계되어 있는 것이다. 볼 테면 보라는 식으로 노출되는 것에 별 신

경을 쓰지 않는다. 밤이 되어도 숨기고 감추려는 성향이 거의 없기 때문에 커튼 없이도 당당하게 생활한다. 국가대표 축구팀의 중요한 경기가 있는 날 밤이면 환하게 켜진 아파트 거실 불빛을 통해 응원하는 사람들이 수십 층으로 연결되어 보이는 광경은 어느 나라에서도 보기 힘든 멋진 장관이 아닐 수 없다. 하지만 일본의 주택은 발코니 창문 자체의 크기도 작을 뿐더러 앞뒤로 뚫려 있지도 않고 밤이 되면 대부분 가 일본의 집 구조는 현관문을 열고 집안에 들어오면 벽이 보이고 얇고 긴 복도를 지나게 되어 있다. 또 대체적으로 집 크기에 비해 매우 작은 창문과 적은 창문 개수가 있으며 밤이 되면 대부분 가정에서 커튼을 쳐서 내부를 보여주지 않으려고 한다.

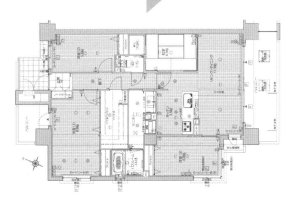

긴 복도를 지나서야 거실에 다다를 수 있는 전형적인 일본 주택구조

정에서 커튼을 쳐서 내부를 보여주지 않으려고 한다. 한국에 놀러 와서 커튼 하나 치지 않고 생활하는 한국 가정을 보고 적잖이 놀라는 아내에게 "한국인은 감출 게 없거든"이라고 말하며 내심 대범하고 솔직한 한국인의 모습에 흐뭇해했던 기억이 난다.

일반적으로 한국인은 커다란 통유리 창문을 선호하는 반면 일본인은 작은 창문을 선호한다. 일본의 모든 주택이 다 그런 것은 아니지만 대체적으로 집 크기에 비해 매우 작은 창문과 적은 창문 개수를 보여주고 있다. 주택의 창문이라는 것은 주택 내부를 보여주는 동시에 안에서 밖을 바라보는 통로 역할도 한다는 점을 고려할 때 일본인은 자신의 속마음을 보여주는 것도 꺼리지만 남에 대해서 알려고 하지도 않는다고 생각할 수 있다. 실제로도 일본인은 친구에게도 자신의 고민을 얘기하지 않고 친구의 고민에 대해서도 들으려고 하지 않는다. 이에 반해 한국인은 친구에게 자신의 모든 고민을 털어놓고 친구의 고민은 물론 잘 모르는 사람도 도우려고 하는 성격을 보여준다. 이렇게 주택구조와 창문을 보고 한국과 일본의 국민성을 알 수 있다는 것이 참으로 흥미로운 사실이 아닐 수 없다.

전자담배에 숨겨진 일본인의 사고방식

서울 시내에서 택시를 탄 후 좀 빨리 가달라고 부탁하면 기사님은 일반적으로 속도를 내서 요리조리 차선 변경을 하면서 차량을 추월하여 목적지까지 빠르게 도착하는 것을 제일 목표로 한다. 그게 정석이고 일반적인 모습이다. 그런데 도쿄 시내 택시기사에게 똑같이 주문하면 속도를 내기보다 주택가의 좁은 길로 들어가서 구불구불한 주택가 길을 정신없이 가로질러 가는 방법을 택한다. 여기서도 일본인의 복잡한 정신세계를 엿볼 수 있다. 일본인은 대체적으로 어떤 문제에 부딪혔을 때 단순한 정면돌파 방식을 택하기보다 복잡한 방식으로 우회하여 해결하려는 습성이 강하다.

한국에서 개발해 전 세계적으로 인기 있는 '배틀그라운드PUBG'는 서바이벌 슈팅 게임으로 마지막까지 생존하는 플레이어가 승리하는 형식이다. 배틀그라운드 속 일본인 플레이어는 정면대결하며 신속한 대응과 전략으로 승부하는 한국 플레이어와는 달리 잘 보이지 않는 곳에 숨어서 가끔 저격하며 끝까지 살아남으려는 게임 스타일을 보여준다. 게임하는 이유가 플레이 도중 발생하는 여러 가지 돌발 상황을 직접 체험하고 즐기는 것이 재미인데 일본인은 정면승부를 피하고 우회하는 참 재미없는 방식으로 게임을 한다. 한국과 일본은 게임 스타일만 보더라도 확연하게 차이가 나서 '가깝고도 먼 나라'라는 말이 실감난다.

흡연가인 나는 2014년 '아이코스'라는 가열식 전자담배를 정식으로 발매하기 전부터 피우기 시작했다. 아마도 전 세계에서 가장 먼저 아이코스를 접한 한국인이 아닐까 싶다. 말보로 담배로 유명한 필립모리스 사의 일본 법인에서 지인이 상품개발을 담당하고 있어서 시험용으로 샘플을 받아 피우게 되었다.

아이코스를 개발한 부서는 필립모리스 일본 법인의 CSR(기업의 사회 공헌 활동) 부서에서 '필립모리스가 건강에 나쁜 담배를 팔고 있으니 건강에 덜 나쁜 전자담배를 소비자에게 제공해 욕을 덜 먹겠다'는 의지로 개발을 시작하게 되었다고 한다. 필립모리스는 미국 회사지만 아이코

> 《 필립모리스 일본 법인의 CSR 부서에서 개발한 아이코스는 충전 배터리 본체와 흡연용 스틱으로 구성되어 있다. 일본인 개발자는 단지 흡연자가 '실제 담배를 피우는 느낌'을 갖게 하려는 의도 하나만을 위해 스틱을 따로 만들었다고 한다. 》

일본에서 개발한 필립모리스사의 전자담배 '아이코스'

스 기계를 개발한 것은 일본인이기 때문에 아이코스의 설계와 구조를 보면 일본인의 사고방식을 들여다볼 수 있다.

아이코스는 충전 배터리 본체와 흡연용 스틱으로 구성되어 있다. 발매 초기에는 무척 인기가 많아서 구입하기 힘들 정도로 공급이 부족했는데, 그 이유가 좀 어처구니없게도 흡연용 스틱에 들어가는 조그만 원통형 배터리의(파나소닉 말레이시아 공장에서 생산한다) 생산량이 많지 않아 아이코스 생산량도 크게 늘릴 수 없었다는 것이다.

애초부터 스틱을 따로 충전하는 방식이 아닌 일체형으로 설계했다면 소형 원통 배터리를 사용하지 않아도 될 텐데, 일본인 개발자는 단지 흡연자가 '실제 담배를 피우는 느낌'을 갖게 하려는 의도 하나만을 위해 스틱을 따로 만들었다고 한다. 이 때문에 단가도 올라가고 수요량도 맞추지 못하면서도 말이다. 게다가 이 스틱은 한 번 피우고 나면 항상 충전 배터리 본체에 넣어서 몇 분 동안 충전을 해야 다시 피울 수 있다.

심한 골초이거나 직업상의 특성으로 계속해서 담배를 피워야 하는 사람에게는 단 몇 분이라도 기다렸다가 다시 피우는 것은 꽤 조바심 나는 일이다. 아이코스를 개발한 일본인은 왜 그런 흡연자 고객을 고려하지 못했는지, 더군다나 배터리 생산량도 맞출 수 없는데 굳이 분리형으로 기획해야 했는지 당최 이해가 안 간다. 일반담배가 아닌 이상 아무리 얇게 만들어도 무게와 질감은 차이 나기 마련이고 그렇다면 굳이 실물 담배와 닮게 하려고 얇고 길쭉한 스틱형을 고집할 이유도 없었는데 말이다. 이것은 전적으로 단 '한 가지 의도(실제 담배를 피우는 얇은 느낌)'를 단념하지 못한 일본인의 국민성 때문이다.

단념하지 못하는 국민성

일본인은 '과감하게 버리는 것'을 잘 하지 못하는 국민성을 가지고 있다. 주위에서 가망이 없는 사업을 끝까지 쥐고 있다가 손해를 보는 일본인도 많이 접했다. 돈이 눈에 보이는데도 사업의 축을 웬만하면 옮기려고 하지 않는 고집스런 모습도 많이 보인다. 나는 스마트폰 시장이 한참 성장하던 시기에 닌텐도가 게임을 내장하거나 인터넷으로 연결하여 '닌텐도 스마트폰'으로 전 세계 이용자들이 사용할 수 있는 환경을 만든다면 시장점유율을 높이고 승승장구하지 않을까 예상했고 또 그래야만 도태되지 않을 거라고 생각했다. 하지만 닌텐도는 아무리 소비자가 스마트폰 게임시장으로 빠져나가도 그 중심축을 옮기려고 하지 않았다.

물론 그러한 일본 기업들의 고집스러운 태도가 일본을 '세계에서 역사가 긴 기업이 가장 많은 나라'로 만든 원동력이었기에 존중할 부분도 있지만 IT 기업이 전통을 지키는 고집은 필요치 않다. 망하는 지름길일 뿐이다. 이제는 스마트폰이 인류의 삶 자체를 변화시키고 있다. TV 시청보다 스마트폰으로 유튜브를 시청하는 사람들이 늘어나고 있으며 닌텐도 게임기를 들고 다니는 사람보다 스마트폰으로 게임을 즐기는 사람들의 수가 더 많다.

세계적인 기업 삼성은 오랫동안 심혈을 기울여왔던 분야에서도 미래 전망이 어둡다고 판단하면 과감하게 정리하고 새로운 전략 사업에 대대적으로 투자하고 이익을 극대화하려고 한다. 삼성이 프린터, 하드디스크, 카메라, 군수 산업 등 장래성이 없는 분야는 과감하게 정리하는 모습을 우리 모두 지켜보지 않았는가. 이들 사업을 정리한 것은 기술력이 떨어져서 혹은 갑자기 수익률이 낮아져서 정리한 것이라기보다 미래를 내다보고 신속하고 과감하게 전략적 판단을 내린 것이다.

파나소닉은 한때 세계 가전시장을 주름잡던 강자였지만 현재는 세계 가전시장에서 한국 업체에 죽을 쑤고 있다. 그런데도 파나소닉은 끝까지 가전사업을 버리지 못하고 있다. 아직도 내수용 가전을 생산·판매하고 있으며 미용기구 등으로 반전을 꾀하려 노력하고 있지만 그 전망은 밝아 보이지 않는다. 끝까지 포기하지 않는 일본인의 자세는 칭찬받아 마땅하지만 그러한 자세가 일본 경제를 나락으로 떨어뜨리고 있는 고집일 수 있다는 자각도 필요한 시점이다.

일본 제조업의 추락

전자담배 아이코스는 흡연 스틱 자체에도 문제가 많았다. 분리형이라서 항상 본체에 넣고 충전해야 하는데 한 번씩 접속 불량으로 충전이 안 되는 경우가 발생한다. 일체형이라면 애초에 발생하지 않았을 문제이다. 또한 흡연용 스틱에는 전용담배를 가열하는 심이 있는데 얇고 넓적한 형태라 내부청소를 하다가 부러뜨린 적이 두 번이나 있었다.

이 '가열심'이 부러지면 이 기계는 생명을 잃어버리고 만다. 전자담배의 심장이 바로 이 '가열심'이라는 부품인데 왜 그리 약한 형태로 만들어놨는지 모르겠다(신형에서는 개선되었다). 또 구형 충전 본체의 덮개 또한 잠금장치 부분이 쉽게 파손되어 망가진 덮개를 조이는 전용 고무밴드가 인터넷에서 판매될 정도로 결함투성이다. 마지막으로 전용담배 속 내용물이 가열심 쪽에 박혀서 막혀버리는 상황이 가끔씩 발생하기도 한다. 이를 제거하려면 꽤 번거로운 과정을 거쳐야 한다.

한편 한국의 KT&G에서 개발하여 판매하고 있는 '릴'이라는 가열

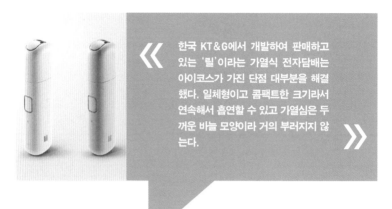

> 한국 KT&G에서 개발하여 판매하고 있는 '릴'이라는 가열식 전자담배는 아이코스가 가진 단점 대부분을 해결했다. 일체형이고 콤팩트한 크기라서 연속해서 흡연할 수 있고 가열심은 두꺼운 바늘 모양이라 거의 부러지지 않는다.

식 전자담배는 일본이 개발한 아이코스가 가진 단점 대부분을 해결했다. 일체형이고 콤팩트한 크기라서 연속해서 흡연할 수 있고 가열심은 두꺼운 바늘 모양이라 거의 부러지지 않는다. 덮개가 망가질 염려도, 충전 불량이 일어날 가능성도 없다. 게다가 '릴'에는 놀라운 기능이 들어 있는데 앞에서 아이코스의 마지막 결함으로 말했던 담배 속 내용물이 기계 안에 박힐 때 아주 간단하게 내용물을 제거할 수 있도록 기능을 추가해서 번거로운 과정을 없앴다. 설계, 성능, 기능성, 디자인, 휴대성 등 모든 면에서 월등히 뛰어나다.

이제는 일본 제조업의 정신이자 일본 경제를 이끌어온 '모노즈쿠리 ものづくり(일본의 제조업과 그 정신을 대표하는 단어) 정신'이 빛을 바래가고 있다는 것을 실감한다. 과거에는 일본인의 건축이나 제품설계 수준이 상당히 높았던 것이 사실이다. 하지만 너무 복잡한 구조를 지향하여 간단하

게 만들 수 있는 것조차도 일부러 복잡하게 설계하는 듯한 느낌이 들기도 했다. 이러한 복잡한 구조는 일본인의 정신구조가 투영된 결과라고 할 수 있다. 실제 생산라인이나 기능 면에서 복잡한 사고방식이 투영된 설계는 효율적이지 못하고 예측 불가능한 불편함이 발생할 가능성이 높다. 일본인은 현재 사회 여러 분야에서 자신들이 만들어낸 복잡함에 자신들이 불편함을 겪고 있는 자승자박 상태에서 신음하고 있다.

한국인은 타고난 전략가이자 전투 민족

일본인은 생각이 정말 많다. 생각이 많고 복잡해서 일견 엄청난 결론을 내릴 것으로 보이지만 내놓는 결론은 어이없는 경우가 허다하다. 일본에서 조직생활과 기업가, 업소 대표로 경험한 것을 토대로 판단한 결론은 일본인이 생각이 많아 보이지만 그 생각이 '별 게 아니다'라는 사실이다. 일본인은 전략적 판단에 무척이나 약한 모습을 보여준다. 무사 사회에서 명령과 지시만 받고 주어진 대로 살아가도록 강요받은 역사적 배경이 스스로 사고하고 판단하는 능력을 약화시켰다고 할 수 있다. 또한 오랫동안 외세의 침입을 거의 받지 않고 살아와서 전투에도 약한 모습을 보인다. 일본은 러일전쟁, 청일전쟁에서 승리한 것을 제외하고는 외세와의 전투에서 승리한 역사를 찾아보기 힘들다. 러일전쟁과 청일전쟁에서 승리한 것도 외세의 침략 없이 평화롭게 부를 축적해왔기에 유럽에서 최신 군함과 무기를 구할 수 있었고 이를 바탕으로 전쟁에서 승리한 것이지 열세한 군사력으로 전세를 뒤집는 대단한 전략적 판단을 하는 민족이라서 승리한 것이 아니다.

타고난 전략가 한민족 VS 전략적이지 못한 일본인

나는 인간의 타고난 재능을 노력으로 뛰어 넘어설 수 없다고 생각하는 사람이다. 공부든 예술적 재능이든 대부분 타고난다고 여긴다. 우리 한민족은 타고난 전략가이자 전투 민족이다. 역사상 초강대국이었던 중국과의 전쟁에서 열세한 군사력으로도 12번 중 9번이나 승리했다. 압도적인 조총의 위력과 군사력으로 침략해온 왜놈들을 일반 농민들과 승려들이 몰아냈으며, 천재 전략가 이순신과 그의 수하들은 세계 해전 역사에 길이 남을 기적적인 승리를 거두었다. 월남전에서 한국군은 세계 언론이 놀랄 만한 진지구축과 뛰어난 전략으로 미군도 성공하지 못한 난공불락의 요새를 손쉽게 함락시켰다. 이러한 사례들을 볼 때 우리 한민족이 얼마나 전투와 전략에 능한 민족인지 알 수 있다. 또한 한민족의 천재적인 전투 기질은 오늘날 한국 젊은이들에게도 계승되어 전 세계 온라인게임을 석권하고 있다.

우리 한민족은 신속하게 문제점을 파악하고 정확한 대응 방안을 강구하여 전략적으로 대응하는 것에 있어서는 세계 최고 수준의 재능을 가지고 있는 민족이다. 이에 반해 일본인은 속이 터질 정도로 생각을 많이 하고 결론을 내리는 것도 느리다. 그렇게 내린 결론도 명확한 것이 아니라 애매모호해서 무엇을 말하고자 하는지 판단이 안 선다. "그래서 그게 무슨 뜻이냐고! 좀 알기 쉽게 확실히 대답 좀 해봐!"라고 소리치고 싶은 적이 한두 번이 아니다. 확실하게 내릴 수 있는 결론에도 '이 사람 혹시 바보가 아닐까?'라는 생각이 들 정도로 어이없는 대답을 내놓는 경우가 많다. 일본인은 판단이 느리다. 그런데 그 느린 판단도 어리석기 그지없다.

인류 최고의 전략 게임, 바둑

한때 세계 바둑계를 호령했던 일본의 패턴 바둑은 어느 정도 수준까지는 통하는 전략이었다. 하지만 중국, 한국이 바둑에 관심을 가지자 그 실력은 금세 바닥을 드러냈다.

바둑은 한 수 한 수를 두면서 상대방을 공격하기도 하고 방어하기도 하는 게임으로, 셀 수 없이 많은 대응 방법이 존재하고 수십 수 뒤까지 예측해야 하는 수 싸움을 통해 서로의 전략을 겨룬다. 일본은 1990년대 중반까지는 정형화된 패턴 바둑으로 세계 최고 수준의 실력을 보여줬지만 이후 한국, 중국의 기사들에게 압도되어 현재는 이야마 유타#山裕太 단 한 명만이 23위에 랭크되어 있다. 이는 일본인의 국민성 자체가

전략적 판단에 약하다는 것을 보여주는 사례 중 하나라고 할 수 있다.

일본은 바둑에서 한국, 중국에 밀리게 되자 천재 장기기사 후지이 소타藤井聡太를 스타로 만들어 국민의 관심을 바둑이 아닌 일본 장기로 돌리는 정신 승리를 보여주고 있다. 장기는 바둑과 비교한다면 차원이 한참 낮은 게임이라고 할 수 있다. 바둑이 '비행기 조종'이라면 장기는 '자동차 운전'이라고 말할 수 있을 정도로 두뇌 싸움의 차원이 다른 게임이다. 보통 자국이 다른 나라에 패배하면 어린 바둑기사들을 육성하고 프로기사들을 강하게 훈련시켜 다음에는 승리를 목표로 삼는 것이 일반적인 사고방식인데 일본은 이제 한국, 중국 바둑에 이길 수 없다고 판단한 것인지는 몰라도 바둑보다 일본 장기에 집중하게 만드는 것을 보면 참 알다가도 모를 일본인의 정신세계가 아닐 수 없다.

일본의 '진주만 공습'

일본은 '진주만 공습' 전에 수많은 회의를 진행했을 것이다. 미국의 군사력은 일본을 압도하는 수준이고 미국이 본격적으로 참전한다면 그동안 가지고 있었던 일본의 식민지 또한 위태로운 상황에 놓이게 된다. 그렇게 장고 끝에 그들이 내린 결론은 진주만을 순식간에 공격하여 미국을 놀라게 하면 미국이 동남아시아에서 손을 떼고 자국에 화친을 맺자고 할 것이란 판단이다. 이게 무슨 초등학생 수준의 판단인가. 잠자고 있던 거인의 손가락을 망치로 내려친다고 거인이 몸을 움직이지 못하는 게 아니다. 거인이 불같이 화내고 엄청난 후폭풍이 몰아칠 거라는 생각을 진정 하지 못한 것일까? 결국 히로시마와 나가사키에 원자폭탄이 떨어져 수많은 사람이 사망하거나 피폭당하는 인류 역사상 대참사만 남겼다.

일본은 왜 잠자고 있는 거인의 심기를 건드려 패망의 길을 자초하고 말았을까? 최대한 미국의 비위가 상하지 않게 외교적으로 현명하게 대처했더라면 아시아를 지배하던 대일본제국의 위용도 유지했을 것이고 일본이 핵폭탄을 때려 맞고 패망하는 비극적 결말도 일어나지 않았을 것이다.

　일본은 지금도 어이없는 외교실력을 보여주고 있다. 러시아에 빼앗긴 북방영토를 돈을 쏟아 부어 개발하면 러시아가 '반 정도는 떼어주겠지'라는 초등학생다운 발상을 한다. 일본은 이런 판단으로 러시아에 투자했지만 러시아는 투자금만 받아 챙기고 "까불면 혼난다"라는 메시지만 일본에 남겨주었다. 예나 지금이나 변함없이 헛발 차기만 하는 일본을 보고 있노라면 우리가 외교에서 일본에 참패하는 일은 발생하지 않

일본은 지금도 어이없는 외교실력을 보여주고 있다. 러시아에 빼앗긴 북방 영토를 돈을 쏟아 부어 개발하면 러시아가 '반 정도는 떼어주겠지'라는 초등학생다운 발상을 한다. 러시아는 투자금만 받아 챙기고 "까불면 혼난다"라는 메시지만 일본에 남겨주었다.

을 것으로 확신한다. 초등학생 수준의 판단력을 가진 것이 일본 정치인이기 때문이다.

일본인이 『손자병법』을 읽는 이유

일본인은 중국 전략서 『손자병법』을 많이 읽는다. 일본의 대형서점에는 손자병법에 관련된 책만 모아놓은 손자병법 섹션이 존재하고 판

> 일본은 과거에도 현재에도 정형화된 패턴 바둑처럼 눈에 빤히 보이는 전략을 택하는 우를 범하고 있다. 타고난 전략가인 한국인에게 있어 그들의 전략은 훤히 들여다보이는 얕은 수일 뿐이다. 한국이 일본을 앞서는 것이 당연하다.

매량도 매년 꾸준히 유지되고 있다. 정리정돈을 못하기 때문에 정리정돈 관련 서적이 잘 팔린다고 한 것처럼 일본인은 계획은 잘 세우지만 전략적인 판단에는 재능이 없기 때문에 『손자병법』이 인기 있는 것이라고 할 수 있다.

전략이라는 것은 상황에 따라 그리고 상대방의 대응에 따라 순간순간 변화해야 하는 것으로, 변칙적이고 예측 불가능한 전략이 아니라면 그 의미가 없는 것이라고 할 수 있다. 일본은 과거에도 현재에도 정형화된 패턴 바둑처럼 눈에 빤히 보이는 전략을 택하는 우를 범하고 있다. 한국인에게 있어 그들의 전략은 훤히 들여다보이는 얕은 수일 뿐이다. 한민족은 지금까지 손자병법과 같은 전략 없이도 본능적으로 전투에 강한 모습을 보여주고 있으니 역시 전략과 전투 또한 타고나는 것이 맞다. 바로 이 점이 한국이 일본을 본능적으로 앞서는 부분이다.

'안' 만든 것이지 '못' 만드는 게 아니다

잠시 알고 지냈던 일본인(우익 성향을 가진)이 한국은 일본제 부품이 없으면 반도체든 스마트폰이든 아무것도 못 만든다는 얘기를 자신감 넘치게 한 적이 있다. 나는 잠시 소니의 엑스페리아 스마트폰을 써보고 크게 실망했던 게 생각나서 그에게 이렇게 말했다. "일본제 부품이 그렇게 대단한데 일본 스마트폰은 왜 세계에서 안 팔리지? 일본 TV도 미국에서 하나도 안 팔리던데? 그렇게 대단한 부품을 만들 수 있는데 왜 스마트폰 하나 제대로 못 만드느냐고? 소니 스마트폰 써보니까 진짜 화딱지 나서 못 쓰겠더라. 중국 화웨이보다 훨씬 못하더라고. 또 그거 알아? LG OLED 패널 없으면 소니 OLED TV 못 만드는 거. 삼성

D-RAM 없으면 소니 플레이스테이션 못 만드는 거 아니냐고. 그렇게 부품을 잘 만드는데 왜 OLED랑 D-RAM은 한국제를 쓰는 거야? 그리고 일본 TV, 스마트폰이 세계시장에서 왜 안 팔리는지 좀 알려주라." 어리석은 그 일본인은 일본이 마케팅을 못해서 그런 거라고 자신 없게 대답할 뿐이었다.

일본은 전혀 두려운 존재가 아니다

이제 한국은 많은 분야에서 일본을 압도하는 수준이라고 생각해도 좋다. 일부 일본이 여전히 앞서 나가고 있는 정밀 기계, 화학 소재, 부품 산업에 대해서도 두려워할 필요가 없다. 우리가 제대로 맘을 먹지 않았을 뿐, 우리가 집중해서 해보고자 맘만 먹으면 시간문제이고 반드시 일본을 뛰어넘을 수 있다.

과거 우리는 빠르게 성장하기 위해서 압축성장 방식으로 최대한 효율적이고 돈이 되는 곳에 먼저 집중해서 능력과 시간을 투자할 수밖에 없었다. 산업의 기초가 되는 대형 산업(철강, 중공업, 석유화학 등)을 중심으로 경제를 일으키고 발전시키는 전략을 취했기 때문에 그보다 덜 중요한 산업이나 돈이 덜 되는 산업에 대해서는 관심을 크게 두지 않았던 것이다. 한 가지 대표적인 예를 들어보자.

현재 한국의 오토바이 산업은 선진국과 비교해 상당히 뒤처지는 수준이다. 고성능 오토바이를 못 만드는 것이 아니라 대기업의 관점에서

봤을 때 오토바이보다 자동차 산업이 더 큰 돈이 된다고 판단하여 오토바이 산업에 집중하지 않았다. 또한 경제성장기 국가 입장에서 '오토바이'는 업무용, 배달용이라는 인식이 강하다. 지금처럼 여가나 레저 활동을 즐기는 레이싱 용도로 생각하기에는 아직까지 국민들의 인식이나 사회적 여건이 충족되지 못한 시기였다. '택트, 시티100, 드림 VF125' 등 단기통 저배기량 엔진의 오토바이로도 충분히 시장의 수요를 감당할 수 있었고, 고성능 오토바이의 수요 또한 많지 않았기에 무리해서 고성능 오토바이를 만들려고 하지 않았다는 것이다('다마스'와 같은 경미니밴 모델도 비슷한 이유로 대대적인 모델 체인지나 성능 개량을 하지 않았다고 볼 수 있다).

세계 5대 자동차 생산국에서 세계적인 수준의 오토바이를 못 만들 이유가 없다. 바퀴 수도 자동차의 반이고 엔진도 보통 4기통 이상인 자동차에 비해 1~2기통 수준인 오토바이. 단순하게 생각해봐도 자동차 개발에 필요한 기술의 절반만 있어도 만들 수 있는 게 오토바이 아니겠는가. 현재 악기 제작으로 출발한 야마하, 대형 선박을 만들던 가와사키, 경차나 만들어 팔고 있는 스즈키가 세계적으로 알려진 오토바이 회사인데, 이 정도 수준의 기업들도 만드는 오토바이를 전 세계로 자동차를 수출하고 있는 현대자동차가 못 만들 이유가 없다.

창작에 특화된 한국인의 국민성

일본제 부품은 우리가 관심을 안 가져서 '안' 만들었던 것이지 '못'

만드는 것이 아니라는 것을 인식했으면 좋겠다. 과거 제대로 된 산업기반도 없던 80년대에 일본에서 절대로 불가능할 것이라고 장담하던 반도체를 삼성이 개발하여 일본의 코를 납작하게 해준 일이 있지 않은가. 우리는 시간이 문제일 뿐 얼마든지 일제 부품을 대체할 개발능력과 잠재력을 가지고 있다.

이제 일본제 전자제품의 수준을 보고 있노라면 애절하기까지하다. 베젤 없는 대형 화면을 추구하는 세계적인 트렌드를 무시하고 넓디넓은 베젤을 아직도 고집하고 있으며 한 단계 떨어지는 부품으로 신형 스마트폰과 TV를 내놓고 있으니, 그 수준이 중국에도 떨어지는 전자산업의 기술력을 보여주고 있다.

과거 일본이 전성기를 구가하던 아날로그 시대에는 일본인의 복잡한 사고방식과 정도正道를 벗어나 우회하여 대처하는 방식이 그 힘을 발휘할 수 있었다. 소니 트리니트론 TV의 화질은 당시 삼성, 금성이 흉내내기도 힘들 정도로 대단한 아날로그 기술이었지만 지금과 같은 0과 1로 만들어지는 디지털 시대에는 일본의 복잡한 사고방식이 힘을 발휘하기 힘들다. 특유의 애매모호함과 한 가지에 미친 듯이 파고드는 일본인의 국민성이 미묘한 노하우를 필요로 하는 아날로그 시대에는 먹혀들고 어울리는 장점이었을지 모른다. 하지만 오늘날 제4차 산업혁명 시대가 요구하는 가치는 간단한 사고방식으로 명료한 판단을 내리고 신속하게 대응하는 것인데 일본인은 이에 상응하지 못하고 구시대적인 발상으로 일관하고 있으니 고전을 면치 못하는 것이다.

> 특유의 애매모호함과 한 가지에 미친 듯이 파고드는 일본인의 국민성이 미묘한 노하우를 필요로 하는 아날로그 시대에는 먹혀들고 어울리는 장점이 있을지 모른다. 하지만 디지털 시대에는 일본의 복잡한 사고방식이 힘을 발휘하기 힘들다.

우리는 일반적으로 어떤 문제를 해결하고자 하는데 큰 난관에 봉착하여 전혀 진전되지 않을 때 그 문제 자체에 근본적인 의구심을 제기하거나 그 문제 자체를 부정하거나 아니면 완전 새롭게 전제하고 문제를 해결하는 방법들을 강구한다. 예를 들어 학교시험에서 말도 안 되는 문제가 출제되었다면 우리는 문제 자체가 이상하다고 이의를 제기한다. 새로운 제품개발 도중 도저히 해결할 수 없는 난관에 부딪히면 원점으로 돌아와 완전히 새로운 방식으로 다시 시작하기도 한다. 그러나 일본인은 주어진 조건에 의문을 제기하지 않는 특성이 강하다. 아무리 문제가 많은 과제라고 할지라도 끝까지 때론 바보처럼 그 문제에 파고들어 해결하려는 모습을 보인다.

과거 일본이 개발한 소니의 워크맨, CD 플레이어, 캠코더 등은 모든 부품을 축소하여 개발한 제품이지 완전히 새로운 창작물이 아니다. 나는 일본인의 주어진 조건 안에서 답을 찾는 습성과 평생 한 가지에만 파고드는 집요한 국민성이 노벨상을 받기에 특화된 일본인의 '종특(종족 특성)'이었다고 생각한다. 때문에 일본인이 엄청나게 뛰어나고 우수한 민족이어서 노벨상을 수상하게 되었다고 단정 짓는 것은 옳지 않다고 본다.

이에 반해 한국인은 주어진 문제를 끝없이 파고드는 것보다 완전히 새로운 것을 창조해내는 것에 재능을 보이는 민족이다. 우리는 세계에서 가장 진보한 난방 문화인 온돌을 수천 년 전부터 개발하여 사용하고 있다. 인류 최고의 문자체계인 한글의 창제, 세계 최초로 개발한 음악 청취 개념을 바꾼 MP3 플레이어, 전 세계 여성들의 화장 문화를 바꾼 쿠션 팩트, 세계 최초의 PC방, 세계 최초로 상용화한 CDMA 통신방식, UHD 공중파 방송, 5G 이동통신, 페이스북보다 한참 앞선 네트워크형 인맥 블로그 '싸이월드' 등은 한국인이 새로운 것을 창조하고 실용화하는 것에 재능이 있다는 것을 증명해주고 있다. 앞으로도 한국인의 '종특'이 발현하는 시기가 오면 인류에 공헌하는 세계 최초의 제품을 다수 창조해낼 것이라고 확신한다.

시대의 흐름을 읽는 나라가 세계를 제패한다

2007년 1월, 애플의 스티브 잡스는 '아이폰'이라는 놀라운 물건을 세상에 내놓았다. 그때까지 전 세계는 피처폰이 메인 휴대폰으로 사용되고 있었고 PDA라고 하는 대화면 통신기기와 쿼티 키보드를 탑재한

블랙베리가 경쟁하는 정도였다. 당시 애플의 아이폰이 전 세계 IT 산업의 흐름을 송두리째 바꿔놓을 것이라고 판단한 사람은 많지 않았을 것이다.

시대의 거대한 흐름을 간파한 기업은 살아남아 그 훌륭한 판단력의 꿀물을 먹고 그러지 못한 기업은 도태되어 세상에서 사라지고 만다. 처음 아이폰을 접한 삼성전자 임원은 "뒤통수를 망치로 얻어맞은 듯한 충격을 받았다"고 표현할 만큼 아이폰의 미래가치를 통감했다고 한다. 그

> **《** 처음 아이폰을 접한 삼성전자 임원은
> "뒤통수를 망치로 얻어맞은 듯한 충
> 격을 받았다"고 표현할 만큼 아이폰
> 의 미래가치를 통감했다고 한다. 반면
> 일본의 한 전자업체 임원은 "휴대전
> 화 틈새시장을 노린 제품일 뿐이다"
> 라고 일축해버렸다. **》**

리고 시대의 흐름을 정확하게 읽어낸 리더의 판단으로 삼성은 스마트
폰 개발에 집중할 수 있었다.

반면 아이폰을 처음 접한 일본의 한 전자업체 임원은 "휴대전화 틈새
시장을 노린 제품일 뿐이다"라고 일축해버렸다고 한다. 이처럼 산업의
큰 흐름을 읽을 줄 아는 전략적 판단능력은 한 기업체의 존망을 결정할
뿐만 아니라 한 국가의 운명도 결정한다. 재빠르게 대응하여 '갤럭시' 시
리즈로 반격에 나선 삼성전자는 세계 스마트폰 시장에서 애플을 넘어
1위에 올라섰고 안이하게 대처한 일본 전자업체들은 한국, 미국, 중국
스마트폰 기업에 부품을 납품하는 하청 업체로 전락해버리고 말았다.

얼마 전 시즈오카현 남부에 있는 이즈반도의 시모다下田에 일이 있어
다녀오게 되었다('아래 하下'라는 한자를 일본에서는 '시타した'라고 읽기도 하지만
'시모しも'라고 읽을 때도 있으며 '상하관계上下関係'에서는 じょうげかんけい라고 해서 '게

げ'라고 읽는다. '하반신 下半身'에서는 かはんしん이라고 하여 '카か'라고 읽을 때도 있다. '下' 한자를 '시타, 시모, 게, 카'의 네 가지로 읽는다니, 이것 또한 일본인이 가진 복잡한 사고방식의 일면이라고 할 수 있다). 이 '시모다'라는 지역은 과거 일본의 개국 시절인 1853년 페리 제독이 이끄는 '아메리카 해군 동인도 함대'가 흑선을 몰고 입항해 일본의 개국을 강요한 것으로 유명한 지역이다. 이 지역에는 길 이름(페리 로드)에도 페리 제독의 이름이 사용되고 페리함대 내항기념비도 있어 '구로후네 사건'이 미래를 내다보는 뛰어난 일본의 혜안으로 서양문물을 받아들이고 선진문명 국가로 발전하게 된 역사적인 일이라고 호들갑을 떨며 선전하는 곳이다.

그와 비슷한 시기에 조선에도 제너럴셔먼호 사건, 신미양요, 병인양요 등과 같은 개국과 관련된 사건으로 전세가 급박하게 돌아가고 있었다. 김옥균, 박영효, 서재필 등을 중심으로 갑신정변이 일어나 서양 국가들과 화친을 맺고 조선을 서양식으로 개혁하자고 요구했으나 실패로 돌아갔다. 조선은 '척화비'까지 세워가며 서양을 배척해야 한다고 강하게 거부하였다. 이러한 조선의 쇄국정책은 이후 일본의 식민지배와 6·25전쟁으로 나라가 둘로 나뉘는 서러운 한국 근대사의 시발점이 되었다고 해도 과언이 아니다.

역사에 '만약'을 논하는 것이 무슨 의미가 있겠느냐만 만약 갑신정변이 성공하여 일본의 메이지 유신과 같은 혁명으로 조선이 탈바꿈했다면 대한제국은 얼마나 대단한 나라가 되었을지 이뤄질 수 없는 상상이지만 상상하는 것만으로도 참 행복하다. 조선은 수백 년간 중국을 세계의 중심이라고 생각하고 중국 형님 말씀 잘 듣고 '공자왈 맹자왈'만 외우고 있으면 만사가 형통했기에 변화를 감지하지 못하고 썩을 대로 썩어 일본의 식민지가 되었다는 사실은 지금도 너무 분해서 가슴이 찢어질 것만 같다. 조선이 혁명에 성공했다면 미국, 프랑스, 독일 등 선진 유럽 국가들의 학문과 문물을 직접 받아들였을 것이고 일본을 통해 시작된, 그리고 일본을 통해서만 세계를 볼 수 있었던 비효율적인 산업화보다 한층 더 효율적이고 선진적인 시스템을 갖춘 나라로 발전해나가지 않았을까 생각한다.

대한제국의 꿈

대한제국은 당시 아시아 최초로 전차와 전기를 도입하고 영어를 원어민식으로 배워야 한다고 생각했던 효율을 우선하는 깨어 있는 나라였다(현재 한국어에서는 구별하여 쓰지도 않는 th, f, r, l 발음을 확실하게 구분하여 사용하는 대한제국의 영어교육 수준을 보라!). 비효율적인 일본식 영어문법교육이 없었다면 외국어 구사능력도 지금보다 훨씬 더 유창하고 세련되게 발전했을 것이며, 서양문물을 토대로 우리가 자체적으로 모든 제도를 완성했다면 일본식으로 토대가 잡혀 비효율투성이가 된 공무원 조직, 법제도, 의학용어, 군대조직 등이 매우 선진적이고 효율적으로 발전하여 '大대한제국'으로 대일본제국을 넘어서는 영토와 국력을 자랑하는 강대국이 되었을 것이라는 행복하지만 의미 없는 상상을 해본다.

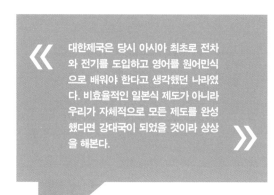

> 대한제국은 당시 아시아 최초로 전차와 전기를 도입하고 영어를 원어민식으로 배워야 한다고 생각했던 나라였다. 비효율적인 일본식 제도가 아니라 우리가 자체적으로 모든 제도를 완성했다면 강대국이 되었을 것이라 상상을 해본다.

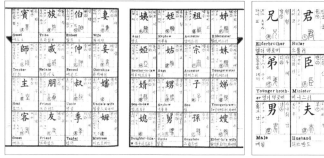

1908년 국문연구소 위원 지석영 선생이 영어는 물론 중국어, 일어 발음까지 추가하여 펴낸 영어사전

일제의 식민지배로 태동한 현대식 교육제도는 우리나라 국민성에 맞지 않는 군국주의 주입식 교육을 시행하게 해서 수십 년간 불만과 비효율이 팽배한 교육환경을 만들었고 우리나라 교육의 긍정적인 발전에 전혀 이바지하지 못했다. 우리나라가 서양의 교육제도를 우리식으로

맞게 응용해서 정착시켰다면 일본식 주입식 교육과는 비교도 안 되는 창의적이고 효율적인 교육을 시행할 수 있었을 것이다. 대한제국은 전차電車를 직접 수입해 아시아 최초로 수도에서 운행했던 나라이다. 철도를 부설하는 것은 일본말고도 서양을 통해 얼마든지 가능했던 사안이다.

철도는 일제가 만주와 한반도의 물자를 효율적으로 수탈하고 신속하게 이동하여 식민지배를 편하게 하기 위해 그들의 필요성으로 건설한 것인데, 철도를 일제가 건설해줬으니 감사해야 한다는 정신병자 같은 주장을 하는 인간들은 머릿속에 똥이 든 것일까. 아무리 곱게 봐주려고 해도 똥덩어리가 가득 찬 '대가리'를 달고 다니는 인간들을 도저히 용납할 수가 없다. 도둑놈이 우리 집 재산을 쉽게 털어가려고 설치한 사다리를 보고 "사다리를 놔주셔서 저희가 편하게 지내고 있습니다"라고 도둑놈에게 감사해야 한다는 말인가.

똥덩어리를 비판하는 것조차 고결한 내 정신이 더러워질까 봐 더 이상 논하고 싶지 않다. 우리 민족을 팔아먹고 호위호식하는 현대판 이완용들이 대한민국 땅에서 당당하게 잘살고 있다는 현실에 눈물이 나도록 분할 뿐이다. 일제강점기에 일본이 베풀어준 은혜에 감사해야 한다는 일본 우익의 말을 앵무새처럼 대변하고 있는 매국 친일세력들은 모두 추방하여 일본으로 귀화시키면 좋겠다. 일본의 식민지배로 조선이 발전하게 되었다고 주장하는 세력들은 단지 친일을 위해, 그리고 자신들의 이익을 위해 변명하고 있는 것뿐이다.

불행한 운명을 선택한 조선과 달리 일본은 운 좋게도 미국과 화친조약을 맺고 개항에 합의하게 된다. 이후 에도막부 말기까지 여러 준비 과정을 거쳐 메이지 유신을 통해 국가 전체를 서양식으로 개혁하고 강대국의 반열에 오르게 되는 초석을 다지게 된다. 페리 제독의 '구로후네 사건'을 계기로 개항을 결정한 일본이 미래를 내다보는 혜안을 가진 '선각자와 같은 판단'이었다고 자화자찬하며 개국을 선전하고 있지만 내 생각은 다르다.

앞에서도 여러 차례 설명했다시피 일본인은 먼 곳을 내다보는 전략적 혜안을 가지고 있지 못하다. 군함 수백 척과 당시 최첨단 무기였던 '조총'을 가지고도 이순신의 전략에 말려들어 '폭망'했고, 군사대국 미국이 놀라서 머리를 숙일 것이라며 진주만 공격을 감행한 민족에게 미래를 보는 혜안이 어디 있겠는가. 일본인은 과대평가되어 있다. 일본인은 예나 지금이나 겁쟁이이고 강자에게 대항하는 용맹함이 없다.

일본의 개항은 페리 제독이 이끄는 거대한 증기선 함대를 눈앞에서 보고 쉬운 말로 '쫄아서' 합의했다고 보는 게 딱 적당한 표현이다. 개항을 하고 최첨단 서양문물을 접하면서 '서양문물은 대단하구나', '우리도 합리적인 서양식으로 바꿔야겠다'고 생각하게 된 것이 현실적인 수순이었다고 봐야 한다. 서양문물이 대단하다는 것을 자각하는 것이 미래를 내다보는 혜안을 가져야만 할 수 있는 것인가. 초등학생이라도 좋은 물건은 알아보는 법인데 일본의 개국과 메이지 유신을 대단한 것인 양 찬양하는 사람들을 보면 상식적인 사람인지 의심스럽다.

우리나라도 갑신정변을 일으켜 개혁을 외치는 세력이 존재했지만 시대적 '운'이 따르지 않았을 뿐, 우리 민족이 열등한 것이 아니다. 우리 자신을 폄하하지 말자. 일본은 섬이라는 지리적 환경으로 인해 외세의 침략에 거의 피해를 입지 않았고 상업과 기술자를 존중하는 사회 분위기 덕택에 에도시대 수백 년간 안정적으로 부를 축적할 수 있었다. 이 축적된 부를 바탕으로 서양 무기와 기계를 도입하여 군사력과 산업을 키웠고 이렇게 강력해진 국력으로 해외 식민지 쟁탈전에 발을 들여놓게 된 것이다.

그러나 일본 역사상 가장 달콤했던 시간은 오래가지 못했다. 우매한 민족의 어리석은 판단으로 미국에게 핵폭탄을 두들겨 맞고 패전하게 된 것이다. 하지만 그때까지도 일본의 운은 다하지 않아서 농업국가로 전락할 운명이었지만 운 좋게도 한국전쟁이 발발하는 덕택에 군수물자를 생산하며 산업을 발전시킬 수 있었던 것이다. 또 미국이 안보를 지켜주는 사이 근면한 일본 국민들이 경제를 선진국 수준으로 끌어올렸다. 엄청나게 발전하던 일본 경제가 미국을 위협할 수준에 이르자 미국은 '플라자 합의'를 통해 일본 엔고 정책을 합의함으로써 그 대단했던 경제도 순식간에 '부동산버블 붕괴'와 함께 와르르 무너지고 '잃어버린 20년'이라는 장기 불경기를 겪으며 망해가고 있다.

현재 일본 경제는 돈을 엄청나게 찍어내서 엔저로 겨우 지탱하고 있지만 '자국 이기주의'를 표방한 미국 트럼프 정권이 엔고 정책을 다시 실시하려는 움직임이 감지되고 있다. 한국과 마찬가지로 일본도 수출로 먹고사는 나라이기 때문에 엔고 상태가 되면 일본 경제는 경착륙하게 될 것이다. 오늘날 일본은 언제 터질지 모르는 시한폭탄과 같은 상황이다. 이제는 과거처럼 저금리 정책을 쓸 수도 없다. 이미 마이너스 금리이기 때문이다. 시대를 잘 만나 운 좋게 100년간 좋은 시절을 보낸 일본의 장래는 앞으로 어떻게 전개될지 지켜볼 일이다. 하나 분명한 것은 이제 일본 경제가 다시 무너진다면 경제 몰락을 타개할 전략도 기회도 없다는 것이다.

2019년 7월 1일, 한국 경제 독립의 기점이 되다

오늘날 한국은 외적인 성장을 상당 부분 이뤄냈다. 이제 조금 시야를 돌려 일본에게 의존했던 분야에도 집중할 시기가 다가왔다. 일본의 기술력은 세계 최고가 아니다. 유럽에 비해 떨어지는 분야가 많다. 우리나라 제조 산업에서 일제 부품과 소재, 기계를 압도적으로 사용한 것은 일본의 기술력이 대단해서가 아니다. 일본이 지리적으로 가깝고 상대적으로 저렴하며 지금까지 계속 거래해온 관행 때문에 다른 나라로 거래처를 바꾸거나 국산화를 진행하는 데 미온적인 태도를 보였던 것이 사실이다.

예를 들어보면 쉽게 이해할 수 있다. 집 근처 PC방이 최고 수준의 PC

스펙과 설비를 갖춘 곳은 아니지만 걸어서 갈 수 있고 가격이 저렴해서 애용했는데 그 PC방 주인과 대판 싸우면서 "더 이상 우리 PC방에 오지 마"라는 소리를 듣게 된다. 현재 집에 있는 컴퓨터는 스펙이 떨어지지만 조금만 부품을 업그레이드하면 집에서도 원하는 게임을 돌릴 수 있고, 조금 멀리 떨어진 최고 스펙을 완비한 PC방도 수두룩하게 많다. 집 근처 PC방에서 오지 말라고 해도 조금 귀찮아질 뿐이지 곤란해질 일은 없다.

한편 집 근처 PC방 주인은 무슨 생각이었을까. 우연찮게 PC방 손님과 사소한 다툼이 있었다. 매일 우리 PC방을 이용하며 매출을 쏠쏠하게 올려주던 단골손님인데 어쩌다 감정싸움으로 번졌고 아차~ 하는 순간, 오지 말라고 화를 내며 말실수까지 하게 된다. "그래도 좀 기다리면 그 손님이 '아이고, 죄송합니다. 앞으로 조심하겠습니다'라고 고개 숙이며 다시 찾아오겠지"라고 생각한 것이다.

정말 그럴까? PC방 주인은 어리석은 착각에 빠져 있다. 망해가고 있던 PC방에 매일 찾아와 매상을 올려준 단골고객을 더 친절하게 대하지는 못할망정 무슨 생각으로 손해 볼 일을 저지르고 만 것인가. 오히려 손님이 반대로 안 간다고 해야 할 상황에 손님한테 오지 말라고 협박이라니…… 일본의 경제보복 조치는 바로 이런 적반하장의 상황이 연출된 것이다.

한국이 아니라 일본이 손해 보는 전략을 스스로 선택했다. 때마침 시의적절하게도 아베 총리가 홈런 한방을 멋지게 날려줬다. 나는 일본의 어이없는 경제보복 조치와 험한 실태에 대해서 분노를 금할 수 없다가도 한편으로는 내심 아베 총리에게 감사를 표하고 싶다. 총리 관저에서 가까운 아카사카에 있는 내 가게에 초대해 거나하게 접대해드리고 싶은 마음이다. 이런 절호의 국산화, 탈일본화 기회를 일본 스스로 한국에 넘겨주고, 한국 국민에게 경종을 울리고 박차를 가하게 해주었으니 이 어찌 고맙지 않겠는가. 아베는 우리나라의 경제 독립 역사에 큰 획을 그은 감사한 존재로 역사에 길이길이 기록될 것이다.

자기 무덤을 판 일본

일본인은 전략적 판단에 무척이나 약한 민족임이 틀림없다. 예나 지금이나 어리석은 판단만 골라서 하는 것이 일본인이다. 나는 일본인의 이러한 어리석음을 경험과 분석을 통해 잘 알고 있었기 때문에 신문기사(2019년 6월 30일자 산케이신문)에 발표된 일본의 경제보복 조치에 관한 유튜브 영상을 만들면서 "한국은 충분히 이를 극복해낼 수 있고, 일본은 자승자박하는 마이너스적인 조치이다"라고 얼굴에 미소를 가득 띤 채 예측했던 것이다. 지금 상황이 어떻게 돌아가고 있는가. 내 예측대로 돌아가고 있지 않은가.

일본인을 제대로 이해하면 일본인처럼 다루기 쉬운 민족도 없다. 나는 일본에서 사업상 담판을 벌일 기회가 많지만 단 한 번도 밑지는 장사를 해본 적이 없다. 항상 일본인의 머리 꼭대기에서 빤히 보이는 그들의 수를 '가지고 노는' 협상을 이끌어왔다. 일본인은 의외로 알기 쉬운 민족성을 가지고 있다. 하지만 경제보복 조치 발표 후 수많은 언론과 인터넷 찌라시에서 온갖 억측들이 난무했다. 일본은 한국 반도체 산업을 죽이기 위해 미국과 이미 합의에 들어간 상태라는 등, 차세대 EUV 공정의 진행을 저지하고 중국과 협력하여 삼성 죽이기, 한국 경제 죽이기 작전에 들어간 것이라는 등 가짜 뉴스가 수없이 생산되고 퍼져나가고 있었다. 차라리 소설을 쓰면 잘 팔릴 것 같은데 아무런 팩트 확인도 없이 온갖 상상력의 나래를 펼쳐 가짜 기사와 소문을 만들어내는 세력들이 참 안쓰럽기만 하다.

일본인에게는 그 정도까지 예측하고 판단할 능력이 애초에 없다. 한국인의 기준으로 일본인을 판단하지 말아야 한다. 미국에는 삼성의 반도체 산업 성장에 가만히 앉아서 이익을 보는 기업체가 여럿 있고, 클라우드 시대에 걸맞게 거대 IT 기업들이 계속해서 서버를 증설하고 있다. 미국의 IT 기업도 한국의 고성능 D-RAM이 없으면 큰 타격을 입게 된다는 것이다. 또 미국은 지금 '중국 때리기'에 혈안이 되어 있는데 미쳤다고 삼성을 죽이고 중국 반도체를 키워주겠는가. 한국은 말 그대로 미국의 '꼬붕子分'이라는 인식이 강하고 미국의 컨트롤 하에 있는 나라이기 때문에 한국의 반도체를 도와줬으면 도와줬지 중국 반도체 굴기에 도움이 되는 일을 할 리가 없다.

아베 총리는 트럼프의 방일 때 융성하게 대접해줬으나 트럼프는 일본 측과 아무런 사전 조율 없이 2019년 6월 30일 판문점에서 역사적인

> 트럼프는 일본 측과 아무런 사전 조율 없이 2019년 6월 30일 판문점에서 역사적인 남·북·미 정상회담을 거행했다. 이는 미일정상회담에서 미국의 농산물 시장개방 압박에 반기를 든 일본을 '팽'했다는 것이 합당한 추론일 것이다.

남·북·미 정상회담을 거행했다. 미일정상회담에서 미국의 농산물 시장개방 압박에 일본이 반기를 들었을 가능성이 높고 이에 열 받은 트럼프가 일본을 '팽'했다는 것이 합당한 추론일 것이다. 정확히 이 시점에 일본이 '한국 경제보복 조치' 카드를 꺼내 든 것은 우연이라고 보기 힘들다. 문재인 정권이 들어서면서부터 제대로 풀리는 일이 없는 일본 입장에서는 문재인 정권을 흔들어 지지율을 하락시키고 일본 입맛에 맞는 친일정권을 옹립하고 싶은 게 일본의 의도였다고 보인다. 일본 경제에 타격을 주지 않으면서 한국 경제의 심장인 반도체 산업을 공략하는 세 가지 품목을 선정한 점에서 추측할 수 있다. 해당 일본 기업에조차 언급하지 않은 것을 보니 밀실에서 수뇌부들끼리 결정한 조치였던 것이다.

이들은 산케이신문 한국지사장인 구로다 씨가 전해주는 정보, 한국 보수언론에서 제공하는 일본어판 뉴스 기사만 보고 한국 국민 대부분

이 '문재인 정권에 큰 반감을 가지고 있구나', '한국 경제는 너무나 허약해서 반도체 산업을 공격하면 쉽게 무너지겠구나', '한국의 반도체 산업을 위협하면 문재인 정권에 불만을 가진 많은 국민이 폭발하여 정권이 전복되고 우리에게(일본) 머리를 숙이고 사죄하겠구나' 하고 섣불리 판단한 것으로 보인다. 일본에 왜곡된 정보만을 전달해서 일본이 어리석은 판단을 하도록 도와준 한국 보수언론에 감사할 따름이다.

일반적으로 일본의 정보입수 능력은 엄청난 수준이라는 인식이 강하다. 하지만 정보를 모으는 능력은 있을지 몰라도 최종 판단을 내리기 위해 '정보를 해석하고 종합하는' 능력은 매우 떨어진다. 원래부터 전략적 판단능력이 떨어지는 민족성을 가지고 있는데다 아베 총리는 그에 더해 머리가 비상하게 좋은 사람도 아니고 강한 의지력과 돌파력을 가지고 있는 사람도 아니다. 그런 그의 머리에서 나온 경제보복 조치가 앞으로 어떤 결과를 초래할지 안 봐도 눈에 그려진다.

아베 신조

아베 신조 씨는 초등학교부터 시작해 중·고교, 대학까지 모두 '세이케이 학원成蹊学園'을 나온 사람이다. 일본은 초등학교 입학시험만 합격하면 에스컬레이터 식으로 같은 학원 내 대학까지 무시험으로 진학이 가능하다. 예를 들자면 연세 초등학교에 합격하면 연세 대학교까지 문제없이 졸업이 가능하다는 말이다. 또한 집안 내력이 좋은 유명 정치인이나 유력 기업 총수의 자제인 경우 아버지의 '백(연줄)'으로 어느 정도 기본적인 학력수준만 갖춘다면 명문 게이오나 와세다 초등학교에 입학하는 것도 가능하다.

하지만 총리 출신이 둘이나 있는 유력 정치가 집안이라는 내력을 가진 아베 신조 씨는 어려서부터 공부에는 별 관심이 없었나 보다. 그런 뒷배경을 가진 집안의 자제임에도 대단한 명문이 아닌 겨우 명문소리를 들을까 말까 하는 세이케이 학원에 입학한 걸 보면 말이다. 초등학교, 중학교, 고등학교를 같은 학원재단에서 다녔다고 하더라도 학업성

적이 우수하면 다른 명문대학에 진학하는 것도 가능하지만 그는 무시
험으로 세이케이대학을 선택했다. 공부에 확실히 소질에 없었나 보다
(친형은 명문 게이오대학에 진학했다).

　대학을 졸업한 아베 신조 씨는 대학 타이틀만으로는 큰일을 하기 힘
들 것 같다는 아버지의 판단으로 미국 대학원으로 유학을 가게 된다.
아무런 준비도 없이 유학길에 오른 그는 서부에 있는 한 ESL 학원에서
영어공부를 시작하게 되지만 맘에 안 든다고 ESL 학원을 한 차례 옮기
고도 또 다시 USCUniversity of Southern California(한국에서는 '남가주대학'이라고
알려져 있다) 산하에 있는 ESL 과정으로 옮긴다. USC는 서부에서 상당한
명문으로 알려진 대학이기는 하지만 스탠포드, UCLA에 비하면 조금
떨어지는 대학이기에 초명문대라고 할 수는 없다. 그런 대학의 ESL 과
정에서도 영어실력이 늘지 않아 결국 USC 대학원 진학에 실패하게 된

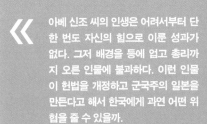

아베 신조 씨의 인생은 어려서부터 단 한 번도 자신의 힘으로 이룬 성과가 없다. 그저 배경을 등에 업고 총리까지 오른 인물에 불과하다. 이런 인물이 헌법을 개정하고 군국주의 일본을 만든다고 해서 한국에게 과연 어떤 위협을 줄 수 있을까.

다(학력사항에 'USC 정치학과 2년 유학'이라고 기재했다가 그 학력이 거짓이라는 '학력사기' 소문이 돌았던 적이 있다. 이후 ESL 과정과 강좌 3개만 들었을 뿐 정치학과에 입학한 적도 없다는 대학 측의 증언이 있었다. 현재 미국 유학사항은 프로필에서 삭제된 상태이다).

이처럼 2년의 시간을 '영어만' 공부하다가 귀국한 아베 신조 씨는 다시 아버지의 '백'으로 고베 제강KOBELCO에 입사한다. 그는 공부에도 관심이 없었지만 직장생활에도 흥미가 없었나 보다. 3년 만에 퇴사하고 이후 유력 정치인인 아버지 아베 신타로安部晋太郎의 비서로 정치인생을 시작한다. 32세 되던 해 아버지의 소개로 유명 제과업체 '모리나가' 제과 사장의 딸 아키에 씨와 결혼한다. 아버지의 비서로 평화롭게 지내던 중 그의 나이 39세에 부친이 급사하고 이로 인해 아버지가 담당하는 지역구를 그대로 물려받아 본격적인 정치가로서의 길을 걷게 된다.

아베 신조 씨의 인생은 어려서부터 단 한 번도 자신의 힘으로 이룬 성과가 없다. 대부분 인생이 아버지, 할아버지의 배경을 등에 업고 총리까지 오른 인물에 불과하다. 입시, 진학 등 누구나 겪게 되는 인생의 역경조차 자신의 의지로 돌파해본 적이 없는 사람이다. 이런 유약한 정신을 가진 인물이 전쟁이 가능한 나라로 헌법을 개정하고 군국주의 일본을 만든다고 해서 한국에게 과연 어떤 위협을 줄 수 있겠는가.

아베 총리는 비상한 두뇌를 가지고 근본적으로 문제를 해결할 비책이 있는 것도 아닌, 순간순간 잔머리를 굴려 위기를 모면해가는 사람일 뿐이다. 우리는 일본의 어리석고 약해빠진 지도자가 우민화한 국민을 선동하여 전쟁을 하자고 해도 두려워할 것이 하나도 없다. 오히려 지금이 그들을 밟고 도약할 큰 기회인 것을 인식하고 우리 내부의 결속에 집중하고 애국심으로 온 국민이 똘똘 뭉쳐 대응해나간다면 과거 일본이 누렸던 영광을 우리가 그대로 누릴 수 있는 미래가 도래할 것이다.

일본인과 애국심

극우 인사들을 제외한 대부분 일본인에게는 '애국심'이라는 것은 잊힌 단어일 뿐이다. 커다란 검은색 버스 차량에 위협적인 문구와 시끄러운 확성기로 일본인의 애국심을 고취하려는 전통 극우단체(혐한 시위를 하는 '재특회'와는 다른 성격이다)에 대해서는 아무도 관심을 가지지 않고 '한심한 사람들', '폐를 끼치는 단체'라고 생각할 뿐이다. 나름대로 일본을 사랑한다고 외치고 다니는 '넷우익' 인간들 또한 일본이 병역제도를 의무화할 가능성이 있다는 기사에 맹렬히 반대하고 나섰다고 하니, 일본인에게 애국심이란 전쟁에 직접 참전할 의사도 없는 극우 지배세력만이 외치는 공허한 캐치프레이즈에 불과하다는 생각이 든다.

이처럼 현재 일본은 애국심도 없고 젊은이들은 꿈과 희망도 없이 하루하루 섹스 산업과 도박에 빠져 인생과 돈을 허비하고 있다. 개인생활과 취미생활을 위해 일할 뿐 과거 일본인처럼 인생을 송두리째 일에 바치는 열정 넘치는 시대가 아니다. 일본인은 세상이 어떻게 돌아가는지도 관심이 없다. 세상을 바꿔보려는 의지도 전혀 없다. 그렇다고 친구들과 밤새 술을 마시며 놀고 싶다거나 멋진 차를 갖고 싶다거나 아름다운 여자와 사귀고 싶다거나 하는 본능적인 욕망이 있는 것도 아니다. 젊은이들만이 가지는 그런 본능적인 욕망도 일본 젊은이에게서 사라진 지 오래되었다. 우리나라 젊은이들처럼 정치를 통해 나라를 바꾸겠다는 생각도, 나와 나라의 미래를 희망차게 만들겠다는 노력도 야망도 없다. 그저 자신의 변태적이고 음침한 순간적인 쾌락만을 위해 인생을 허비하고 있다. 오늘날 일본은 암울한 망국의 현실을 그대로 보여주고 있다. 이런 상황에 아베 정권의 군국주의 정책이 과연 실효를 거둘 수 있을까?

애국심은 시대착오적인 가치가 아니다. 강력한 선진 국가를 건설하기 위한 필수요소이다. 애국심을 단지 군사독재 시절에 국민을 통제하기 위해 세뇌에 이용한 이데올로기일 뿐이라고 폄하하는 시각에는 동의하기 힘들다. 애국심을 정치에 이용한 세력이 잘못된 것이지 애국심 자체가 부정적인 의미를 가진 게 아니기 때문이다. 강한 역사 인식과 애국심을 가진 민족은 반드시 번영하고 애국심이 결여된 민족은 쇠퇴한다.

과거 일제 식민지 시대를 경험했지만 일제 상품, 일제 자동차에 열광하는 동남아시아 국가들과 대만을 보라. 그들이 과연 부유하고 강한 나라라고 할 수 있는가. 애국심이라는 의미를 폄하하고 그 의미가 퇴색되어가고 있는 일본 또한 망국의 길을 착실히 걸어가고 있다. 초강대국 미국을 보라. 전 세계에서 가장 자국 국기를 자랑스러워하며 성조기 관련 상품이 많이 판매되고 있는 나라이다. 전 세계에서 가장 많은 국민이 성조기 스티커를 자동차에 붙이고 다니는 나라이다.

과거 역사에서 전 세계를 아우르는 대영제국을 건설한 영국인을 보자. 영국인은 자국의 국기를 '유니온 잭Union Jack'이라는 이름으로 수많은 제품에 디자인화하고 전 세계에 자랑스럽게 판매하고 있다. 미니 쿠퍼(영국 브랜드 자동차)는 테일 램프에도 '유니온 잭'을 디자인할 정도로 국기에 대한 자부심과 나라에 대한 애국심이 뜨겁다. 과연 우리나라 자동차 회사가 태극문양을 자동차 디자인에 적용할 정도로 뜨거운 애국심을 가지고 있는지 진지하게 생각해볼 문제가 아닐 수 없다.

많은 사람이 "태극기는 촌스러워서……"라고 말하는 것은 친일세력들이 계획적으로 심어놓은 편견 때문에 갖게 된 생각이다. 친일세력은 '애국심은 촌스러운 가치, 버려야 할 무식한 행위'라고 국민을 세뇌해왔다. 우리는 아직도 해방 후 수십 년 동안 과거의 잔재를 청산하지 못하고 있는 것이다. 미국과 영국은 전 세계 여러 나라에서 자행한 명분 없는 전쟁과 잔혹한 식민지배를 통해 자국의 이익을 챙겨온 명예롭지 못한 역사를 가진 나라임에도 전혀 부끄럼 없이 당당하게 자국 국기를 전 세계에 선전하며 '정의로운 나라'라고 표명하고 있다.

그에 반해 대한민국은 얼마나 선량한 나라인가. 우리나라는 전 세계 수많은 나라에서 가장 신뢰할 수 있는 나라 중 하나로 인정받고 있다. 정치적, 역사적 이해관계가 얽혀 있는 나라가 거의 없어서(일본을 제외하고) 어느 나라에서도 거부감 없는 이미지로 사업하기에도 수월하다. 게다가 한류드라마, K-POP의 영향으로 그 어느 나라보다 빠르게 국가 이미지가 매년 상승하고 있는 추세이다. 여기서 월남전 때 베트남 민간인을 학살했기 때문에 부끄러워해야 한다고 주장하는 사람들에게 말해주고 싶은 것이 있다. 월남전은 공산주의로부터 자유 민주주의를 지키기 위해 동맹국인 미국을 도와 참전한 정의로운 전쟁이었다고 말이다. 물론 민간인 학살에 대해서는 베트남 국민들이 인정할 때까지 진정성이 느껴지는 사죄를 계속해야 한다.

태극기에 담긴 의미

우리나라는 그 어느 나라도 역사적으로 괴롭힌 적이 없고 당당하게 애국심을 표현해도 그 어느 나라도 거부감을 느끼지 않는 정의로운 나라이다. 정의롭고 선한 대한민국의 이미지를 전 세계의 여러 나라에서

도 인정한다. 한류의 영향으로 태극문양이 멋있다고 생각하는 외국인도 늘어나고 있다. 그런데도 우리 스스로 애국심은 구시대적 가치이며 태극기 디자인이 촌스럽다고 생각하는 것은 이해하기 힘든 부끄러운 모습이다. 가슴에 손을 얹고 솔직하게 얘기해보자. 우리나라 사람 가운데 태극기가 그려진 티셔츠를 멋있다고 생각하고 당당하게 입고 다니는 사람이 과연 몇이나 될까? 아마도 대부분 사람들이 일상생활에서 태극기 티셔츠를 입고 다니는 것은 조금 부끄러운 일이라고 생각할 것이다.

그렇다면 태극기의 의미를 한번 알아보자. 흰색 바탕은 '밝음, 순수, 평화'를 사랑하는 민족성을 나타낸다. 건곤감리는 '하늘, 땅, 물, 불'을 나타내고 태극문양은 우주만물이 음양의 조화로 생명을 얻고 발전한다는 '대자연의 섭리'를 표현한 것이다. 이런 아름답고 철학적인 정신을

> **《** 정의롭고 선한 대한민국의 이미지를
> 전 세계의 여러 나라에서도 인정한다.
> 한류의 영향으로 태극문양이 멋있다
> 고 생각하는 외국인도 늘어나고 있다.
> 그런데도 우리 스스로 애국심은 구시
> 대적 가치이며 태극기 디자인이 촌스럽
> 다고 생각하는 것은 이해하기 힘들다. **》**

내포한 태극기를 자랑스러워하지 못하고 촌스럽다거나 부끄럽다고 생각하다니…… 개탄을 금할 수가 없다.

수천 년간 한민족에게 위기가 있을 때마다 나라를 지켜낸 원동력이 되었던 것은 논리적으로 설명하기 힘든 국민들의 자발적인 애국심 덕택이었다. 한심한 국가 정책으로 왜란을 겪었지만 '내 나라는 내가 지킨다'라는 일념 하나로 전국 방방곡곡에서 의병과 승병들이 낫과 곡괭이를 들고 일어나 왜놈들을 물리치지 않았는가. 군대에서 비윤리적인 처우를 받으며 나라를 위해 소중한 청춘을 희생했지만 북한의 미사일 도발로 한반도에 전쟁 위기가 닥쳤을 때 많은 예비역 남성들이 SNS에 군복 사진을 올리며 나라를 지키겠다는 뜨거운 애국심을 보여주지 않았는가.

이 조그만 나라가 열강들 사이에서도 오랜 세월 꿋꿋이 버틸 수 있었던 것은 도저히 논리적으로 이해할 수 없는 한민족의 피에 흐르는 애국심밖에는 설명할 길이 없다. 우리는 다시 한번 일본의 침략 야욕에 도전받고 있다. 이 시점에 그 어떤 것보다 애국심이 절실하다. 그 어느 때보다 강한 애국심으로 일본의 야욕을 굴복시켜야 한다.

깨져버린 신뢰의 나라, 일본이 치러야 할 대가

우리가 막연히 생각하는 일본의 이미지 중에는 일본의 모든 제품이 안전하고 재료를 속이지 않으며 믿을 수 있다는 인식이 있다. 하지만 일본 상품에 대한 좋은 선입견과는 달리 의외의 현실을 만나게 된다.

농약 사용량 세계 1위 일본

농약이 인체에 유해하다는 사실을 모르는 사람은 없을 것이다. 농약의 가장 큰 용도가 해충을 죽이는 것이고 해충을 죽일 정도라면 인체에 해가 없다고 말할 수 없다. 완벽하게 안전한 농약이라는 것은 존재

세계 주요 국가 농약 사용량(2010)

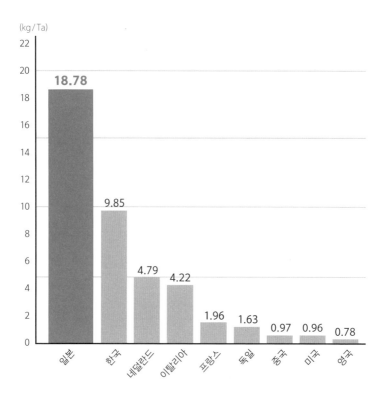

출처 세계 최초로 무농약 사과 재배에 성공한 농학자 기무라 아키노리木村秋則 씨가 출판한 계간지 『농업 르네상스農業ルネッサンス』 봄호에서 발췌한 그래프

채소에 사용되는 네오니코티노이드계 농약(일본과 EU의 잔류농약 기준치 비교)

오이　일본의 기준치 2ppm　EU의 기준치 0.02ppm

EU 기준치 100배!

찻잎　**71배**　일본의 기준치 50ppm
EU의 기준치 0.7ppm

토마토　**60배**　일본의 기준치 3ppm
EU의 기준치 0.05ppm

피망　**60배**　일본의 기준치 3ppm
EU의 기준치 0.05ppm

브로콜리　**50배**　일본의 기준치 1ppm
EU의 기준치 0.02ppm　단위: ppm(100만분의 1)

출처 2013 EU legislation maximum residue levels, https://nikkan-spa.jp/1036745/image7-4

할 수 없는 것인데, 이 농약을 세계에서 가장 많이 사용하고 있는 나라가 일본이다. 우리가 일반적으로 생각하기에 농약을 많이 사용하는 국가로 중국을 꼽을 것이다. 하지만 의외로 농약을 전 세계에서 가장 많이 사용하고 있는 나라는 일본이다.

일본은 우리나라의 약 2배가량의 농약을 사용하고 있으며 이는 우리가 막연하게 안 좋은 이미지로 생각했던 중국보다 자그마치 20배 가깝게 많은 양이다. 농약 중에서도 '네오니코티노이드'라고 하는 계열의 살충 성분 농약을 압도적으로 많이 사용하고 있는데 이것은 파킨슨병, 자폐증, ADHD의 발병 요인 가운데 하나로 지목되고 있는 위험한 성분이다. 일본은 이 '네오니코티노이드'계 농약을 EU 잔류농약 기준치의 수십 배 이상 채소 재배에 사용하고 있으며 '오이'의 경우에는 EU 기준치의 100배 이상을 사용하고 있어 경악을 금치 못할 수준이다.

우리나라의 농약 사용량은 일본의 반 정도로 세계 2위이다. 우리나라도 농약을 많이 사용하는 편으로 이렇게 된 이유는 일본의 농업에서 많은 부분 영향을 받아서이다. 우리나라의 초기 농업기술을 일군 우장춘 박사라든지 일본에서 공부하고 귀국한 여러 농업학자들이 일본의 농업기술을 한국에 전파했기 때문이다. 이들이 한국에 건너와 일본의 농약 사용량이나 기준 등을 그대로 접목시킨 경우가 많아서 일본 다음으로 많은 농약 사용량을 기록하고 있다. 일본을 통해 수많은 학문, 산업의 토대를 마련하는 바람에 빠르게 각종 산업을 키울 수 있게 된 면도 있지만 악영향도 많은 것이 사실이다.

우장춘 박사

여기서 잠깐 우장춘 박사에 대해 잘 모르는 젊은 세대가 있을 것 같아 간단히 소개하고자 한다. 우장춘 박사에 대한 것은 '씨 없는 수박'을 개발해낸 농학박사라는 것 이외에 자세히 아는 사람이 의외로 드문 것 같다. 우장춘 박사는 일본 도쿄에서 태어나 동경제국대학 농학부를 나온 당시 세계적인 농생물 과학자이자 원예 육종학자이다. 그의 아버지는 을미사변 당시 명성황후 살해에 적극적으로 가담했던 우범선禹範善 씨이다. 역사책에서나 봤던 우범선 씨와 우장춘 박사가 부자관계이고 명성황후의 살해를 주도한 사람의 아들이라니 충격적인 배경이 아닐 수 없다.

우범선은 고종의 아관파천 때 일본으로 망명하여 일본인 사카이 나카酒井ナカ와 결혼하지만 명성황후 살해에 대한 원한으로 명성황후 측근이었던 고영근, 노원명에 의해 살해되고 우장춘 박사는 어머니와 함께 성장하게 된다. 우장춘 박사는 이후 일본인 여성 와타나베 고하루渡邊小春와 결혼한다(우장춘 박사의 일본식 이름은 '스나가 나가하루須永長春'이다). 또 한 가지 재미있는 사실은 우장춘 박사의 사위가 일본에서 존경받는 경영자 '이나모리 가즈오稻盛和夫'라는 것이다. 이나모리 가즈오는 교세라와 KDDI의 창업자이며 '아메바 경영방식'으로 현재도 많은 일본인의 존경을 받고 있는 경영자이다. 명성황후 시해 사건이 교세라의 창업자까지 이어진다니 참으로 재미있는 역사가 아닐 수 없다.

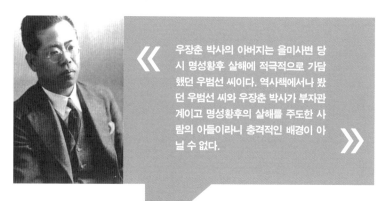

우장춘 박사의 아버지는 을미사변 당시 명성황후 살해에 적극적으로 가담했던 우범선 씨이다. 역사책에서나 봤던 우범선 씨와 우장춘 박사가 부자관계이고 명성황후의 살해를 주도한 사람의 아들이라니 충격적인 배경이 아닐 수 없다.

우장춘 박사는 1950년 이승만 대통령의 초청으로 귀국하여 아버지의 나라를 위해 헌신하게 된다. 한국 농업과학연구소 소장을 맡게 된 우장춘 박사는 선진 농업기술이 어떤 것인지 당시 우리 국민에게 알려주기 위해 퍼포먼스 차원에서 '씨 없는 수박'을 개발했고 이를 계기로 전 국민에게 널리 알려지게 된다. 그러나 씨 없는 수박을 처음 만든 사람은 교토제국대학 농학부 농림생물학과 교수였던 기하라 히토시 木原均 라는 일본인이었다. 그는 일본에서 씨 없는 수박을 개발한 것보다 밀의 선조를 유전학적으로 밝혀낸 것으로 더 유명하다. 우리가 알고 있었던 세계 최초로 '씨 없는 수박'을 개발한 우장춘 박사의 신화 이면에는 여러 가지 재미있는 역사적 이야기들이 숨겨져 있었던 것이다.

수돗물과 일본 치매환자

일본에서 장을 봤던 경험이 있는 사람들은 아마 쉽게 공감할 것이다. 슈퍼마켓 식품 코너에 진열되어 있는 과일이나 채소들이 하나같이 흙 한 톨 묻지 않은 뻔드르르한 외관과 만화에서나 나올 법한 예쁜 겉모양을 자랑하고 있다는 것을 말이다. "참 예쁘게 잘도 키웠네"라는 혼잣말이 무심코 튀어나올 정도로 겉모습이 아주 훌륭하다. 하지만 농약을 이렇게도 많이 사용해서 키운 농작물이라고 생각하니 속은 것 같은 기분이 든다.

일본에서는 왜 이렇게 많은 양의 농약을 사용하게 됐을까? 지극히 개인적인 견해이지만 아마도 결과에 따라 생사가 결정되는 일본 사무라이 문화에 그 원인이 있지 않을까 생각한다. 사무라이에게 혹은 지위 높은 고관에게 판매한 과일에 벌레가 나왔다거나 썩은 과일이 발견됐다고 생각해보자. 과연 어떤 일이 벌어질까.

일본 사무라이들은 아무 죄가 없어도 재미 삼아 사람을 죽였다고 한다. 이런 살벌한 사무라이 사회에서는 '작은 잘못'이라도 용서받지 못할 것이다. 흙이 묻지는 않았는지 벌레가 먹지는 않았는지 씻고 또 씻고, 두 번 세 번 확인하며 예쁜 모양의 과일만 고르고 골라서 사무라이에게 바쳐야 했을 것이다. 그러한 문화 속에서 살았던 일본인이 농업 산업이 발전하여 농약이 나오자 "옳거니 이거다!" 했을 것이다. 농약만 잘 쓰면 사무라이에게 목이 잘리는 일은 없을 테니 말이다. 완벽한 식자재를 만들 수 있는 농약을 발견한 일본인이 농작물에 농약을 퍼부었

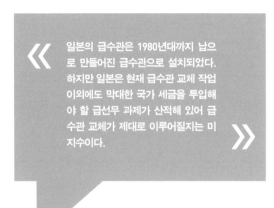

> 일본의 급수관은 1980년대까지 납으로 만들어진 급수관으로 설치되었다. 하지만 일본은 현재 급수관 교체 작업 이외에도 막대한 국가 세금을 투입해야 할 급선무 과제가 산적해 있어 급수관 교체가 제대로 이루어질지는 미지수이다.

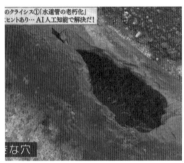 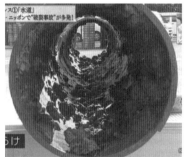

노후되어 녹이 슨 일본의 급수관

을 것은 쉽게 추측할 수 있다.

일본에 살면서 일본의 수돗물은 세계적으로도 깨끗하고 안전해서 그대로 마셔도 된다고 자랑하는 일본 TV 방송을 여러 차례 시청한 적이 있다. 일본인의 수돗물에 대한 자부심은 상당해서 일상생활에서도 "일

경제협력개발기구가 조사한 치매환자 비율

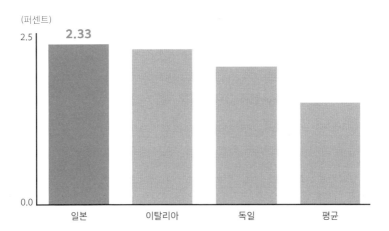

(퍼센트)

2.33

2.5

0.0

일본　　　　이탈리아　　　　독일　　　　평균

출처 경제협력개발기구(OECD) 2017년 12월 15일 갱신, https://www.minnanokaigo.com/news/kaigogaku/no385/

> 일본은 치매환자 비율이 세계 1위인 불명예를 안고 있다. 여러 가지 요인에 의해 치매 발병이 결정되겠지만 뇌에 축적된 알루미늄 성분에 의한 치매 비율도 상당하다고 볼 수 있는데, 별다른 대책을 세우지 못하는 일본의 현실이다.

본의 수돗물은 그냥 마셔도 안전하다고!"라며 자랑스럽게 얘기하는 일본인을 꽤 만난다. 그렇다면 일본의 수돗물은 정말 안전하고 믿을 만한 물일까?

일본의 수돗물은 수도법에 근거한 수질검사로 51항목의 수질 기준 항목을 거쳐야 하는 것으로 규정하고 있다. 일견 안전한 수질관리가 이루어지는 것으로 보이지만 일본의 수돗물이 안전하지 않은 이유를 몇 가지 발견할 수 있다. 일본의 급수관은 1980년대까지 납으로 만들어진 급수관으로 설치되었다. 그래서 납이 물에 스며들어 납중독을 일으킬 가능성이 존재한다. 현재는 납중독의 위험성이 대두되어 '덕타일 주철관'이라는 급수관으로 교체하고 있지만, 일본은 현재 급수관 교체 작업 이외에도 막대한 국가 세금을 투입해야 할 급선무 과제가 산적해 있어 급수관 교체가 제대로 이루어질지는 미지수이다.

수돗물 잔류 염소의 일본과 외국 비교

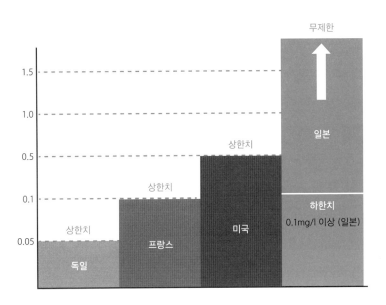

출처 「물의 환경전략水の環境戦略」 이와나미신서岩波新書, 나카니시 준코中西準子, 도쿄대학 환경안전연구센터東大環境安全研究センター, 1994

1960년대쯤에 건설된 고속도로, 터널, 교량 등 인프라의 보수·교체 작업과 도쿄 올림픽을 앞두고 경기장 및 부대시설 건설 등에도 엄청난 자금이 소요되고 있다. 게다가 초고령화 문제로 인한 고령자 연금 및 의료복지 비용, 후쿠시마 방사능 처리 비용, 쓰나미 피해 지역 재건 비용에도 막대한 세금이 투입되어 끔찍할 수준의 세수 부족에 허덕이고 있다. 이런 현실에 세계 최고의 부채국가인데도 일본중앙은행에서는 막대한 돈을 계속 찍어내고 있지만, 급수관 교체까지 적극적으로 손을 대기는 힘든 상황이다. 그래서 아직도 납 급수관을 통해 수돗물을 섭취하고 있는 지역이 많다. 또한 납 급수관 이외에도 사용연한 40년을 초과한 일반 주철로 만들어진 수도관도 시급히 교체해야 하지만 역시 세수 부족으로 손조차 못 대고 있다.

아무리 정수시설에서 완벽한 수준의 정화 규정에 의해 정수한 물이라고 하더라도 이 노후한 수도관을 통해 녹이 수돗물에 흘러 들어가면 최종 소비자에게 도착한 물은 녹과 납 성분을 함유한 위험한 것이다. 또한 일본에서는 녹을 방지하기 위해 알루미늄으로 만들어진 수도관도 많이 사용해왔는데 알루미늄 성분은 뇌 속에 축적되어 '알츠하이머' 일명 '치매'를 일으키는 주요 원인으로 작용한다.

일본은 치매환자 비율이 2.33퍼센트로 OECD 평균 1.44퍼센트를 크게 넘어서며 세계 1위의 불명예를 안고 있다. 싱가포르나 덴마크의 전체 인구보다 많은 약 600만 명의 치매환자가 현재 일본 사회를 짓누르고 있다. 약 30년 후에는 치매환자 수 1,000만 명을 돌파할 것으로 예측되는 심각한 상황이다. 여러 가지 요인에 의해 치매 발병이 결정되겠지만 뇌에 축적된 알루미늄 성분에 의해 치매가 발병하는 비율도 상당하다고 볼 수 있는데, 별다른 대책을 세우지 못하는 일본이 참으로 답답하게 느껴진다.

납과 녹, 그리고 알루미늄 성분뿐만 아니라 일본의 수돗물이 절대로 안전하지 않은 이유는 또 있다. 일본에서는 수돗물을 정수하는 과정에서 대량의 염소塩素 성분을 사용한다. 수돗물 정수과정에 전 세계에서 가장 많은 양의 염소 성분을 사용하는 것이 일본이다. 또 일본은 수돗물 잔류 염소량이 세계 1위를 기록하고 있다. 이것은 미국의 최소 3배 이상이고 독일에 비하면 최소 30배 이상의 염소 잔류량이라 매우 충격적인 수치이다. 더 충격적인 것은 각 나라에서는 수돗물 정화 시에 사용하는 염소의 사용량 상한치가 법적으로 정해져 있는데 일본에는 그러한 규정이 없다는 것이다. 이 말은 수돗물이 깨끗해질 때까지 얼마든지 대량의 염소 성분을 추가하여 사용할 수 있다는 것인데 이렇게 해서 깨끗해진 수돗물이 과연 의미가 있을까? 이 염소는 '유한락스'나 '클로락스Clorox' 등 표백살균제에 사용하는 클로린Chlorine 성분인데 인체에 안전하다고 단언할 수 있을까? 안전하지 않으니까 독일, 미국, 프랑스 등의 선진국에서 사용량에 제한을 두는 것이 아니겠는가.

미량이긴 하지만 일본의 수돗물에는 '트라이할로메테인Trihalomethane'이 검출되고 있다. 이는 염소로 소독할 때 발생하는 발암성 물질이다. 이 트라이할로메테인 중 60~90퍼센트가 '클로로포름'이다. 클로로포름이란 아주 오래 전까지만 해도 마취약으로도 사용하던 성분이다. 중추신경을 조절하는 기능을 하기 때문이다. 그럼 수돗물을 끓여먹으면 안전할까? 녹, 납, 알루미늄 성분은 끓여봤자 제거되지 않는다. 발암 성분인 트라이할로메테인은 끓이는 게 더 의미가 없다. 끓이면 오히려 발암 성분이 늘어나기 때문이다.

나는 원래부터 건강체질로 면역력도 강해서 미국에서 사는 10년 동안 치과에 한 번 가본 것 이외에는 단 한 번도 병원 신세를 져본 적이 없다. 하지만 일본에서 사는 동안 대상포진, 수족구병, 원인불명의 피부병 등 각종 면역 관련 질병에 시달렸다. 물론 이 모든 질병을 염소 성분 하나만으로 설명하기에는 부족하다고 볼 수 있다. 그러나 딸아이도 수족구병, 눈병, 감기 등에 자주 걸리고 딸이 다니는 유치원 친구들 중에도 아토피성 피부병이나 여러 가지 알레르기 증상에 고생하는 아이들이 많은 걸 보면 그 개연성에 대해 의심하지 않을 수 없다. 그렇다면 왜 일본은 이 위험하다고 볼 수 있는 염소 성분을 무제한으로 사용해 수돗물을 소독하고 국가가 지켜내야 할 국민의 건강마저 위협하는지 그 이유에 대해 생각해보지 않을 수 없다.

앞에서 살펴봤던 농산물에 농약을 사용하는 것과 같은 이유가 아닐까 생각한다. 서슬 퍼런 사무라이들의 폭거에 오랫동안 지배당해온 일본인에게는 차후에 일어나는 잘잘못에 대한 책임보다 지금 당장 깨끗해 보이고 좋아 보이는 상품을 만들어 제공하면 된다는 인식이 강했다. 이는 목숨과 직결된 문제로 무슨 수를 쓰든 사무라이 손에 전해지는 순간은 완벽해 보이는 결과물을 제공해야 하고 그래서 집착해왔던 것이 아닐까 생각한다. 수도정화시설에서 완벽한 수준의 수질을 제공하면 그 뒤에 일어나는 일은 내가 책임질 일이 아니라는 것이다. 그러한 사고방식이 자신들은 물론 일본 전체 국민의 건강을 해치는 일인데도 말이다. 더 안타까운 것은 이러한 수돗물의 위험성에 대해 전혀 의문을 가지지 않고 정부와 언론의 '일본의 수돗물은 세계적으로도 안전한 물', '그대로 마셔도 안심'이라는 세뇌공작에 빠져 의심 없이 마시고 있는 일본 국민들이라는 현실이다.

식품첨가물 사용량 세계 1위 일본

또 한 가지, 일본의 식품을 신뢰할 수 없는 이유를 살펴보자. 식품첨가물은 식품의 향이나 맛, 풍미, 색상을 좋게 하려고 혹은 보존기간을 길게 하려고 식품 제조과정 중에 첨가하는 인공적인 보존료, 감미료, 화학조미료, 착색제, 발색제, 산화방지제, 살균제, 향신료 등을 통틀어서 일컫는 말이다. 이 식품첨가물의 종류와 사용량이 세계에서 가장 많은 나라가 일본이다. 압도적인 세계 1위이다. 영국은 21가지, 프랑스는 32가지, 독일은 64가지, 미국은 133가지로 식품첨가물의 사용 수를 제한하여 허가하고 있는데 일본은 무려 1,500가지의 식품첨가물을 사용하고 있다(참고로 한국도 604가지로 적지 않다).

우리는 '일본의 식품이 안전하다'고 믿고 있었고 '일본인은 먹는 것

세계 각국의 식품첨가물 인가 수

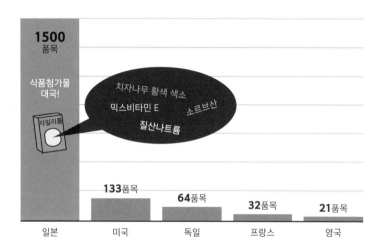

출처 https://matsumurahirokatsu.com/archives/3167#i-6

편의점 도시락에 포함된 식품첨가물

조미 플레이크
-확장제
-산화방지제 등

단무지
-합성감미료
-합성보존료 등

어묵
-화학조미료
-품질개량 재료

슈마이(만두)
-화학조미료
-습윤제 등

오렌지
-합성보존료
(곰팡이 방지제) 등

햄버거 스테이크
-글리신
-증점제 등

닭튀김
-단백질 가수 분해 산물
-트랜스지방산

소시지
-단백질 가수 분해 산물
-발색제 등

출처 https://ameblo.jp/atom-green-0201/image-12443125137-14363245408.html

으로 장난치지 않는다'고 생각해왔던 것이 사실이다. 방사능 오염 문제는 차치하더라도 인체에 유해한지 여부가 확실치 않은 식품첨가물을 다량으로 사용하고 있는 일본의 식품에 대해서 정치적인 문제에 대한 불매운동뿐만 아니라 일상생활에서도 일본 식품에 대한 불매운동을 생활화해나가야 할 필요성을 느낀다. 식품첨가물에 대해서 일본을 제외한 선진국에서는 엄격한 잣대를 들이대고 완전하게 안전성이 검증된 첨가물에 대해서만 사용을 허용하고 있지만 일본은 그러한 엄격한 기준을 적용하지 않는다. 정말 필요한 곳에는 엄격함이 없고 인간관계와 직장생활에 대해서만 매정할 만큼 엄격한 태도를 보이는 일본인이다.

왜 일본인은 자국민이 먹는 식품에 대해서 무책임하게 식품첨가물을 다량으로 사용하는 것일까? 이 또한 같은 이유를 들 수 있다. 오랫동안 '칼의 문화'에 지배되어온 일본인은 눈앞에 보이는 제품 자체만 좋아 보이면 문제가 없다. 이러한 농약이 많이 사용된 농산물, 식품첨가물로 범벅된 식품은 먹을 때는 예쁘고 맛있지만 그 악영향은 한참(수십 년 이상) 지나서야 드러나고 그때가 되면 그 결과가 자신들이 사용한 농약과 식품첨가물이 원인이라는 것을 밝혀내기 어려워지기 때문에 그렇다. 자신들의 책임을 회피하는 게 가능한 상황이라면 얼마든지 건강에 나쁜 것도 사용할 수 있다.

녹, 납, 알루미늄 그리고 염소 성분으로 오염된 수돗물을 안전하다고 믿고 마시는 일본인. 세계에서 가장 많은 양의 농약과 식품첨가물이 사용된 식품을 믿을 수 있다고 착각하며 먹는 일본인. 이렇게 속고 살아

방사능 오염 문제는 차치하더라도 인체에 유해한지 여부가 확실치 않은 식품첨가물을 다량으로 사용하고 있는 일본의 식품에 대해서 정치적인 문제에 대한 불매운동뿐만 아니라 일상생활에서도 일본 식품에 대한 불매운동을 생활화해나가야 할 필요성을 느낀다.

가고 있는 일본인이 불쌍하기만 하다. 더 불쌍한 것은 그렇게 속고 있으면서도 그 누구도 사회의 문제점들에 대해 파헤치거나 나라를 바꾸고자 하는 목소리를 내지 않는다는 것이다. 참으로 한심하고 암담한 일본의 미래라고 할 수 있다.

허울뿐인 '장수국가'

수돗물과 식품의 폐해에도 일본인의 수명이 세계에서 가장 긴 이유는 무엇일까? 일본인의 평균수명이 세계에서 가장 긴 이유는 단 한 가지이다. 평생 '소식小食'하는 습관 때문이다. 일본에서 식사를 해본 이들은 알겠지만 일본인의 평균 식사량은 무척이나 적다. 아마도 세계에서 가장 적은 식사량일 것이다. 처음 일본에서 식사하면서 놀란 게 한

일본인의 평균수명과 건강수명

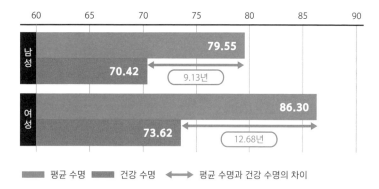

출처 평균수명: 「평성22년 완전생명표」, (2010), 후생노동성, 건강수명: 「건강수명에 따른 장래 예측과 생활습관병 대책의 비용 대 효과에 관한 연구」, (2010), 후생노동과학 연구보조금

두 번이 아니다. 단무지 반쪽을 잘게 잘라서 반찬이라고 올려놓거나 반찬 하나 없이 딸랑 식사만 나오거나 초대해놓고 생선 몇 조각 잘라 내놓거나……(아는 일본인을 한국 횟집에 데려갔는데, 살아 있는 생선을 바로 손질해 산더미처럼 올려놓은 회와 상다리가 휘어질 만큼 공짜로 나오는 반찬들을 보고 기절초풍하던 모습이 생각난다) 도대체 이것만 먹고 어떻게 살까 싶다.

평생 적은 식사량을 유지한다면 평균수명이 늘어나는 것은 당연한 이치이다. 적은 식사량은 많은 식사량을 유지하는 사람보다 소화와 배설을 하는 내장기관의 움직임이 적을 수밖에 없다. 인간의 장기는 모두 수명이 유한한 것이라 많이 사용하면 그에 따라 장기의 수명도 점점 줄어들기 마련이다. 소식을 생활화하는 일본인들은 평생 소화하기 위해 움직이는 장기의 수명도 저축해놓은 셈이니 세계에서 가장 긴 평균수명을 가지게 된 것은 당연하다. 예를 들어 1년에 1만 킬로미터를 주행하는 자동차와 2만 킬로미터를 주행하는 차 중에 어느 쪽 자동차가 수명이 길겠는가. 인간의 장기처럼 자동차의 엔진과 부품도 수명이 정해져 있고 주행거리가 짧으면 엔진과 부품의 수명도 길어진다. 이러한 단순한 이치 때문에 일본인이 장수하는 것이지 대단한 생활습관이나 수명을 연장하는 신비의 음식을 먹어서가 아니다.

일본은 소식을 해서 길어진 평균수명으로 인해 '장수국가'로 알려졌지만 역시 수돗물과 식품의 영향에서 벗어나기 힘든 것 같다. 전 세계에서 가장 병상에 누워서 지내는 시간이 긴 나라로 일본이 세계 1위를 달리고 있다. 이를 보면 평균수명이 중요한 것이 아니라 '건강수명'이 중요하다는 사실을 이해할 필요가 있다. 일본인은 평균수명이 세계 1위이지만 병상에 누워서 보내는 시간이 남성은 9.13년, 여성은 12.68년으로 세계에서 가장 길다. 80세까지 사는 일본 여성은 67세부터 병상에 누워서 약 13년을 보내고 난 뒤에야 죽음을 맞이한다는 것이다.

병상에 눕기 전까지의 수명이 인간에게는 가장 중요한 건강수명이라고 할 수 있는 것이기에 평균수명만 길다고 해서 자랑할 만한 것이 아니다. 병상에 누워 있는 시간이 세계에서 가장 길고 알츠하이머(치매)환자의 발병률이 세계에서 가장 높은 일본에게 있어 '건강한 장수국가'라는 이미지는 이제 버려야 할 때가 아닌가 싶다. 노년을 각종 질병과 치매로 긴 시간 고생하며 죽어가는 일본에 '장수국가'라는 허울 좋은 단어가 무슨 의미가 있다는 말인가.

정신병원 병상 수 세계 1위 일본

2016년 후생노동성 자료에 따르면 일본에 있는 정신병원의 수는 1,076개로 전체 병원 수 8,605개의 12.5퍼센트를 차지하는 상당히 높은 비율이다. 일본은 정신병원의 병상 수가 약 34만 4천 개로 세계에서 가장 많은 나라이다. 전 세계 정신병원의 침상 수가 약 185만 개이니 전 세계 정신병원 병상 수의 약 18.6퍼센트가 일본에 있고 전 세계 정신과 입원환자의 약 5분의 1이 일본인이라고 볼 수 있다(일본의 인구 비율은 전 세계 인구에서 0.016퍼센트에 지나지 않는데 정신병원 병상 수의 18.6퍼센트가 일본에

15～24세의 청년 자살률 추이(해당 연령 인구 10만 명당 자살자 수)

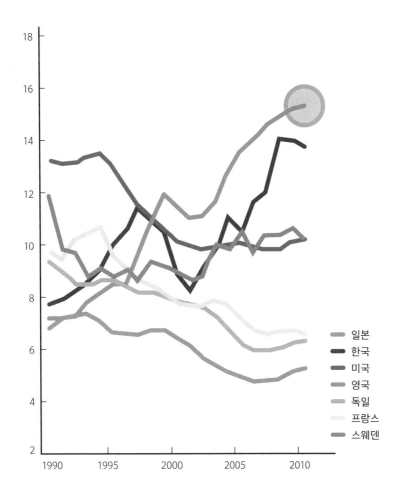

일본
한국
미국
영국
독일
프랑스
스웨덴

출처 「Mortality Database」, WHO https://president.jp/mwimgs/7/8/-/img_7855d781f2284c76fc77462e7b47f24045328.jpg

있다니 충격을 금할 수가 없다! 얼마나 정신병이 만연한 사회인지 무서울 정도이다).

정신질환자의 수를 정확히 파악하는 것은 현실적으로 불가능한 실정이다. 정신질환의 범위를 정확히 구분하기 힘들기 때문이다. 일상생활에 아무 문제가 없는 사람도 정신과 테스트에서 정신질환 판정을 받기도 한다. 하지만 병상 수가 많다는 것은 굳이 경제학의 수요공급의 법칙을 거론하지 않더라도 환자의 수요가 있으니 병상 수를 적정수준에 맞춰놓은 것이 아니겠는가.

병원 또한 이익을 추구하는 기업체와 같은 조직인데 돈이 안 되는 일을 할 리가 없다. 또한 정신병원에 입원하는 정도라면 상당한 수준의 정신질환이라 봐도 된다. 우울증이나 공황장애 정도의 일반인들이 겪고 있는 정신질환의 수준을 넘어선다는 말이다. 일반 정신질환은 대부분 정신병원에 입원하지 않고 약물로 통원치료를 한다. 정신병원 병상 수가 34만 4천 개로 세계 1위라는 것은 중증의 정신질환자의 수 또한 세계 1위라는 것을 의미한다고 볼 수 있다.

일본 거리에는 정신을 놓은 듯한 표정, 길게 늘어뜨린 가방과 단정치 않은 옷매무새, 초점 잃은 눈빛, 비정상적인 걸음걸이 등 왠지 나사가 하나씩 빠져 보이는 모습으로 걷고 있는 사람들을 많이 접할 수 있다. 미소녀 애니메이션, 아이돌 그룹, 도박, 취미 등에 빠져 아무것에도 관심이 없는 청년, 압도적인 수를 자랑하는 변태성욕자, 흐리멍덩한 눈빛에 미래도 꿈도 희망도 상실한 일본인의 모습이 여기저기에 넘쳐나는 것을 확인할 수 있다. 주변에 폐를 끼치지만 않으면 아무도 그들에게 제재

> 우울증이나 공황장애 정도의 일반 정신질환은 대부분 정신병원에 입원하지 않고 약물로 통원치료를 한다. 하지만 일본의 정신병원 병상 수가 34만 4천 개로 세계 1위라는 것은 증증의 정신질환자의 수 또한 세계 1위라는 것을 의미한다고 볼 수 있다.

를 가하지 않기 때문에 정상인인 듯, 문제가 없는 평범한 사람인 듯 조용히 살아가고 있는 잠재적인 정신질환자 급의 일반인도 넘쳐난다.

'절망의 나라', 내가 보는 오늘날 일본의 모습이다. 우리나라도 자살률이 세계 2위로 심각한 순위지만 청년 자살 비율은 증가율이 꺾여가고 있어 미래는 그렇게 어둡지 않을 것이라 기대해본다(40대 이상, 특히 60대 이상 고령자의 자살률이 압도적으로 높은 상태이다). 하지만 일본은 15세에서 24세 사이의 청년 자살률이 20년 이상 세계 1위를 차지하고 있으며 계속해서 증가 추세에 있다. 지금도 여러 가지 분야에서 어려운 상황인데 미래는 더욱 어두울 수밖에 없다는 것이 내가 일본을 '절망의 나라'라고 보는 여러 이유 중 한 가지이다.

엔터테인먼트 산업에서 바라본
한일의 미래

내가 중·고등학생 시절에 일본 경제는 세계 경제패권을 두고 미국과 경쟁할 정도로 대단한 활황기였고 일본인의 모습도 대단히 멋져 보였다. 고등학교 수학여행으로 서울에 온 일본 단체 여고생의 세련된 교복과 헤어스타일, 뽀얀 얼굴, 고급스러워 보이는 가방과 구두 등 모든 것이 '부티가 좔좔' 흐르고 모두가 부잣집 딸처럼 보였다. 딱 그때 느낌이 일본 경제의 수준을 보여주는 것이라고 생각했다. 그런데 지금은 어떤가. 과거 멋졌던 그 일본인들은 어디로 가버린 걸까? 김포공항에 보이는 일본인 관광객들의 모습은 예전의 그 모습이 아니다. 그들의 행색은 예전 찬란했던 시절의 일본인과는 정반대의 느낌이다.

한류 문화 VS 일류 문화

과거 1990년대 한국에서는 현재의 '한류'와 같이 일본 문화를 사랑하는 한국 사람들이 늘어나 소위 '일류日流'라는 분위기가 흐르고 있었다. 그 당시 한국 노래, 드라마도 좋은 작품이 많았지만 솔직히 말해 그때의 일본 문화 수준은 한국보다 월등하게 높았다. 일본 문화가 우리나라 문화시장을 잠식할 수도 있다고 판단한 우리 정부가 일본 문화 금수조치를 내릴 정도였으니 말이다.

이 때문에 정식으로 일본 가수의 앨범을 구입할 수 없어 보따리장수가 일본에서 사온 앨범을 길거리에서 몰래 팔기도 했다. 일본 노래 한두 곡쯤은 부를 줄 알아야 수준이 좀 있다고 생각하고 멋쟁이로 인정하던 시절이었다고 할 수 있다('X Japan'의 노래를 제대로 완창해야 진정한 실력파 노래꾼으로 인정받을 정도로 일류가 문화적으로 침투했던 시절이었다. X Japan의 베이스 기타리스트 사와다 타이지沢田泰司를 존경했던 서태지 씨가 예명을 태지TAIJI로 정할 만큼 일본 문화는 인기가 좋았다). 한국의 3인조 남성그룹 '소방차'는 멤버들의 패션과 스타일이 일본의 '소년대少年隊'와 매우 비슷했고, 한국 1세대 여성 아이돌 그룹인 '핑클'과 'S.E.S.'도 아무로 나미에安室奈美恵를 비롯한 일본의 유명 여성 가수들의 패션을 무척이나 닮아 있었다.

하지만 지금은 거의 반대 상황이 곳곳에서 일어나고 있다. Mr. Children, L'Arc~en~Ciel, B'z, Luna Sea, T-Bolan, WANDS 등 과거 찬란했던 일본의 록 음악은 급격하게 그 수준도 떨어지고 록 밴드의

오키나와 나하시에 붙은 유명가수 아무로 나미에의 마지막 라이브 공연 포스터

PART 2 × 'OK KOREA', 다시 도약

> 한국의 3인조 남성그룹 '소방차'는 멤버들의 패션과 스타일이 일본의 '소년대'와 매우 비슷했고, 한국 1세대 여성 아이돌 그룹인 '핑클'과 'S.E.S.'도 아무로 나미에를 비롯한 일본의 유명 여성 가수들의 패션을 무척이나 닮아 있었다.

음악성, 비주얼도 모든 부분에서 몰락한 수준이다. 최근 몇 년 사이 큰 인기를 끌고 있는 일본의 대표 록 밴드 '골덴봄바ゴールデンボンバー'의 음악이나 비주얼을 보노라면 일본의 몰락이 얼마큼 진행되었는지 쉽게 이해할 수 있다(골덴봄바는 최고 인기가수로 인정받는 〈홍백가합전紅白歌合戰〉에 4년 연속으로 출연하고 일본 레코드대상 작곡상을 수상한 바 있는 현재 일본 최고 수준의 록 밴드이다). 자칭 '비주얼계 록 밴드'라고 자신들을 소개하고 있지만 정말로 멋지다는 느낌은 들지 않는다. 팬들에게는 죄송한 마음이지만(지극히 개인적인 의견임을 밝힌다) 한마디로 말해 음악이든 패션이든 '촌스럽기' 그지없다. 시대가 지날수록 연예인의 수준은 올라가고 세련되게 진화하는 게 정상이거늘 일본 연예계는 발전이 없는 것을 떠나 오히려 과거보다 낮은 수준으로 퇴보하고 있다. 과거 일본을 대표하던 환상적인 비주얼 록 밴드 선배들에게 송구스럽지 않을까 싶을 정도로 이런 촌스러운

밴드가 일본의 록 밴드를 대표하고 있다는 사실이 안타깝다.

요즘 일본에서 최고의 인기를 구가하고 있는 'DA PUMP'라는 그룹이 있다. 그들의 최고 히트곡 〈U.S.A.〉를 유튜브로 한번 들어보라. 패션, 노래, 가사, 안무, 뮤직비디오 편집 등 모든 수준이 딱 수십 년 전 수준이다. '컴온 베이비 아메리카'라는 가사와 유치한 안무를 반복하는데 보다보면 손발이 오그라드는 느낌을 받을 것이다. 이런 음악이 2019년 현재 일본 연예계의 수준이다. 만약 현재 우리나라 가수들의 패션, 안무, 음악성 등이 과거 핑클이나 서태지와 아이들 수준에 머물러 있다면 아니면 그보다 더해 예전 수준보다 떨어졌다면 그 나라는 망해가고 있다는 징조가 아닐까.

한국 아이돌 그룹의 완벽한 춤과 음악에 익숙해져 있다가 일본의 인기 아이돌 그룹 AKB 계열의 안무를 보면 불쌍한 감정이 들 정도로 어설프게 보인다. 외모가 귀엽기는 하지만 귀여움만으로 모든 것이 용서된다고 응석 떠는 아이들처럼 보여, 프로세계를 목표로 하고 수년간 죽을 각오로 연습하는 한국의 K-POP 연습생들에게 실례를 범하는 것이 아닐까 하는 생각이 들 정도이다. 일본을 대표하는 남자 아이돌 그룹인 쟈니즈 계열의 안무 또한 마찬가지이다. 한국의 연습생 수준도 안 되는, 좀 심하게 말하면 한국의 기획사 오디션조차 통과하지 못할 안무를 일본 인기 아이돌이 추고 있다. 아이돌 멤버들이 성장하는 모습을 응원해주는 것이 일본 스타일이라며 옹호하는 사람들도 있지만 수년, 수십 년이 지난 뒤에도 일본 AKB와 쟈니즈 계열 아이돌 그룹은 노래건 춤

이건 발전이 없다. 댄스가수면서 음치, 몸치가 있을 정도이다. 재능도 없고 노력도 하지 않는다는 얘기이다.

그렇다고 일본인이 원래 춤과 노래에 완전히 재능이 없다고 말할 수는 없다. 예전의 일본 음악은 그 수준이 상당히 높았고 명곡도 많았다. 한국, 대만, 동남아시아 사람들 중에는 일본 음악 팬이 엄청 많았을 정도로 훌륭했다. 일본인이 심각한 수준으로 재능이 없는 게 아니라는 말이다. 한국의 유명 아이돌 그룹과 유명 댄스팀 '저스트 절크Just Jerk'의 안무를 흉내낸 일본 고교생 댄스 경연대회를 보면 상당한 안무실력을 보여주고 있다.

일본 연예계의 고질적인 폐해

실력을 가진 수많은 가수 지망생이 스타를 꿈꾸며 오늘도 피나는 노력을 하고 있지만 일본의 연예계는 AKB 계열의 아키모토, 쟈니즈 사무소, 최근 성장세가 두드러진 EXILE 계열, 딱 이 세 군데에 소속된 아이돌 그룹만이 성공할 수 있다. 이 점이 현재 일본 연예계의 가장 큰 문제점이라고 할 수 있다. TV 방송 출연에 대한 권력을 이들 대형 연예기획사들이 쥐고 있기 때문이다. 물론 한국도 SM, JYP 등 대형 연예기획사 소속 아이돌 그룹이 대세를 차지하고 있지만 공정한 심사를 통한 오디션으로 정말 실력 있고 출중한 외모를 가진 젊은이들을 선발하고 있다.

반면 일본은 오디션 자체에 문제가 있다. 오디션에서 실력 있는 지망생을 뽑는 것이 아니라 세 군데 기획사 대표의 취향에 부합하는 사람을 뽑는다는 것이다. 예를 들면 AKB 계열은 아키모토 야스시秋元康(AKB를 탄생시킨 유명 작사가 출신 프로듀서)의 취향이 절대적으로 반영된다. 그는 로리타 성향을 갖고 있다는 소문이 돌고 있다(사실 관계는 확인되지 않았다). 그래서 실력보다 자신의 취향에 맞는 귀여운 여자아이만 뽑아서 AKB 계열 멤버들의 춤과 노래 실력이 형편없다고 한다(이것은 개인적인 의견이 아니고 일본에서 돌고 있는 소문이다).

쟈니즈도 비슷해서 쟈니즈 사무소(일본에서는 연예기획사를 '사무소事務所'라고 칭한다)의 창업자였던 쟈니 기타가와ジャニー喜多川(본명 기타가와 히로무, 얼마 전 타개했다)에 의해 모든 멤버가 결정된다고 한다. 소문에 의하면 기타가와 씨는 소년성애 성향이 있어서 오디션에서 춤과 노래 등의 실력은 전혀 안 보고 자기 마음에 드는 외모의 소년들만 뽑았다고 한다. 또 선택한 멤버가 자라는 게 싫어 남성호르몬 억제 주사를 맞게 해서 쟈니즈 소속 남자 연예인들이 수염도 잘 안 나고 키가 작고 성장이 느리다는 소문이 있다(일본 현지에 떠도는 소문으로 사실관계는 명확하지 않다).

한국은 '일본보다 잘사는 나라'

내가 가르친 일본인 학생들은 한국이 '일본보다 잘사는 나라'라는 인식을 하고 있는 것 같다. 대학교수 시절에 한 번씩 술 사달라고 조르는 일본 학생들이 있었는데 "내가 왜 니들 술을 시켜줘야 하냐?"며 장난스럽게 얘기하면 "선생님 나라 부자잖아요! 사주세요!"라고 답했다.

일본의 젊은이들은 태어나서 한 번도 경기가 좋았던 일본을 겪어보지 못한, 계속 불경기와 일본이 추락하는 뉴스만을 들어오며 자란 세대들이다. 한국의 K-POP과 한류드라마를 시청하며 한국을 선망의 대상으로 생각하며 자라온 것이다. 한국이 일본보다 잘사는 나라라는 인식을 가질 만도 하다. 일반적으로 인터넷에서 한국에 대해 험한 악성댓글을 달고 다니는 '넷우익 ネット右翼・ネットウヨ'은 의외로 젊은 청년들이 아니다. 한 조사에는 실제 넷우익의 정체가 40대에서 60대 사이의 무직 혹은 아르바이트로 생활하는 독신자라는 결과가 나왔다.

현재 일본의 20대 청년들은 앞에서 말한 바와 같이 일본이 좋았던 시절을 한 번도 경험해보지 못한 세대라서 한국에 역전을 당한다든가 한국을 견제해야 한다는 의식조차 없는 것이 일반적이다. 하지만 40~60대의 넷우익은 일본 경제 황금기를 경험했고 사상 최고로 경기가 좋았던 버블시대(이때를 경험한 버블 마지막 세대가 전하는 당시는 정말 대단하다. 고급 유흥업소에는 어디나 택시를 예약하는 직원이 상주하여 손님이 갈 시간을 예측해 택시회사와 긴밀하게 연락을 주고받았으며, 밤늦게 유흥가에서 택시를 잡으려면 만 엔짜리 지폐로 부채 모양을 만들어 흔들면서 "따따블"을 외쳐야 겨우 택시를 잡을 수 있었다고 한다. 그 당시 택시운전사든 현장노동자든 연간 수입 1,000만 엔 이상은 당연한 것이었다고 한다. 기업 신입사원 면접에 참석만 해도 2~3만 엔의 교통비를 지급해줬다고 하니 일본이 최고의 전성기를 구가하던 시기였다)에 젊음을 즐겼던 세대였기에 그 이후 계속해서 몰락하는 일본의 모습과 현재 10~15만 엔(약 130만 원) 정도를 벌

세계적으로 큰 인기를 구가하고 있는 한국의 아이돌 그룹 '블랙핑크'와 '방탄소년단'

PART 2 × 'OK KOREA', 다시 도약

> **《** 일본의 젊은이들은 태어나서 한 번도 경기가 좋았던 일본을 겪어보지 못한, 계속 불경기와 일본이 추락하는 뉴스만을 들어오며 자랐다. 또 한국의 K-POP과 한류드라마를 시청하며 한국을 선망의 대상으로 생각하며 자라온 세대들이다. **》**

며 아르바이트로 먹고사는 자신들의 초라한 처지에 큰 박탈감을 느끼고 있는 사람들이다. 또한 그 시절 한국은 한참 밑에 있는 존재였는데 어느새 턱밑까지 쫓아온 걸 보고 있자니 불쾌감과 경계심이 드는 것도 이해할 만하다.

이해를 돕기 위해 현재 일본 청년 세대와 넷우익 세대를 극단적인 예시로 들어보자. 태어날 때부터 천성적으로 시각장애를 가지고 태어난 이들은 한 번도 '본다'는 것을 경험해본 적이 없기 때문에 자신이 안 보이는 것에 대해 전혀 불만도 없고 불행하다고 생각하지도 않는다. 하지만 정상적으로 눈이 잘 보였던 사람이 어느 순간 사고나 질병으로 인해 시력을 잃게 된 경우라면 너무나도 큰 절망감과 괴로움을 느끼며 살아갈 것이다. 현재 일본의 젊은이들과 넷우익(40~60대)의 심정이 이와 같다. 일본의 중장년 세대는 잘살았던 경험이 있기 때문에 더욱 큰 박탈감을 느끼고 있다. 그래서 그 불만과 박탈감을 한국에 타깃을 맞추어 더 한국을 미워하게 된 것이다.

장인어른의 롯본기 집 거실에는 1960년대 하와이에서 서핑을 즐기는 장인어른의 젊은 시절 사진이 걸려 있다. 이에 비해 나의 부모님 세대는 1960년대에 한 끼 먹고 나면 그 다음 끼니를 걱정했다고 한다. 학교에 도시락만 싸가도 잘사는 집이었고 점심시간에 학교 운동장에 나와 펌프식 수돗물로 배를 채우는 학생도 많았던 찢어지게 가난했던 시절이었다. 나는 아직도 할머니의 목소리가 기억난다. 내가 어렸을 때 밖에서 뛰어다니며 놀고 있으면 항상 "애야, 뛰지 마라. 배 꺼진다(아! 왜 눈물이 나는지)"라고 외치셨다. 내가 자란 시대는 배를 곯을 정도로 가난했던 시대는 아니었지만 할머니는 배가 꺼지는 걸 걱정해야 하는 고단한 시대를 살아오신 분이었다. 그렇게 가난했던 나라가 그토록 따라잡으려고 노력했던(전혀 따라잡을 수 없을 것만 같았던) 일본을 우리가 손을 내밀면 닿을 곳까지 따라잡았다는 사실에 만감이 교차한다. 아버지 세대의 노력과 헌신, 그리고 전 국민이 각자 맡은 바 위치에서 최선을 다해 살아온 점에 머리 숙여 감사함을 표하고 싶다. 대한민국 국민들은 모두 존경받아 마땅하다.

일본은 망할 수밖에 없다

우리나라 사람들이 자주 사용하는 말 중에 "망조亡兆가 들었다"는 말을 들어봤을 것이다. '망조'라는 말은 '망할 징조'라는 뜻으로 집안이나 기업 혹은 국가가 망할 만한 징조를 여러 곳에서 보여주고 있을 때 사용하는 말이다. 중국 『한비자』라는 책에도 '망징亡徵'이라는 부분에서 국가가 망하는 징조에 대해서 설명하고 있다. 굳이 거창하게 『한비자』의 '망징'에 대해 논하지 않더라도 일본은 여러 망조를 보이고 있다. 일본이 망하는 것은 시간문제라고 생각한다. 일본이 망할 수밖에 없는 몇 가지 징조를 살펴보자.

초고령자 사회 일본

일본은 전체 인구의 평균연령이 45.9세로 세계에서 국민들의 나이가 가장 많은 고령자의 나라이다(한국은 39.4세로 세계 28위이다). 이 중에 65세 이상 인구는 27.5퍼센트로 세계에서 가장 높은 비율을 보여주고 있고(약 3,500만 명의 인구가 65세 이상의 고령자이다. 한국은 14퍼센트로 약 700만 명 수준), 15세 미만의 젊은 인구 비율은 12.79퍼센트로 세계 최저 순위를 기록하고 있다.

물론 우리나라도 일본을 마냥 안쓰럽게 바라볼 처지는 아니다. 출산율이 세계 최저 수준으로 떨어졌기 때문이다. 하지만 한국의 젊은이들이 결혼과 출산을 꺼리게 된 것은 일본처럼 인간의 본능적인 성욕이나 이성에 대한 관심이 떨어져서가 아니라 각박한 사회경제적 환경 때문이다. 쉽게 얘기하면 결혼하고 집 구하는 데 드는 비용이 부담스럽고, 자녀교육비가 많이 들며, 입시·취업 전쟁에 시달려야 하고, 맞벌이로 아이를 키우는 환경이 열악하기 때문에 출산율이 떨어진 것이다. 이는 사회변화가 일어난다면 개선될 여지가 충분히 있다. 불행 중 다행인 것이 일본인처럼 아예 이성에 대한 관심이 떨어지고 물리적인 성욕 또한 사라질 정도의 심각한 현실은 아니라는 것이다.

우리나라 청년들은 젊은이라면 좋아하는 것들 이성, 자동차, 음주 등에 대해 여전히 관심과 흥미를 갖고 있다는 사실이 긍정적이라고 할 수 있다. 일본의 청년들, 특히 남성들은 연애에 대해 별 다른 관심이 없고 돈이 있어도 자동차를 사려고 하지 않으며 음주가무도 좋아하지 않는다. 젊은이라면 일반적으로 관심이 있어야 할 것들에 완전히 흥미를 잃었다. 반면 한국은 아직 희망적이다. 정의로운 사회를 위해 노력하고 있는 정부가 실현가능한 장기적인 정책을 잘 세운다면 살기 좋은 사회를 만들 수 있다. 합리적인 결혼문화와 혼수문화로 점차 인식을 개선해 나가고, 신혼집 마련에 부담이 없도록 부동산 정책을 개선하고, 실질적인 육아지원 정책을 범정부 차원에서 수립한다면 출산율은 다시 반등할 것이라고 확신한다.

하지만 일본의 현실은 암울하다. 3,500만 명의 고령자와 그들에게 죽을 때까지 지급해야 할 연금은 점점 고갈되고 있다. 일본인은 의료기술의 발전과 일본인 특유의 소식 습관으로 세계 최고의 평균수명을 자랑하고 있다. 반면 건강수명은 길지 못하다. 여성의 경우 평균 약 13년 동안 병상에 누워 지내다가 죽음을 맞는다. 세계에서 가장 긴 병상 기간이라고 할 수 있다.

평균수명이 길어지고 있으니 국가 연금도 계속 지급해야 하고, 그에 더해 고령자에 대한 의료복지 비용도 모두 세금으로 충당해야 한다. 앞에서도 보았듯이 치매환자 비율은 2.33퍼센트로 세계 최고 수준이다. 자그마치 600만 명의 치매환자가 있으며 30년 내에 치매환자 수는 1,000만 명을 돌파할 것으로 예측하고 있다. 안타깝지만 치매환자가 있는 가정은 환자를 돌보기 위해 가족 중 누군가가 희생해야만 한다. 가정생활과 직장생활을 제대로 하기 어렵다. 가뜩이나 경제인구도 부

족한데 이와 같은 치매환자를 돌보기 위해 가족 중 누군가가 노동시장을 이탈하게 된다면 일본 경제에 있어 큰 마이너스가 아닐 수 없다.

매년 약 200만 명이 은퇴하고 있는 고용시장에서 신규로 유입되는 일본 청년 구직자의 수는 약 100만 명 수준에 그치고 있다. 수년 전부터 "현재 일본 기업에서 가장 바쁜 곳은 인사부서이다"라는 말이 나올 정도로 인력수급 문제가 심각하다. 내가 근무했던 대학교는 지방에 위치한 소규모 대학이지만 각 기업체의 인사담당자들이 학교에 와서 학생을 자기 회사에 보내달라고 아우성이었다. 특히 의료시설, 복지시설의 인력부족은 더 심각해서 누구라도 괜찮으니 학생만 보내달라고 떼를 쓰는 수준이다.

이렇게 인력이 부족한 상황인데 일본 정부는 외국인 노동자를 받아

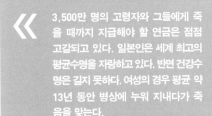

> 3,500만 명의 고령자와 그들에게 죽을 때까지 지급해야 할 연금은 점점 고갈되고 있다. 일본인은 세계 최고의 평균수명을 자랑하고 있다. 반면 건강수명은 길지 못하다. 여성의 경우 평균 약 13년 동안 병상에 누워 지내다가 죽음을 맞는다.

들이는 기준을 이원화하는 것으로 정책을 마무리했다. 저개발국 출신 노동자를 받아들여 농업, 건설업, 제조업 등의 단순작업에 투입하는 방침 하나와 초고학력자들을 받아들이는 방침이 그것인데, 두 번째 방침은 서울대, 연세대, 고려대 이상의 고학력 엘리트 외국인만 받아들이겠다는 것이다. 방사능 문제와 각종 인종차별, 높지 않은 임금수준, 높은 세금 등등 셀 수 없이 많은 문제를 안고 있는 나라에 우리나라 상위권 대학을 나와서 갈 사람이 있을지 모르겠다. 일본에 대한 환상이 있는 사람이라면 몰라도 우리나라 상위권 대학 출신 정도면 한국에서도 충분히 취직할 수 있고 급여도 일본보다 높은데 굳이 일본행을 택할지 의문이다.

일본에 있는 베트남 유학생들이 다들 입을 모아 하는 말이 있다. 기회가 됐다면 모두 한국에 가고 싶었다고. 일본이 이렇게 인종차별이 심한 나라인 줄은 몰랐다고. 일본은 외적으로는 선망의 이미지를 가지고 있지만 실제로 살아보면 크게 실망하는 나라이다. 일본의 외국인 취업 시장은 인력부족으로 활기를 띄고 있지만 실상은 외국인에게 인기 있는 나라가 아니다. 일본이 앞으로 인력부족 문제를 어떻게 해결할지 깜깜할 뿐이다. 최고의 적응력과 언어능력, 업무능력을 겸비한 한국인 취업자들이 일본에 관심을 거두면 일본의 노동시장은 낮은 수준의 단순 외국인 노동자들로 넘쳐날 것이 분명하다.

전 세계에서 빚이 가장 많은 나라

두 번째로 현재 일본이 마주하고 있는 심각한 경제 문제이다. 많은 사람이 알다시피 일본의 국가부채 수준은 압도적인 세계 1위를 기록하고 있다. 부채 비율이 자그마치 236.6퍼센트로 전 세계에서 가장 높은 수준이며 총 부채의 규모는 1,108조 엔, 한국 돈으로 자그마치 1경 2천조 원으로 국민 한 사람당 약 9,000만 원의 빚을 지고 있는 셈이다. 또한 현재 세금의 지출이 엄청나게 필요한 시기이지만 세금 중 높은 비율이 이자를 갚는 데 사용되고 있다. '헬기에서 돈을 뿌린다'는 표현이 등장할 정도로 일본중앙은행은 엄청나게 많은 돈을 윤전기로 뽑아내고 있다 (지난 6년 반 동안 자그마치 410조 엔의 돈을 뿌려댔다). 이 돈으로 주식을 밀어올리고 물가 인상과 경기 부양에 힘쓰고 있지만 실제 경기는 살아날 기미가 보이지 않는다. 그 정도 돈이면 우리나라 같으면 5~6퍼센트의 경제 성

일본의 재정 추이

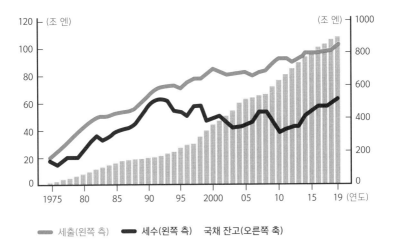

■ 세출(왼쪽 측)　　■ 세수(왼쪽 측)　　국채 잔고(오른쪽 축)

세출, 세수는 일반 회계의 당초 예산 베이스. 국채 잔고는 연말에서, 19년도는 예측값.

출처　마이니치신문 2019년 1월 6일자 도쿄 조간

세계 주요 국가 재정 상황(GDP에 대한 채무 잔고 비율)

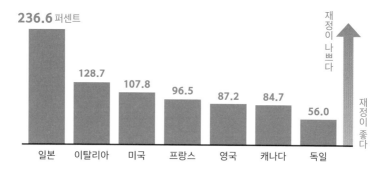

236.6 퍼센트

128.7

107.8

96.5

87.2

84.7

56.0

일본 이탈리아 미국 프랑스 영국 캐나다 독일

재정이 나쁘다

재정이 좋다

IMF의 19년 예측(18년 10월 시점). 채무는 지방채를 포함한다.

출처 마이니치신문 2019년 1월 6일자 도쿄 조간

장도 이룰 수 있는데 일본 경제에는 그다지 효과가 없는 모양새이다.

자영업을 하는 사람들은 어디를 가나 입을 모아 경기가 안 좋다고 아우성이다. 회사원들은 400~500엔짜리 덮밥을 먹기 위해 줄을 서고 지하철 막차를 놓친 사람들은 택시비가 없어 PC방에서 새우잠을 잔다. 해외여행은 돈이 없어 언감생심이고 국내여행도 교통비가 비싸 자제해야 할 정도이다. 불경기와 부족한 연금으로 슈퍼마켓에서 물건을 훔치는 고령자가 늘고 있으며(65세 이상 고령자의 범죄율은 세계 최고 수준이다) 생활비를 절약하기 위해 일부러 죄를 짓고 형무소에 들어가려는 고령자가 늘고 있다고 한다. 젊은 층이 부담해야 할 세금은 늘어나는데 소비세까지 10퍼센트로 인상돼서 가뜩이나 얼어붙은 내수 소비가 더욱 얼어붙을 전망이다.

그러나 소비세를 인상하지 않으면 일본 경제는 부도가 난다. 아베 정권 역시 지지율이 하락할 것을 알면서도 울며 겨자 먹기 심정으로 하는 것이다. 오늘날 일본은 나라가 망하는 것을 막기 위해 어쩔 수 없이 증세를 선택할 수밖에 없는 진퇴양난의 막막한 현실에 처해 있다. 이러한 소비세 증세와 한국의 불매운동 및 일제 부품·소재에 대한 탈일본화 영향 등이 이중삼중으로 불거져 나오며 아베 정권을 압박하게 되면 언론과 여론의 아베 퇴진 요구도 높아질 것이 분명하다. 올해 연말쯤 아베 총리는 퇴진을 하느냐, 또 다른 타개책을 찾느냐 하는 선택의 기로에 서게 될 것이다. 타개책으로는 눈에 빤히 보이는 '독도에 대한 무력 도발' 카드를 꺼내들 것이 분명하다.

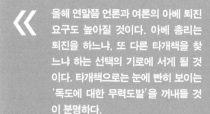

올해 연말쯤 언론과 여론의 아베 퇴진 요구도 높아질 것이다. 아베 총리는 퇴진을 하느냐, 또 다른 타개책을 찾느냐 하는 선택의 기로에 서게 될 것이다. 타개책으로는 눈에 빤히 보이는 '독도에 대한 무력도발'을 꺼내들 것이 분명하다.

그러나 만에 하나 전쟁이 일어난다고 하더라도 걱정할 필요는 없다. 일본은 우리가 생각하는 것보다 훨씬 나약한 나라이기 때문이다. 당시 세계 최고 수준의 병력과 조총을 다수 보유한 도요토미 히데요시 군대는 막강한 군사력과 최첨단 무기를 가지고도 참담한 패배를 기록했다. 일본의 전략적 판단력 부족은 이미 수차례 설명했으니 잘 알고 있을 것이다. 현재 한일의 전체적인 군사력은 수치상으로 비슷한 수준이고 수치만으로 판단할 수 없는 여러 가지 요소에서 한국이 일본을 압도한다.

부도 위기에 처한 일본 경제

현재 일본 정부는 내년에 있을 도쿄 올림픽을 위해 천문학적인 금액을 인프라 정비와 각종 경기장, 부대시설을 건설하는 데 사용하고 있

일본의 경제성장률

(퍼센트)	4분기(전기 대비 성장률)			연도(전년도 대비 성장률)		
	2018년		2019년	2017년	2018년	2019년
	7~9	10~12	1~3			
실질 GDP	-0.7	0.3	0.4	1.9	0.6	0.8
개인 소비	-0.2	0.6	0.2	1.1	0.7	0.8
주택투자	0.5	1.1	0.4	-0.7	-4.4	0.4
설비투자	-2.7	2.4	0.2	4.6	3.3	1.3
공공투자	-2.1	-1.2	2.9	0.5	-3.2	1.8
수출	-1.4	0.0	0.3	6.4	1.9	2.2
수입	-0.7	2.7	0.1	4.0	3.2	2.4
각 항목 GDP	-0.8	0.3	0.5	2.0	0.4	1.8

출처 니혼게이자이신문 종합경제 데이터뱅크 NEEDS의 일본 경제 모델에 2019년 1월 24일 공표된 각종 경제지표 정보

다. 대지진과 쓰나미로 폐허가 된 피해 지역을 복구하는 데도 어마어마한 돈을 쏟아 붓고 있어 건설 경기는 전후 최고의 호황을 맞고 있다. 또한 2018년 3,000만 명을 돌파한 관광 산업은 일본 경제의 효자 산업으로 대두되어 올림픽이 개최되는 2020년에는 4,000만 명의 관광객이 일본을 찾을 것으로 예측하고 있다. 일본은 그 기세를 몰아 관광 산업을 육성하고 발전시켜 프랑스와 같은 관광대국이 되는 것을 꿈꾸고 있다. 그런데 이 건설업과 관광업을 통해 일견 큰 성장을 기록하고 있을 것만 같은 일본 경제성장률은 2018년 0.6퍼센트 올해는 0.8퍼센트에 머무를 전망이다. 그렇게 천문학적인 돈을 찍어내서 뿌려대고 건설, 관광 경기가 좋아 보이는데도 통계 수치는 저성장을 보여주고 있으니 얼마나 일본 경제가 뒷걸음질치고 있는지를 알 수 있다.

문제는 건설업과 관광업 이외에는 일본 경제에 크게 플러스 되는 산업이 없다는 것이다. 건설업 경기는 은행에서 미친 듯이 찍어낸 돈을 쏟아 부어 빚으로 일으킨 신기루 같은 경기 호황에 불과하며 올림픽이 끝나면 금세 사그라들 상황이다. 장밋빛 미래를 꿈꾸던 관광 산업도 한국의 불매운동 여파로 그 기세가 꺾일 처지에 직면해 있다. 실제로 한국인 관광객이 많이 찾았던 지방도시의 피해는 벌써 눈에 보이기 시작한다. 일본 경제를 지탱해오던 수출 또한 2019년 7월 기준으로 8개월 연속 적자를 기록하고 있어 수출대국의 위상도 점점 떨어지고 있다.

그동안 일본은 '꿀을 빨고 있던 화수분'이었던 한국시장에서 매년 수십조 원의 무역흑자를 얻어왔는데 이번 한국 경제보복 조치를 통해

일본의 무역수지 추이

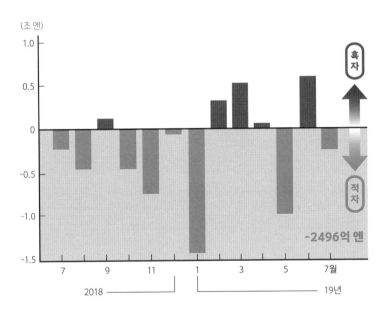

출처 일본 재무성이 2019년 8월 19일에 발표한 7월 무역통계 속보(통관 베이스)

화수분을 제 발로 걷어찼으니 이제 쪽박을 찰 일만 남았다. 세계 전자 업계와 반도체 시장을 호령하고 있는 삼성전자가 더 이상 일제 부품, 소재를 사용하지 않겠다고 선언했고 수많은 한국 기업들이 탈일본을 외치며 국산화에 열을 올리고 있다. 한국이 팔아줘서 그나마 연명하고 있던 일본 부품 소재 기업들도 줄도산할 위기에 닥쳤으며 일본 경제의 가장 강력한 버팀목이었던 수출 또한 무역수지 적자의 늪에서 헤어 나오기 힘들 것으로 보인다. 아베 정권은 경제가 좋아지고 있다며 통계를 조작하고 언론을 장악하여 거짓 뉴스로 일본 국민을 속여오고 있지만, 일본 경제는 언제 부도 선언을 해도 이상하지 않을 만큼 위험한 상황에 처해 있다.

일본인의 암울한 정신상태

일본은 현재 경제 기력이 다한 문제만 있는 것이 아니다. 일본인의 정신은 썩을 대로 썩었으며 그러한 부패한 정신의 영향이 각 분야에서 하나씩 눈에 보이고 있다. 현재 일본은 망국의 징조라고 할 수 있는 전형적인 부패한 사회상을 보여주고 있다. 의대 입시의 경우 대학 측에 뒷돈을 주는 부정입학과 여성 의대 지원자에 대한 성차별이 여전히 존재하고 있으며, 정치 지역구는 2 ~ 3대를 걸쳐 아무런 검증 없이 세습이 이뤄지고 있다. 아베 정권에 협력한 사람들에 대한 낙하산 인사는 수도 없이 일어나고 정부의 통계조작은 심각한 수준에 달했다. 품질 신화를 써오던 일본

기업들의 부패와 품질조작 사례는 책 한 권을 써도 부족할 실정이다.

　인력부족으로 아무 스펙도 없고 능력도 없는 신입사원이 여러 기업체의 모셔가기 경쟁에 행복한 비명을 지르고 있다. 영어실력은커녕 학점도 형편없고 컴퓨터 활용능력은 충격적이다(일부 대기업 신입사원 연수에서 MS오피스 사용법을 가르치기도 한다). 스펙이라고는 대학 졸업장 하나밖에 없는 청년들이 대기업에 복수합격하기도 한다. 치열한 경쟁과 압도적인 스펙으로 입사하는 한국의 신입사원과는 비교조차 하기 힘든 일본 신입사원을 보면 일본 기업의 전체 경쟁력도 급속도로 약해질 것이 눈에 선하다.

　심각한 경쟁이 사회적인 문제로 대두되고 있는 것이 한국의 현실이지만 개인적으로는 경쟁이 없었다면 우리나라는 이렇게 도약하지 못했을 것으로 생각한다. 경쟁이 없는 사회는 도태되고 만다. 우리나라가 자원 하나 없이도 세계 유수의 경제 강국으로 도약하게 된 원동력은 바로 '경쟁하는 사회'가 주효했다고 생각한다. 일본은 경쟁이 거의 없는 사회 분위기이다. 그리하여 일본 대학들의 세계 순위도 계속해서 하락하고 있고 일본의 젊은 기초과학 연구자들의 수준도 눈에 띄게 떨어졌다. 해외유학을 경험해본 연구자는 찾아보기 힘들고 영어를 못해서 해외 논문을 돈을 주고 번역해서 읽고 있는 실정이다. 실제로 논문의 질과 양에서도 이미 한국, 중국의 연구자들에게 뒤처지고 있다(해외 유명 학술지에 등재된 논문의 수와 인용 횟수에서 한국, 중국에 압도적으로 떨어지고 있는 현실이다).

일본과 외국 젊은이들의 의식에 관한 조사

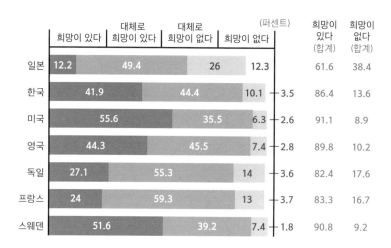

	희망이 있다	대체로 희망이 있다	대체로 희망이 없다	희망이 없다 (퍼센트)		희망이 있다 (합계)	희망이 없다 (합계)
일본	12.2	49.4	26	12.3		61.6	38.4
한국	41.9	44.4	10.1	3.5		86.4	13.6
미국	55.6	35.5	6.3	2.6		91.1	8.9
영국	44.3	45.5	7.4	2.8		89.8	10.2
독일	27.1	55.3	14	3.6		82.4	17.6
프랑스	24	59.3	13	3.7		83.3	16.7
스웨덴	51.6	39.2	7.4	1.8		90.8	9.2

출처 일본 내각부內閣府가 2013년 실시한 「일본과 외국 젊은이들의 의식에 관한 조사我が国と諸外国の若者の意識に対する調査」

대학에서 매달 담당 학생들과 개인 면담을 할 때마다 학생들에게 물어봤던 것이 있다. "앞으로 무엇을 하고 싶고 꿈이 무엇인가?"였는데 대부분 일본 학생은 '생각해본 적 없다'거나 '꿈이 없다'라고 대답해 충격을 받은 적이 있다. 내가 담당하는 학생들만 이렇게 어두운 미래를 생각하고 있는 것이 아니다. 자료를 찾아보니 일본 젊은이 대부분이 미래에 대해 생각조차 하지 않는 것으로 나왔다. 미래를 희망적으로 본 대답은 세계 최저 수준인 12.2퍼센트로 나타났고 '희망이 없다'는 대답도 12.3퍼센트로 세계에서 가장 높은 수치를 보였다. 한마디로 얘기해 세계에서 가장 자신의 미래를 어둡게 생각하고 있는 것이 일본의 젊은이라는 것이다. 일본의 미래는 어둡다 못해 깜깜해서 아예 보이지 않는 수준이다. 일본이 망국의 길을 걸어가고 있다는 것을 실감할 수 있다.

기괴한 자동차 디자인

일본인의 정신이 기괴하게 변해가고 있음을 짐작할 수 있는 사례는 또 있다. 나는 어려서부터 자동차에 관심이 많아 자동차 잡지를 꾸준히 구독해왔고 신문에 자동차 전문 칼럼도 써왔다. 그래서 일본 자동차 산업의 변화에 대해 상세히 파악하고 있는 사람이라고 자부한다. 20여 년 전 당시 세계 최고의 모터쇼 중 하나였던 도쿄 모터쇼에 참가해 정말 잘나가던 일본 자동차 산업의 수준을 온몸으로 느끼며 전율에 떨었던 기억이 아직도 있는데, 2019년 올해 도쿄 모터쇼를 가보고 큰 충격을

받을 수밖에 없었다. 참가업체 수가 턱없이 부족했고 세계 자동차 디자인을 선도하던 콘셉트카의 출시도 눈에 띄는 것이 없었다. 신차 발표도 거의 없어서 마치 일본 국내 자동차 브랜드의 대형 딜러 쇼룸이나 국내 중소 튜닝업체들의 발표회 수준에 불과했다. 일본 경제의 몰락과 현 상황을 한눈에 알 수 있는 모터쇼였다.

일본의 정신은 썩어가고 있으며 다시 생기를 되찾을 기미가 전혀 보이지 않는다. 일본 산업을 지탱하는 도요타의 디자인도 점점 그 순수한

> 2019년 도쿄 모터쇼는 참가업체 수가 턱없이 부족했고 세계 자동차 디자인을 선도하던 콘셉트카의 출시도 거의 없었다. 마치 일본 자동차 브랜드의 대형 딜러 쇼룸 수준에 불과했다. 일본 경제의 몰락과 현 상황을 한눈에 알 수 있는 모터쇼였다.

열정이 보이지 않고 기괴해질 뿐이다. 일본 자동차를 대표하는 기함이라고 할 수 있는 '렉서스 LS'의 신모델을 보나, 도요타의 효자 모델 '프리우스' 신형 디자인을 보나, 일본인이 얼마나 순수한 정신을 잃어가고 있는지 알 수 있다. 기괴한 프런트 그릴과 헤드라이트, 의도를 알 수 없는 조잡한 선들…… 디자인뿐만 아니라 주행감성에서도 아무런 감흥이 느껴지지 않는다. 도요타, 렉서스는 타면 탈수록 즐겁지 않다. 조용하고 부드럽다는 것 이외에는 그 어떠한 재미도 느낄 수 없다.

자동차의 선택 조건 중에 매력 있는 디자인과 즐거운 주행감성은 빼놓을 수 없는 부분이다. 앞으로 일제차를 살 일은 절대 없을 것 같다. 일본인처럼 매력이 없기 때문이다. 일본의 자동차 디자인은 일본의 경제가 활황기였던 시기에는 정말 멋지고 순수하며 건전한 정신을 보여줬지만, 이제는 산으로 가고 있다는 생각만 든다. 일본인의 기괴한 정신은 자동차 디자인뿐만이 아니라 셀 수 없이 많은 분야에서 나타나고 있다. 일본의 애니메이션도 재미와 순수함을 잃고 해괴한 형태로 변하고 있으며 문학작품과 예술, 건축, 드라마, 영화, 음악 등에서도 비슷한 모습이 보인다. 순수하고 건전한 정신을 잃으면 그 나라는 망조를 보이는 것이라고 생각한다.

일본의 급여수준

수많은 경제지표를 설명해가며 "일본 경제는 문제가 많고 위험한 수준"이라고 말해봤자 크게 와 닿지 않는 것이 사실이다. 그러나 현재 일본 직장인의 급여수준이 어떤지를 알고 나면 일본인이 얼마나 불만을 가지고 살아가고 있는지 쉽게 이해할 수 있으리라 생각한다.

가장 급여수준이 높았던 평성9년 平成9年 (1997년)의 연봉인 467만 엔 (약 500만 원)에서 이후 10여 년 이상 계속해서 연봉이 떨어졌고 2009년에는 최저 수준인 406만 엔이 되었다. 2010년부터는 조금씩 증가하긴 했지만 경기가 좋아져서 급여가 오르는 것이 아니라 인력이 부족하고 전직이 늘어나는 분위기로 인해 급여가 미미하게 상승하고 있는 것이다. 특히 IT 업종에는 실력 있는 IT 기술자가 너무 부족해서 전직할 때마다 급여가 상승하는 분위기이다. 우리나라의 급여 변화에 대해 알아보면 일본 경제가 얼마나 불만을 품을 만한 수준인지 더 이해가 빠를 것이다.

일본의 평균연수입 추이에 관한 조사

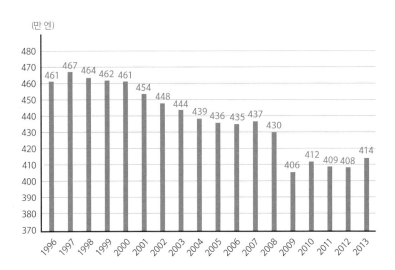

(만 엔)

출처 일본 국세청 민간급여 실태 통계조사(2014)

1997년 한국 급여소득자의 평균임금은 1,400만 원 수준이었는데 2017년에는 3,500만 원으로 2.5배 상승했다. 20년 전보다 일본은 오히려 급여가 하락했는데(일본의 경제가 무슨 경기가 좋다고 하는 것인지 이해할 수가 없다) 우리는 2.5배 급여가 상승하고도 최악의 불경기라며 볼멘소리를 내고 있다. 만약 일본처럼 1997년의 급여인 1,400만 원보다 떨어진 급여 1,200만 원 정도를 지금 받고 있다고 생각해보자. 한 달에 100만 원을 받는다면 불만이 폭발하여 한국에서 대규모 폭력 시위가 일어났을지도 모를 심각한 경제 상황이 현재 일본 경제의 민낯이다.

요즘 일본인들은 서로를 돕지 않는다. 자신의 부모도 부양하지 않는 사람이 대부분이다. 현재 일본에서는 40~50대 히키코모리 자녀와 그들을 연금으로 부양하고 있는 70~80대 부모의 아사餓死 사건이 뉴스에 보도되고 있다. 일본에서는 이러한 사건이 비일비재하게 일어나고 있는데 이를 '8050문제8050問題'라고 하여 큰 사회적 문제로 인식하고 있는 중이다. 평생 경제활동을 해본 적이 없는 중년의 히키코모리 자녀는 부모의 사망 후 연금이 끊겨 아무런 대책 없이 굶어 죽거나 자살하는 사건이 연일 발생하고 있다.

방사능에 오염된 일본 먹거리

또 한 가지가 전 세계적으로도 골칫거리로 전락한 일본 방사능 오염 실태와 복구 작업에 대한 문제이다. 일본 각 지역의 토양과 바닷물은

고령화되는 히키코모리, 8050문제의 심각도

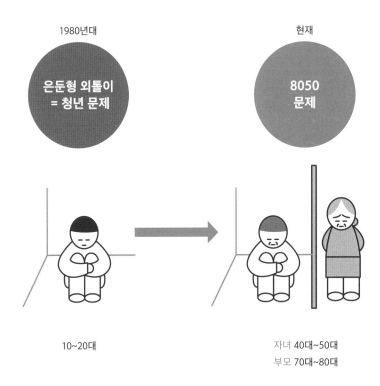

위험할 정도로 오염된 상태이다. 그런데도 일본 정부는 안전하다는 말만 반복하면서 '먹어서 응원하자食べて応援しましょう'라는 충격적인 캐치프레이즈로 국민을 속이고 있다. 현재 후쿠시마산 농산물은 방사능 사고 이전 수준으로 판매량을 회복했다.

일반 시민들은 후쿠시마산 식자재를 선택하지 않지만 일본 정부가 기업에 압력을 넣어 기업체 구내식당과 세븐일레븐 등의 편의점 체인, 패밀리 레스토랑 체인점 등의 식자재에 대해서 대량으로 후쿠시마산을 사용하도록 하고 있다. 일본여행하면서 먹는 편의점 삼각김밥과 대형 레스토랑 체인점에서 먹는 쌀 대부분이 후쿠시마산이다. 유명 햄버거 체인 '모스버거モスバーガー'는 아예 후쿠시마에 식자재를 재배하는 농지를 마련해 자체적으로 후쿠시마산을 사용하고 있다. 더 심각한 문제는 후쿠시마산만 방사능에 오염된 것이 아니라는 사실이다.

웹사이트 me2.do/FkA2qSaQ를 보면 일본의 전 국토가 얼마나 방사능에 오염되어 있는지 확실히 알 수 있다. 치바현 북부, 이바라키현 남부, 도치기현 북부, 미야기현 남부, 도쿄 동북부 일부 지역의 토양이 심각한 방사능 오염 농도를 보여주고 있다. 원전 폭발 사고 직후 비가 내린 지역의 토양에 방사능 물질이 스며들어 심각한 수치를 보이는데 일본인조차 이 사실을 자세히 알지 못하고 단순히 후쿠시마산만 조심하면 된다는 생각으로 식자재를 구입하고 있는 현실이다. 또한 수년 전부터는 원산지 표기를 '홋카이도산', '이바라키산'이 아니라 '국산国産'이라고 표기하는 식품이 늘어나고 있어 방사능 오염 지역의 농수산물을 구분하기

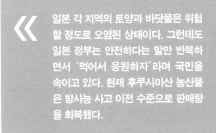

> 일본 각 지역의 토양과 바닷물은 위험할 정도로 오염된 상태이다. 그런데도 일본 정부는 안전하다는 말만 반복하면서 '먹어서 응원하자'라며 국민을 속이고 있다. 현재 후쿠시마산 농산물은 방사능 사고 이전 수준으로 판매량을 회복했다.

후쿠시마산 식재료를 '먹어서 응원하자'라며 캠페인을 하고 있는 일본 인기그룹 토키오와 아베 총리

힘들어진 것도 지적할 수 있다.

이와 함께 방사능으로 오염된 바다에서 잡힌 생선은 대형 초밥 체인

후쿠시마 지역뿐만이 아니라 여러 지역의 토양이 오염되어 있는 것을 확인할 수 있다.

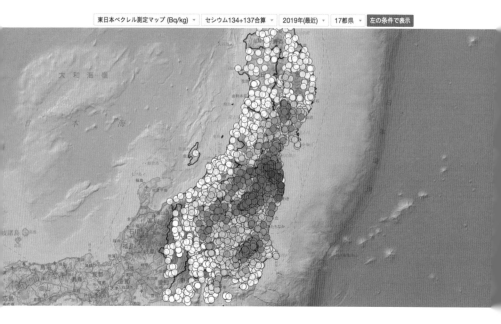

점으로 납품되어 저렴한 가격에 소비자들에게 제공되고 있다. 일본의
가정은 아이들과 함께 회전 초밥집을 방문하는 게 자연스러운 일상이
다. 이를 알면서도 아이들에게 방사능으로 오염된 생선을 아무런 죄책
감 없이 먹이게 하는 일본 정부와 업체의 작태에 분노를 금할 길이 없
다. 방사능 물질은 성인보다 성장기에 있는 아이들에게 심각한 악영향
을 주는데 이 방사능에 오염된 농수산물을 먹고 자란 아이들이 수십 년
후 심각한 부작용의 피해자가 될 가능성이 높다.

앞에서도 소개했던 일본의 농약, 염소, 식품첨가물 등의 사용량이 세
계 1위인 사실을 봐서도 알 수 있지만 당장 보기 좋은 제품만 팔면 수십

웹사이트 me2.do/FkA2qSaQ를 보면 일본의 전 국토가 얼마나 방사능에 오염되어 있는지 확실히 알 수 있다. 원전 폭발 사고 직후 비가 내린 지역의 토양에 방사능 물질이 스며들어 심각한 수치를 보이는데 일본인조차 이 사실을 자세히 모른다.

년 후의 부작용에 대해서는 나 몰라라 하는 일본인의 비인간적이고 무책임한 국민성을 볼 때 방사능에 오염된 농수산물을 국민에게 먹여도 "봐라, 별 문제없지 않느냐"라며 계속 국민들을 개돼지로 취급할 심산인 것을 알 수 있다. 국토의 많은 토양이 방사능으로 오염된 상태에서 일본의 바다는 얼마나 오염이 심각할지 측정조차 제대로 할 수 없는 상황이다. 일본은 자국민에게 방사능 오염 식품을 먹여서 안전성을 증명하려고 하지만, 기다리고 있는 것은 수십 년 후 일본에서 충격적인 수준으로 발생할 갑상선암, 백혈병 환자들일 뿐이다. 과연 일본의 미래를 논하는 것 자체에 무슨 의미가 있겠는가.

후쿠시마 방사능 사고는 수백 년간 수백조 원의 복구 비용이 드는 전대미문의 재난이다. 더군다나 일본의 지진은 후쿠시마로 끝난 것이 아니라 현재진행형이다. 지진전문가 대부분이 30년 안에 초대형 지진 '난

카이 도라프南海トラフ'가 발생할 확률이 80퍼센트이며 32만 명 이상의 희생자가 발생할 것으로 예측하고 있다(참고로 동일본 대지진 피해 사망자 수는 1만 6천 명 정도이다). 일본은 30년 안에 반드시 지진이 일어나며 지금 일어날지 내일 일어날지 알 수 없는 위험 상황에 놓여 있는 것이다. 현재 아베 정권은 동일본 대지진 이후 잠시 가동을 멈췄던 원자력 발전소 여러 곳을 재가동했으며 제2, 제3의 후쿠시마 방사능 유출 사고가 언제든지 발생할 수 있는 심각한 현실에 처해 있다. 멸망의 길을 스스로 선택한 아베 정권은 오래도록 일본의 멸망을 촉발시킨 장본인으로 역사에 길이 기록될 것이다.

아베 정권의 '조작, 은폐, 선동'

이제 일본이 망하고 있는 마지막 증거를 살펴보자. 현재 일본의 방송과 언론은 현실을 보도하지 못하고 자기 목소리를 내지 못하는 분위기이다. 자신들의 목소리를 내지 못하는 현실도 문제지만 더욱 심각한 것은 그들이 아베 정권과 결탁하여 정권이 의도하는 대로 국민들의 '우경화, 우민화, 군국주의화'를 선전하는 하수인으로 변절했다는 사실이다.

아베 정권의 특징을 세 가지로 요약하면 '조작改ざん, 은폐隠ぺい, 선동デマ'이라고 말할 수 있다. 보여주고 싶지 않는 사실은 조작·은폐하고 거짓 선동과 유언비어로 국민들을 호도하고 있다. 일본의 역사 깊고 유명한 월간지 「타카라지마宝島」를 발간한 잡지사는 방사능의 영향으로 심

각한 질병이 급증하고 있다는 기사를 내보낸 후, 그 다음달 호를 마지막으로 이유 없이 폐간이 결정되었다. 이를 보더라도 일본의 언론 탄압이 얼마나 심각한 수준인지 알 수 있다.

일본의 미디어는 연일 '일본인은 우수하다', '일본인은 대단한 민족이다', '일본은 세계에서 가장 살기 좋은 나라이다'라는 취지의 예능방송을 내보내며 국민들을 우민화하고 있으며 지금까지 쌓여온 일본 경제, 사회, 그리고 아베 정권에 대한 극도의 불만을 회피하기 위해 한국에 대한 모멸적인 태도와 한국인에 대한 인종차별적인 내용을 다수 방송하는 저열한 수준을 보여주고 있다.

우리나라에서는 과도한 국뽕 방송이나 언론의 공정하지 않은 행태에 대해서 강력하게 비판하거나 방송국, 언론사에 직접 항의하는 모습이 일반적이지만, 일본인은 전혀 분노하지 않고 바보처럼 아베 정권의 의도대로 받아들이고 있다. 미디어뿐만 아니라 일본 사회 곳곳에서 심각한 부조리와 비효율에 대해 문제점을 지적하고 바꾸려는 사람은 보이지 않는다. 리더가 아무리 어리석은 결정을 하더라도 찍소리 안 하고 명령과 지시에 따라 일만 하고 있는 일본인의 모습을 보면 과연 심각한 문제를 안고 있는 망국의 일본을 바꿀 수 있을지 의문이 든다. 이 망조가 든 국가를 바꿀 정치인도 보이지 않는다. 소수 눈에 보이는 건강하고 바른 의식을 가진 정치인은 힘이 없다. 우경화를 주장하고 아베 정권의 입맛에 맞는 얘기만 하는 정치인만 권력을 독점하고 있다. 이미 아베 정권의 우민화 정책으로 세뇌된 일본 국민은 선거로 나라를 바꿔

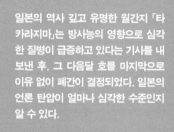

일본의 역사 깊고 유명한 월간지 「타카라지마」는 방사능의 영향으로 심각한 질병이 급증하고 있다는 기사를 내보낸 후, 그 다음달 호를 마지막으로 이유 없이 폐간이 결정되었다. 일본의 언론 탄압이 얼마나 심각한 수준인지 알 수 있다.

보려는 의지조차 없고 아베 정권을 비판 없이 계속해서 지지하고 있다. 한마디로 말해 아무런 희망이 보이지 않는 망국의 상황인 것이다.

아베 정권은 일본의 심각한 경제 침체를 획기적으로 변화시킬 것은 한반도에서 전쟁이 일어나는 것밖에 없다고 생각한다. 6·25전쟁 특수의 꿀맛을 봤던 일본의 우익은 그 달콤했던 추억이 다시 기적처럼 일어나기를 학수고대하고 있는 절박한 심정이다. 한반도에서 전쟁이 일어나지 않는다면 그들은 최악의 선택을 할 수밖에 없다. 그들 스스로 전쟁을 일으키는 것이다. 전쟁밖에는 일본의 심각한 상황을 타개할 아무 대책도 보이지 않는 것을 보면 얼마나 일본이 망가질 대로 망가진 망조가 든 나라인지 확실히 알 수 있다.

대한민국이여! 다시 도약하라

일본은 수백 년간, 수십 대를 걸쳐 이어져온 전통 있는 기업들이 세계에서 가장 많다는 이유로 우리가 배워야 할 '전통을 중시하는 나라'라는 좋은 이미지를 가지고 있다. 실제로 일본은 천년 이상 계속되는 기업(세계에서 가장 오래된 기업은 쇼토쿠 태자의 초대로 백제인 유중광에 의해 1440여 년 전에 설립된 '곤고구미 金剛組'라는 전통 건축회사이다)도 존재하며 100년 이상 된 장수기업의 수가 33,000개를 상회하여 세계에서 오래된 기업이 가장 많은 나라로 알려져 있다. 하지만 전술했듯이 일본인이 전통을 중시하고 대를 이어 기업을 계승해오는 이유는 전통을 숭상하려는 것보다 단지 자신에게 주어진 환경을 벗어나지 않도록 오랫동안 강요당해온

일본 사회의 특수성에 기인한 것이 크게 작용한다.

　한국 사람은 자녀가 자신처럼 고생하는 것을 원치 않기에 목수를 하는 사람도, 트럭운전을 하는 사람도 누구나 자신은 고생하더라도 자식은 대학교육을 시키려고 죽어라 일을 하는 이들이 많지만 일본은 할아버지, 아버지가 했던 직업을 그대로 대를 이어 일하는 경우가 한국보다 압도적으로 많다. 일본은 야망을 가지는 것을 금기시하는 분위기가 있

> 전통을 지킨다는 것은 훌륭한 가치지
> 만 전통에만 파묻혀 변화를 두려워한
> 다면 전통은 발전에 장해만 될 뿐이
> 다. 전통을 중요시하면서 변화에 신속
> 하게 대응하는 최첨단 국가로서의 발
> 전 방향이 나는 더욱 긍정적인 모습으
> 로 다가온다.

어서 자신에게 주어진 환경, 위치, 조건을 벗어나려 하지 말고 무조건 순응하며 살아야 한다는 마치 '노비'와 같은 인생을 강요받는 사회이다. 이와 같은 사회적 분위기는 전통을 굳이 지키려는 마음이 없더라도 어쩔 수 없이 전통을 계승해서 살 수밖에 없는 풍토를 만들었고 이 덕분에 전통이 계속 이어지고 있다고 할 수 있다.

우리나라의 전통을 지키려는 모습은 무척이나 미진했던 것이 사실이다. 기업 역사가 100년을 넘는 회사는 단 3개에 불과하고 전통 문화의 명맥을 이어나가는 젊은이는 찾아보기 어렵다. 하지만 우리나라는 제4차 산업혁명에 걸맞은 신속한 대응과 과감한 변화를 두려워하지 않는 모습을 보여주며 아주 훌륭하게 대처하고 있어 일본과는 달리 새로운 산업혁명 시대에 뒤처지지 않고 선도적인 위치를 주도하고 있다. UHD 공중파 방송 세계 최초 실시, 5G 통신 세계 최초 상용화, 반도체, 디스

플레이, 배터리, 수소연료 전지차 등 최첨단 산업에서 주도적인 위치를 장악하고 있는 신흥 산업 대국으로 발전해나가고 있다.

'전통'이라는 것은 물론 중요한 가치라고 할 수 있다. 하지만 일본처럼 전통에 빠져 변화를 두려워하고 뒤처지는 나라가 되기보다 지금부터라도 균형 있게 전통을 중요시하면서 변화에 신속하게 대응하는 최첨단 국가로서의 발전 방향이 나는 더욱 긍정적인 모습으로 다가온다. 전통을 지킨다는 것은 훌륭한 가치이기는 하지만 전통에만 파묻혀 변화에 눈을 감고 지낸다면 전통은 오히려 발전에 장해만 될 뿐이다.

세계로 이주하는 한국인 VS 이사를 하지 않는 일본인

일본은 섬이라는 지형적인 제한도 있는데다가 '무라#(마을) 사회'를 중심으로 주어진 환경을 벗어나지 않도록 강요받으며 살아왔다. 그리하여 아직까지도 많은 일본인에게 이사를 잘 하지 않는 습관이 남아 있다. 태어난 집에서 죽을 때까지 사는 사람도 있다. 학교나 직장이 아무리 멀어도 이사를 하지 않는 일본인을 보면서 정말 주어진 환경을 바꾸려고 하지 않는다는 것을 느꼈다.

내가 아는 일본인 교수 중 한 사람은 니이가타新潟에 집이 있는데 도쿄에 있는 대학까지 출퇴근을 한다. 신칸센을 타더라도 집에서 학교까지 약 세 시간이나 걸린다. 우리나라 사람들 기준으로는 상상이 안 가는 옹고집이 아닐 수 없다. 300킬로미터가 넘는 거리에 세 시간이나 걸 일본은 섬이라는 지형적인 제한도 있는데다가 '무라 사회'를 중심으로 주어진 환경을 벗어나지 않도록 강요받으며 살아왔다. 그리하여 아직까지도 많은 일본인에게 이사를 잘 하지 않는 습관이 남아 있다. 태어난 집에서 죽을 때까지 사는 사람도 있다.

리면 도쿄에 원룸을 빌려서 생활하는 게 더 나을 것 같지만 그런 생각조차 하지 않는 그의 모습을 보면서 참 우둔하다고 느꼈다.

그에 비하면 한국 사람은 이사를 너무 자주 하는 상반된 모습을 보여준다. 우리나라 사람들의 원류가 북방 민족 계통이라서 그런 기질이 강한 것 같기도 하다. 내가 담당했던 몽골 출신 유학생 세 명 모두 일본에서 대학을 졸업하면 뭘 하고 싶은지 물어보자 "일본은 너무 따분해서 한국이나 미국에서 살아볼까 해요"라고 대답하는 걸 보면 북방계 민족에게 이주하는 성향이 강하게 나타난다는 것을 알 수 있다.

한국인은 전 세계에 이민을 안 가는 곳이 없다고 해도 과언이 아닐 정도로 외부로 뻗어나가려는 민족성을 가지고 있다. 미국에는 뉴욕, 로스앤젤레스, 워싱턴DC 등 여러 지역에 한인 마트, 한인 업소 등이 밀집한 한인 타운이 조성되어 있다. 나이아가라 폭포 앞에는 한국인이 운영하는 '폭포횟집'이 있고 알래스카에도 한국인이 경영하는 유흥업소가 다수 존재한다고 하니 어떤 환경에도 해외로 진출하는 한국인의 민족성이 엿보인다.

그에 반해 일본인은 해외에 잘 나가려고 하지 않고 관광을 가더라도 일본어가 통하는 곳만 가려고 하는 어떻게 보면 겁쟁이 같은 민족성이 보인다. 일본 연예인 대부분이 휴가 시즌이 되면 하와이로 휴가를 떠난다. 하와이는 일본에서도 '하와이현'이라고 불릴 만큼 일본어가 통용되는 관광지이다. 현지인들이 직장을 구하기 위해 일본어를 공부할 정도로 하와이에는 일본인들이 많이 거주하고 일본인 관광객도 흔하다. 또 일본어만으로도 의사소통이 가능할 정도라서 일반 일본인들도 안심하고 여행을 간다고 한다.

일본인은 해외 주재원이 되는 것도 무척이나 꺼린다. 자기 나라가 가장 편하고 좋다고 생각하는 사람이 대부분이다. 일본 종합상사에 입사한 신입사원이 지방이라도 좋으니 "제발 해외발령만큼은 안 된다"고 말하는 것을 많이 보았다. 한국이라면 해외발령이 출세의 지름길이라고 생각하고 대단한 자랑거리로 생각하지 않는가. 나는 대학에서 담당했던 학생들과 매달 면담을 해오면서 학생들에게 해외유학을 떠나라고 여러 번 강조해서 얘기하지만 대부분 일본 학생들은 "영어를 못해서 갈 수 없다"고 대답한다. 나는 "영어를 못하니까 더 유학을 가서 배워야지!"라고 힘주어 말하지만 해외유학에는 전혀 관심이 없는 게 대부분 일본 젊은이들이다.

돈이 없어 유학을 못 가는 한국 청년은 있지만 해외유학을 가기 싫어하는 청년은 소수에 불과할 정도로 우리나라 젊은이들의 해외진출에 대한 욕구는 강하다. 미국의 명문 아이비리그대학 강의실에는 중국, 인도, 한국 유학생이 대다수를 차지하고 있다. 인구에 비해 가장 해외 유학생의 비율이 높은 것이 우리나라일 것이다. 이토록 해외를 배우려고 하고 해외에 진출하려고 하는 한국 젊은이들의 의지가 강한 것을 볼 때 대한민국의 미래는 일본과 달리 무척이나 밝다는 것을 알 수 있다. 일본인의 주어진 환경을 벗어나지 않으려는 국민성은 일본의 미래를 어둡게 만드는 한 요인으로 작용하고 있다.

국가 발전의 조건

제한된 환경과 조건을 바꾸려 하지 않는 일본인의 모습이 경자동차에도 보인다. 일본의 경자동차는 그 종류나 판매량에 있어 세계 최고 수준을 자랑한다. 매년 약 200만 대가량의 경자동차가 일본에서 판매되고 있으며 서민의 발로써 활약하고 있다. 그런데 이 일본의 경자동차는 엄격한 규격제한을 가지고 있다. 차체 크기도 국제기준에 비해 작고 엔진배기량도 660cc에 머물러 오토바이 엔진 크기이며 출력도 64마력으로 제한된다. 차체 규격이 작아 충돌 안전시험을 통과하지 못한다든지 엔진배기량이 너무 작아 세계시장에 정식 수출이 안 되는 경우도 많지만 일본은 오랫동안 이 규격을 유지해왔고 바꾸려고 하지 않는다.

차체를 조금 더 크게 하고 엔진도 1,000cc로 키운다면 무척이나 실용적인 자동차로 전 세계에서 사랑받을 수 있을 텐데 고집스럽게도 주어진 규격제한을 유지해오고 있다. 물론 일본의 길이 좁기 때문에 차체 크기는 더 키울 수 없다고 쳐도 엔진배기량을 660cc로, 마력 수를 64마력으로 제한해놓은 것은 도저히 이해가 안 되는 의미 없는 제한이라고 생각한다.

일본에는 의미 없는 어리석은 법제도가 많이 존재한다. 하지만 국민들은 불편한 법을 바꾸려고 하지 않고 주어진 환경 안에서 그저 열심히 살아나가려고 한다. 이러니 일본에 '발전'이라는 것이 있을 수 있겠는가. '미래'라는 것, '발전'이라는 것은 대한민국처럼 반대 의견을 가진 세력들이 서로 치열하게 대립하고 잘못된 것을 지적하고 고쳐나가는 과정을 통해 얻을 수 있는 것이지 현 상황을 그대로 받아들이고 부조리에 입과 귀를 닫는 것으로는 얻을 수도 없고 바라서도 안 된다.

대한민국 국민은 천성적으로 '국민이 주인이 되어야 한다'는 주체의식을 가지고 있는 민주주의에 최적화된 민족이 아닌가 싶다. 참된 민주주의를 이룩하기 위해 국민들이 피를 흘려가며 지배세력, 독재정권에 맞서 싸워왔고 아시아 최고 수준의 민주주의를 국민의 힘으로 쟁취해냈다. 몇 년 전에는 폭력이 전무한 평화로운 대국민 시위로 무능한 국가 지도자를 헌법으로 끌어내렸다. 폭력으로 점철된 프랑스 혁명을 뛰어넘는 인류 역사에 길이 남을 참으로 자랑스러운 국민들의 민주적 업적이다.

이에 반해 일본은 밑에서부터의 개혁, 즉 국민들이 들고 일어나 지배 세력과 싸운 역사가 단 한 번도 없는 철저하게 노예근성으로 똘똘 뭉쳐진 국민성을 가진 나라이다. 일본의 민주주의 또한 전쟁에서 승리한 미국이 억지로 안 어울리는 '민주주의'라는 옷을 입혀준 것이지 일본 국민들이 쟁취해낸 것이 아니다. 일본인의 국민성은 단순히 품질 좋은 완제품을 대량으로 만들어 판매하는 과거의 산업 방식에서는 강점을 발휘해왔지만 스피드와 유연성, 창의성을 필요로 하는 제4차 산업혁명 시대에서는 전혀 강점으로 작용하지 못한다. 현재의 일본은 '비효율'로 점철된 침체하는 국가의 표본이 되어버렸다.

한국의 미래는 밝다

나는 20년 동안 미국, 중국, 일본에서 살아왔고 그 이외의 여러 나라에도 업무상 수없이 방문했다. 다양한 민족을 접하고 다양한 환경에서 일했으며 다양한 외국어를 사용하며 살아왔기 때문에 한국인이라는 정체성 하나만으로 인생을 살아온 사람은 아니라고 볼 수 있다. 대학교수 이외에도 여러 일을 해온 사람으로 세상을 폭넓게, 깊이 있게, 다양하게 볼 수 있는 소양을 쌓아온 사람이라고 자부할 수 있다. 그러므로 나는 이른바 '국뽕'이라고 할 수는 없다. 내 조국 대한민국의 단점에 대해서도 뼈저리게 깨닫고 있기 때문이다. 좋은 면만 보려 하지 않고 균형 잡힌 시각으로 대한민국과 세계를 판단하면서 살아왔다. 이러한 나의 가치관과 시각을 통해 바라본 한국은 세계를 호령하는 유태인과 더불어 가장 우수한 민족으로 발돋움할 엄청난 잠재능력을 가진 국가임을 자신 있게 말할 수 있다.

모든 분야에서 한국은 놀라운 발전을 거듭하고 있다. 예전에 한국에서 살았던 시절과 비교해 모든 것이 발전했다. 외적인 부분만이 아니라 시민의식, 민주화 수준, 인권 수준 등 내적인 부분까지 눈에 띄게 발전한 것을 체감한다. 젊은이들의 수준도 놀라울 정도이다. 체격적인 부분도 놀랍지만 내적으로도 대단한 실력을 겸비한 젊은이들이 많아서 흐뭇하기 짝이 없다.

내가 대학생 시절에는 토익시험은 대부분 학생들이 별로 신경도 안 썼고 학점은 물론이고 외국어 실력도 그다지 좋지 못했다. 하지만 지금 대학생들을 보면 토익 800점 이상은 기본이고 철저한 학점관리에 영어 이외에도 중국어, 일본어 자격증도 따놓을 정도이고 컴퓨터 활용능력은 세계 최고 수준을 자랑한다. 문과 학생들도 코딩을 공부하여 자격증을 딸 정도이니 얼마나 열심히 공부하고 치열하게 경쟁하며 살아오고 있는지 알 수 있다. 한 나라의 젊은이를 보면 그 나라의 미래를 짐작해볼 수 있다. 모든 분야에서 치열한 경쟁을 통해 노력하고 발전하는 모습을 보여주는 한국 청년들을 생각할 때 대한민국의 미래는 무척이나 밝을 것이라고 확신할 수 있다.

그중에서도 한국의 대중음악 수준은 세계 톱클래스를 자랑하는 수준이라고 평가하고 싶다. 1990년대 초반쯤으로 기억한다. 당시 한국의

음악 레코딩 수준이 떨어져 일본에서 앨범작업을 하고 돌아오는 가수들이 있었다. '더 블루(2인조 남성 듀엣그룹)'의 손지창, 김민종 씨는 일본에서 최첨단 레코딩 기계로 녹음작업을 하고 돌아와 미니 CD앨범을 내놓았는데, 어찌나 음질이 깨끗하고 화려한지 가히 충격적이었다.

과거 한국의 수준은 일본에 많이 뒤떨어졌던 게 사실이다. 그런데 지금은 어떨까(나는 '멜론'이라는 음악사이트를 통해 항상 한국 음악을 듣는다). K-POP은 이미 예전에 일본 대중음악을 뛰어넘었고 미국 팝과 비교해도 여러 장르에서 대등한 작곡, 편곡, 음향, 레코딩 수준을 보여주고 있다. 아이돌 그룹의 댄스는 오히려 미국을 앞설 정도의 높은 수준을 보여준다. 현재 한국의 대중음악은 전 세계인들이 열광하는 수준에 도달

> 현재 한국의 대중음악은 전 세계인들
> 이 열광하는 수준에 도달했다. 빌보드
> 1위라는 꿈 같은 일을 현실로 만들어
> 나가고 있다. 세계 최고의 미국 팝과
> 어깨를 나란히 할 정도로 발전했으니
> 우리나라의 발전 속도는 전 세계가 놀
> 랄 만하다.

했다. 빌보드 1위를 한국 사람이 차지한다는 것은 꿈 같은 일이었는데 꿈을 현실로 만들어나가고 있다. 20여 년 전에 일본에서 녹음작업을 하던 한국 대중음악이 세계 최고의 미국 팝과 어깨를 나란히 할 정도로 발전했으니 우리나라의 발전 속도는 전 세계가 놀랄 만하다.

한국으로 완전히 이주하기로 결심하고 얼마 전 한국에 가서 회사를 설립하고 돌아왔다. 회사 사무실을 구한 곳은 해외출장이 잦은 상황에 대비해 김포공항에서 가까운 경기도 일산으로 정했다. 이번에 사무실을 구하면서 한국의 모든 사회 시스템에 연속으로 놀라고 있다. 한국의 부동산 앱은 알기 쉽고 체계적으로 정리되어 있어 사용하기 편했다. 금세 오피스의 시세와 위치, 조건 등을 파악할 수 있었고 부동산 중개인은 전화 한 통으로도 신속하게 약속장소에 나타나 원하는 매물을 소개해주었다.

중개업자의 일처리와 대처방식이 정말로 효율적이고 신속했으며 부동산 계약에서도 너무나 알기 쉽고 간단한 방식으로 빠르게 마무리지었다. 또한 회사 설립과 전입신고를 하려고 방문한 관공서에서는 신속한 업무처리 속도, 공무원들의 친절한 태도, 최고의 효율을 가진 최첨단 시스템 등 하나같이 선진국의 면모를 보여주었다. 한국은 이제 세계의 모든 국가들이 배워야 할 정도로 많은 분야에서 세계를 리드하는 수준에 도달했다.

사무실 인터넷을 신청할 때도 짧은 설치시간과 저렴한 요금체계에 또 한 번 놀라지 않을 수 없었다. 나는 한국이 아무리 빠르다고 해도 인터넷을 설치하는 데 며칠은 걸릴 줄 알았다. 그러나 인터넷 신청 후 한 시간 안에 설치기사의 전화가 왔고 이틀 뒤에 방문 가능하시냐고 묻자 시간이 없으니까 몇 시간 후에 방문하겠다는 것이었다. 웃음이 나왔다. 일본에서는 한 달 이상 걸리는 인터넷 설치가 반나절 만에 끝나버리니 허무한 생각마저 들었다. 대한민국 국민들은 전 세계 어느 나라에 가도 왠지 만족하지 못할 것 같은 기분이 들기도 했다.

한국의 의료보험 시스템 또한 가히 최고의 시스템이라 할 수 있다. 나는 진즉부터 한국의 의료보험이 체계적이고 저렴하며 양질의 의료혜택을 제공한다고 보았기 때문에 해외에 거주하면서도 자동이체로 의료보험료를 납부해왔고 한국에 갈 때마다 병원을 이용했다. 한국에서 건강검진을 받기도 하는데, 건강검진 결과를 알려면 한두 달은 기본적으로 걸리는 일본과 달리 한국에서는 일주일 안에 스마트폰으로 검사결 우리나라의 의료보험 제도와 의료수준은 세계 최고 수준이라고 단언할 수 있다.

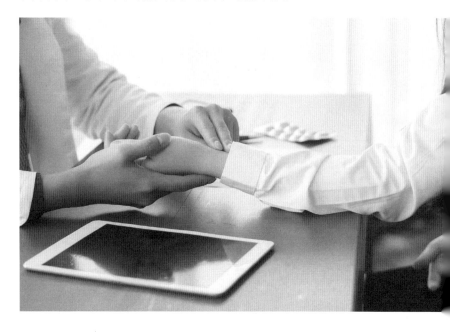

과를 확인할 수 있어서 무척 획기적이라고 생각한다.

　일본 대학교에서 매년 실시하는 교직원 건강검진을 받은 적이 있다. 일본은 아직도 엑스레이 촬영이 일반적이고 CT나 MRI는 대형 종합병원 이외에는 전무한 실정이다. 교직원 위내시경 검사에서도 오래된 내시경 기계를 사용하고 있었다. '수면마취'는 아예 개념 자체가 없는 듯 제정신에 위내시경 검사를 받느라 고생했던 경험이 있다. 일본은 노벨상을 다수 받아온 의학, 과학기술의 선진국이라는 이미지가 강하지만 일본에서 경험한 의료수준은 무척이나 낙후되어 있었다. 의료시설, 검사장비, 의료기술, 게다가 의료진의 뒤처진 의식수준 등 대부분의 분야

> 한국의 의료보험 시스템 또한 가히 최고라 할 수 있다. 나는 한국의 의료보험이 체계적이고 저렴하며 양질의 의료혜택을 제공한다고 생각해 해외에 거주하면서도 자동이체로 의료보험료를 납부해왔고 한국에 갈 때마다 병원을 이용했다.

에서 한국에 뒤처지는 현실인데 노벨상이라는 자부심에만 사로잡혀 발전이 멈춘 듯한 인상을 받았다.

이번에 한국을 방문하면서 새삼 한국의 편리한 시스템에 감탄하고 있다. 한국의 효율적인 사회 시스템, 사고방식의 융통성, 신속한 업무 처리 능력, 제4차 산업혁명에 특화된 한국인의 민족성과 사회 시스템 등을 종합해봤을 때 대한민국의 미래는 찬란할 것이라 믿어 의심치 않는다.

그리고 마지막으로 우리나라는 '통일'이라는 대박이 기다리고 있다. 출산율과 취업률이 떨어지고 경제의 발전동력이 꺼져가는 등 우리 앞에 산적한 풀기 어려운 문제들을 일거에 해결할 수 있는 한민족 최대의 대역전 드라마가 펼쳐질 운명의 시간이 서서히 다가오고 있다. 빠르면 1~2년 안에 남북한은 경제협력에 본격적으로 힘을 합치게 될 것이고 5년 안에는 자유자재로 왕래하게 될 것이라고 예상한다. 일본 우익 세력들이 한반도에서 전쟁이 일어나기를 고대하며 남북관계 경색을 응원하고 있고 이를 그대로 따라 동조하는 한국의 가짜 보수세력들이 온갖 책동을 시도하고 있지만, 안타깝게도 트럼프의 미국과 문재인의 한국은 평화통일의 길을 선택한 것 같다. 아베도 이 남북화해 무드에 숟가락을 얹어보려 기웃거리고 있지만 일본에 나눠줄 떡고물에 대해서는 남·북·미 어느 나라도 신경조차 쓰지 않는 분위기이다.

세계 최고 수준의 인재풀을 보유하고 제4차 산업혁명을 선도하는 나라로 부상한 한국의 산업경쟁력이 경이적인 발전 잠재력을 보유한 북한과 합쳐진다면 그 시너지는 경제 발전뿐만 아니라 여러 분야에서 수치로 산출하기 어려울 정도로 폭발적인 상승효과를 불러 일으켜 일본은 물론이고 중국, 미국마저 위협할 초강대국의 모습으로 거듭날 것이다. 통일 대한민국은 세계 경제와 국력의 지도를 다시 그리게 되는 놀라운 모습을 보여줄 것이라고 확신한다.

우리는 할 수 있다! 대한민국, 파이팅!

많은 대한민국 국민이 일본의 이번 경제보복 조치에 대해 분노하고 걱정할 것이라고 생각한다. 나도 처음에는 일본의 행태에 분노를 금하지 못하며 집필을 시작했지만, 내가 진정으로 전하고 싶었던 것은 보다 많은 국민께 아름답게 포장되어 있는 '일본'이라는 나라와 '일본인'의

실체를 제대로 알려주고 싶은 바람이 가장 컸다. 많은 한국 사람이 일본인과 일본에 대해 막연한 환상을 품거나 강력한 산업기술력을 가진 강대국이라는 이미지 때문에 공포감을 갖고 있는 느낌이었다. 이에 수년간 일본에서 살았던 경험을 토대로 일본의 맨얼굴과 발가벗은 그대로의 모습을 전하고자 했다. 그리하여 경제보복 조치라는 최악의 상황에서도 자신감을 가지고 어떻게 일본에 대응하고 맞서 싸워나갈지 그 방향을 잡는 데 보탬이 되고자 했다.

지금까지 말한 일본의 여러 실상은 대부분이 확실한 근거, 그리고 여러 가지 경험과 논리적인 통찰을 거친 것들이다. 단순히 일본을 깎아내리고 우월감을 느껴보자는 차원에서 쓴 게 아니기에 혹여 반일감정을 조장하고 일본을 폄하하는 내용들이라고 오해하는 일이 없기를 바란다. 또한 일본과의 연을 끊고 계속해서 일본을 반대하고 싸우자는 것도 아니다. 다만 일본은 인간관계든 국제관계든 철저하게 '갑을관계'를 통해 결정하는 민족임을 제대로 알고, 이번 기회에 철저한 불매운동과 기술 독립을 이루어내 100여 년간 한국을 '을'로 여겨온 갑을관계를 다시 재정립해야 할 필요성을 말하고 있는 것이다. 그래야 진정한 한일관계의 평화가 찾아온다는 것을 강조하고 싶었다. 그리하여 가장 지리적으로 가까운 나라 일본과 미래지향적인 동반자 관계를 언젠가 다시 시작해야 한다고 생각한다.

일본은 한민족에게 있어 너무나도 미운 존재이지만 지리적인 관계상 완전히 떨어져서 살 수는 없기 때문에 양국의 평화를 생각하지 않을 수

없다. 앞에서도 여러 차례 말했지만 일본은 강자에게 철저하게 굴복하고 복종하는 모습을 보여주기에 그 어떤 정치외교적인 조치보다 우리가 일본보다 강해지는 것만이 한일 평화를 이루는 지름길이다.

현재 일본의 젊은이들은 한국에 대해서 부정적으로 인식하기보다 많은 젊은이들이 오히려 한국이 더 잘살고 좋은 나라라고 생각한다. 한국

≪ 분열된 국론을 통일시키는 일부터 시작하자. 정치적으로 반대 의견을 가진 세력들을 끌어안고 다함께 달려 나아가자! 위대한 통일 대한민국을 건설하고 새로운 한일관계를 정립하기 위하여 대립했던 상대방의 손을 맞잡고 힘차게 도약하자! ≫

의 청년들은 중년세대(40대 후반 이후)처럼 일본 상품이나 일본 음악이 대단했던 과거를 경험해보지 못한 세대이고, 일본 청년들은 SNS에서 '한국인이 되고 싶어 韓国人になりたい'라는 태그를 수없이 달고 매력적인 한국 상품과 K-POP에 빠져 있는 세대이다. 이를 볼 때 양국의 젊은이들이 나라의 중심축이 되는 가까운 미래에는 한국과 일본의 갑을관계가 새롭게 재정립될 것이고, 그러한 관계가 한일 양국의 평화를 가져올 것이라고 확신한다. 그러므로 지금은 무조건 불매운동과 기술 독립에 매진하여 강력한 국력을 만들 필요가 있는 것이다.

또한 우리 국민들은 통일 대한민국을 향해가는 길에 국론을 일치시키고 적극적으로 지지해야 할 것이다. 우리가 강력한 통일 대한민국을 건설하는 것이 평화로운 한일관계를 만들어줄 가장 빠르고 확실한 길이기 때문이다. 분열된 국론을 통일시키는 일부터 시작하자. 정치적으로 반대 의견을 가진 세력들을 끌어안고 다함께 달려 나아가자! 위대한 통일 대한민국을 건설하고 새로운 한일관계를 정립하기 위하여 대립했던 상대방의 손을 맞잡고 힘차게 도약하자! 우리는 강하다. 우리는 할 수 있다! 대한민국, 파이팅!